# 当代中国商务诚信价值观培育研究

赵丽涛 ················· 著

上海人民出版社

# 目 录

# 前　言

　　在社会各行各业中，诚信缺失既是一个"老问题"，又是一个"老难题"。商务领域更是如此。失信问题一直困扰中国经济社会的发展，因而也为学界重点关注。已有研究大多从"经济人假设"或"伦理道德"本身提出商务诚信建设的思路，很少有学者从价值观培育视角进行理论化、系统化的探讨。实质上，商务领域失信问题之所以愈演愈烈，其背后折射出的深层次因素是价值观危机。商务经营活动者的价值取向发生嬗变与扭曲，诚实守信理念遭受质疑乃至"贬值"，一些经济主体甚至产生"无商不奸""诚信吃亏""老实人受欺负"等价值预设，商务领域还没有真正形成"守信光荣、失信可耻"的社会共识和浓厚氛围。商务诚信价值取向的迷失、错位、扭曲等已经成为影响经济社会健康发展的难题。为了不让人们继续承受道德失范、诚信缺失之痛，学界有必要深入研究商务诚信价值观培育议题，以期探索商务失信的治理良策。

　　所谓商务诚信价值观培育，主要是指在商务经营活动中倡导诚实守信价值观，促使商贸流通行业对买卖公平、公道守规、货真价实、童叟无欺、信守诺言、按时履约等价值要求形成正确的认知和看法，将其内化为商务活动主体的情感、意志、信念，并在商务领域营造良好的诚信风尚。

　　本书首先回溯了中西方文化传统中商务诚信价值观培育的思想资源，梳理和归结了先贤先辈的商务诚信价值观培育智慧和特色，并在辩证解析中试图揭示其利弊优劣。还阐述了马克思主义经典作家和中国共产党人对于商务诚信价值观培育的主要观点，它是深入探讨本研究主题的思想理论指南。在价值维度上，商务诚信价值观培育研究具有重要的经济意义、政治意义和社会意义：它可以激活有形资本，促进其保值增值，增强经济主体的凝聚力，营造较为顺畅、和谐、融洽的人际关系，并且促进商务活动秩序有效整合，从而有助于积累市场所需的社会资本；它可以抵制政商交往中的钱权交易、暗箱操作等不良风气，推进反腐倡廉建设，从而有助于构建清正廉洁的政治生态；它可以抵制拜金主义、功利主义以及极端利己主义等社会思潮，营造"守信光荣、失信可耻"的商务氛围，从而有助于培育诚实守信的文明风尚。

本书从历时性视角探讨了当代中国商务诚信价值观培育的演进过程及典型范式。中国商务诚信价值观培育历程呈现出阶段性演进特点，它具体表现为：计划经济时期的"'为人民服务'政治伦理要求"、社会主义市场经济建设初期的"他律为主，自律为辅"以及社会主义市场经济深入发展时期的"德法并举，诚信价值观被提升到社会层面"。同时，当代中国商务诚信价值观培育演进过程中也表现出四种常规范式，主要是以德性修养涵育商务诚信价值观的"道德培育"范式、以践诺活动促进商务诚信价值观的"实践培育"范式、以正式规则形塑商务诚信价值观的"制度培育"范式、以集合意见导引商务诚信价值观的"舆论培育"范式。对中国商务诚信价值观培育的演变过程及典型范式之合理性、局限性进行价值反思。

本书侧重论述当代中国商务诚信价值观培育的现实成效与现存难题。在成效方面，商务活动主体对于公平交易、诚实守信、童叟无欺等价值观有了一定程度的认同，"诚信受益、失信受损"的商务风气也在不断改善。但是，仍然存在很多问题，具体表现为五个方面：一是商务主体诚信价值观难以稳固，二是"知行脱节"问题突出，三是"道德培育"乏力和"制度培育"悬置，四是诚实守信者遭受

"污名化"危机,五是电子商务领域诚信主体虚化。从逻辑原因看,当前商务诚信价值观培育难题与多方面因素相关。经济社会转型过程中,由于多元价值共存,商务活动主体容易在"利益至上性"逻辑诱导下产生价值迷失,并在现实交往的失信体验中对诚信价值观产生怀疑心理,特别是受到商务领域"庇护失信"的认知与风气影响时,就会出现"好人做坏事"的困境。如果我们进一步追问商务诚信价值观培育难题的实质,会发现其深层症结表现为"道德价值认同危机""市场机制不完善""商务诚信教育方式问题"以及"商务领域'潜规则'影响"等四个方面。

本书剖析了上述商务诚信价值观培育难题的破解理路。主要从商务诚信价值观培育的目标、思路及机理进行深入探讨。所谓"目标"是商务诚信价值观培育所要实现的预期目的和效果,它表现为个体维度上的内化诚信意识、群体维度上的凝聚诚信共识以及实践维度上的践行诚信理念。所谓"思路"是促使商务活动主体诚信经商的着力点,它包括"诚信受益""治理协同""评价合理""教育渗透"等四个方面。所谓"机理"是商务诚信价值观培育的规则、机制,本书主要对商务诚信价值观培育的内在机理和外在机理双重层面进行阐释。

本书提出了培育商务诚信价值观的应对之策。推进中国商务诚信价值观有效培育,需要提出统合性对策建议。当前,亟须提升认同,通过传统诚信文化和现代诚信文化充实、滋养商务诚信价值观;加强教育引导,从"义利结合""价值观形成""具象化活动"三重视角增强商务诚信价值观教育实效性;优化法律制度体系,重点推进征信、奖惩、督查、政商协作等兼具可操作性与约束性的制度建设,为商务诚信价值观培育提供外在保障;构筑诚信兴商环境,加强商务诚信价值观培育的风气治理,促使商务领域形成"诚信受益、失信可耻"的良好习尚。

# 导　论

## 第一节　选题缘由与研究意义

党的二十大报告指出："弘扬诚信文化,健全诚信建设长效机制。"[1]商务诚信是诚信社会建设中不可或缺的内容,它对于构建良好的社会秩序,促进社会主义市场经济健康发展,具有重要意义。无论从历时态的人类社会发展过程看,还是从共时态的国别比较看,商务诚信都是经济伦理中无法忽视的要求,成为人们在经济活动中共识性的价值追求。

### 一、问题缘起

自古至今,如何治理失信问题、培育诚信价值观一直是人们探讨和研究的聚焦点。尽管不同论者关注视域有别,所用研究工具、方法以及所得出的结论可能存在论争与歧见,甚至大相径庭,但一个不可否认的事实是,诚信问题还是以各种方式与人们不期而遇。一段时期以来,商务领域失信现象屡屡戳中人们心中痛点,令人扼腕慨叹、痛心疾首,成为挥之不去的发展困扰。众所周知,伴随着经济社会转型,商务领域诸如"黑心棉""三鹿毒奶粉""瘦肉精""地沟油""勾兑酒"等事件频频发生,特别是缺斤少两、以次充好、假冒伪劣、价格欺诈、恶意毁约、逃废债务、金融诈骗、虚假宣传等价值失范、诚信缺失问题日益严重。据商务部统计数据显示,中国企业每年因信用缺失导致的直接和间接经济损失约为 6 000 亿元,其中"因逃废债务造成直接损失约 1 800 亿元,因合同欺诈造成的直接经济损失约 55 亿元,因假冒伪劣造成的损失约 2 000 亿元"[2]。商务领域中的诚信缺失问题对经济主体的信心造成巨大冲击,也侵蚀着社会风气,严重扰乱正常的社会主义市场经济秩序,对社会和国家产生极大危害。

商务领域中的诚信问题早已引发人们关注,学界也进行了深入研究。然而,熟悉的问题并非熟知的问题。时至今日,尽管多个学科对商务失信问题进行了解读,提出诸多颇有见解的观点,但仍须深入挖掘其"病灶""病理"。事实上,商务失信问题愈来愈严重,背后折射出诚实守信价值观遭受质疑,"诚信受益、失信受损"的市场逻辑被打破,诚信经商的价值要求也就难以获得商务活动主体认同。更关键的是,如果经济主体对商务诚信缺乏正确的价值认知,就容易使人们价值观嬗变、错位、扭曲,从而消解商务诚信的价值意义。积极培育商务诚信价值观,让商务活动参与者内化并践行诚实守信的价值规范,进而营造诚信经商的商务风气,就显得特别重要。商务诚信价值观培育牵涉每个人的切身利益,它对于降低交易成本和信息成本、确保市场"确定性"、促进交换顺畅进行具有至关重要的作用。如果不注重商务诚信价值观培育,任由诚信缺失问题肆意蔓延,以致出现"诚信受损、失信获利"的悖谬逻辑,那么商务领域就可能产生"诚信贬值"危机,人们难以认同诚信经商的价值,在某种意义上商务风气也最终会被失信者所控,从而阻碍经济社会健康发展。

党和国家一直不遗余力地加强商务失信问题治理,积极推进"货真价实""等价交换""公平竞争""童叟无欺""诚实守信"等诚信价值观培育。譬如,早在 1961 年《商业四十条》就明确要求采取多种措施促进买卖公平、文明经商。2001 年颁布的《公民道德建设实施纲要》要求企业主体大力倡导诚实守信、敬业奉献的职业规范。党的十七届六中全会明确提出："把诚信建设摆在突出位置，大力推进政务诚信、商务诚信、社会诚信和司法公信建设，抓紧建立健全覆盖全社会的征信体系，加大对失信行为惩戒力度，在全社会广泛形成守信光荣、失信可耻的氛围。"[3]商务部在《加强商务领域信用建设的指导意见》中也指出："商务领域信用建设是社会信用体系建设的重要组成部分，既是建立统一开放、竞争有序市场体系的基础工程，也是规范市场秩序的治本之策。"[4]在北京、上海、天津、重庆、青岛等城市开展商务诚信建设试点工作，涉及确保商品质量、提升服务品质、坚持诚信经营、树立商业品牌。[5]中央文明办下发的《开展道德领域突出问题专项教育和治理活动的方案》也积极推进商务诚信建设，集中对"与人民群众生活关联度强、社会关心关注度高的食品行业、窗口行业和公共场所三个领域开展教育治理活动"。[6]中共中央办公厅和国务院办公厅印发《关于推进社会信用体系建设高质量发展促进形成新发展格局的意见》，重点对营造良好的营商环境、推进质量和品牌信用建设、完善流通分配等环节信用制度、加强各类主体信用建设，以及加强资本市场诚信建设、强化市场信用约束等方面，提供意见指导。近年来，在商务领域开展"诚信兴商宣传月""诚信兴商典型案例"等活动，在全国主要商圈进行"信用惠民"宣传，推出一批便民利民的优惠措施释放信用红利。应该说，当代中国商务诚信价值观培育的理论和实践已经有了一定进展，取得一些成效。但问题是，囿于种种因素的牵绊与掣肘，我国商务领域的失信问题依然严重，诚实守信价值观并未得到经济主体的深度认同，当下商务诚信价值观培育方式和手段仍需进一步完善。特别是在当前商务诚信价值观培育过程中，还存在哪些难题，其背后的原因和实质是什么，以及如何化解这些难题等，还需要继续探讨。伴随经济社会深度转型，面对严重的商务失信问题，我们不能冷眼旁观，必须直面现实，在追问中前行。唯有积极培育商务诚信价值观,促使经济主体内化、认同诚实守信价值取向,并在商务交往中践行,才能有效治理商务领域出现的假冒伪劣、以次充好、虚假承诺、金融诈骗、夸大宣传等沉疴顽疾,促进诚信社会建设。

## 二、研究意义

虽然商务失信在不同时代具有不同表征,但它一直是社会关注的核心议题,也是我们促进社会主义现代化建设无法回避的难题。如果说发展市场经济绕不开诚信问题,那么一个合乎逻辑的推论便是,培育和形塑商务诚信价值观,倡导公平竞争、诚实守信、童叟无欺等价值规范,也是现代经济建设的题中应有之义。因而,"当代中国商务诚信价值观培育研究"这一选题是对经济社会重大问题的回应,它无疑具有重要的理论意义和现实意义。

（一）理论意义

一是拓展和丰富商务诚信伦理研究成果。中国商务诚信伦理研究取得长足发展,积累了不少颇有见地的理论成果。但详加梳理不难发现,人们的研究视域还较多聚焦于商务领域中诚信缺失的问题、危害、原因,较少对商务诚信价值观培育的深入探讨。找寻商务失信问题及其背后缘由固然不可或缺,但是如何在发现问题的基础上促使经济主体内化和践行诚信经商价值观,并形成"诚信光荣、失信可耻"的认知则更加重要。本书从学理层面探讨了当代中国商务诚信价值观培育的文化传统、演变过程、现存难题、化解路径等基础理论问题,从而对于形塑商务主体诚实守信、买卖公平、等价交换、童叟无欺的价值观提供一些理论思考,希冀在一定程度上推进商务诚信伦理研究。

二是充实和深化社会主义核心价值观理论。社会主义核心价值观是中国特色社会主义文化的内核与灵魂,它对于增强文化自信具有重要意义。增强文化软实力,建设文化强国,离不开对社会主义核心价值观理论的研究。正因为如此,我国十分重视社会主义核心价值观的凝练和培育,并在党的十八大报告上提出:"倡导富强、民主、文明、和谐,倡导自由、平等、公正、法治,倡导爱国、敬业、诚信、友善,积极培育核心价值观。"[7] 在这之中,"诚信"是社会主义核心价值观理论的重要内容,需要我们精心培育。商务领域中的失信问题制约着市场经济健康发展,也是诚信文化建设的阻碍因素。这意味着,商务诚信是"诚信"价值理论研究不可缺少的分支。本书对于商务领域诚信缺失问题的反思,以及探讨商务诚信价值观培育难题,是对"诚信"价值观更为细化、深入的研究,有助于推动相应理论的发展。因而,加强商务失信现象治理,积极推进商务领域诚信价值观有效培育,是促进社会主义核心价值观理论深入发展的重要进路。

三是促进和推动"道德治理"理论发展。当前学界关于"道德治理"研究,是对党和国家"开展道德领域突出问题治理"要求的演绎和发展。所谓"道德治理","是由治理引申出的新概念,它是指我国党政等公权力机构联合各类社会组织及全体公民,通过制订方案和采取有效措施对当前我国社会出现的突出道德问题加以遏制和消除的活动"[8]。在社会主义市场经济条件下,加强道德治理需要对其内容、表征、功能、方式、路径等进行探究。而在经济社会发展过程中,商务领域诚信缺失问题无疑是比较突出和尖锐的,也是当前道德治理理论关注的重点。特别是批发零售、商贸物流、住宿餐饮等行业的假冒伪劣、价格欺诈、缺斤少两、虚假宣传等失信问题已经引起社会广泛关注。因而,如何对这些失范问题进行理论研究,成为当前道德治理的聚焦点。剖析商务失信问题,积极培育货真价实、公平竞争、等价交换、童叟无欺等诚实守信价值观,引导经济主体诚信经商,有助于推进"道德治理"具体内容、作用、应对方式等研究,丰富和拓展相应理论的探讨空间。

(二) 现实意义

商务诚信价值观培育研究之所以不可回避,还因为它致力于破解经济社会中存在的失信问题,促使商务活动主体理性认识诚实守信价值,具有重要的现实意义。

一是有助于降低市场交易成本。在商务交往活动中,由于经济主体相互之间不信任而导致成本上升问题一直饱受诟病。经济社会中出现的投机取巧、坑蒙拐骗、商业欺诈、掺杂使假等失信现象不仅损害社会及他人利益,更重要的是使得经济主体对市场交易缺乏信心,并导致其"本体性安全感"降低。在英国社会学家吉登斯(Anthony Giddens)看来,"本体性安全感"(ontological security)是"大多数人对其自我认同之连续性以及对他们行动的社会与物质环境之恒常性所具有的信心,这是一种对人与物的可靠性感受"[9]。商务失信问题的存在,让人们不敢轻易相信陌生人,为了防止"被骗",不得不调用和付出更多的人力、物力、财力来"进行市场调查、质量检测、防伪取证和合同签订等"[10],这种降低"不确定性"的行为增加了交易成本。商务诚信价值观培育旨在促进经济主体诚信经商,使其认同、践行诚实守信价值。这样一来,就简化了商务交往中的"复杂性",人们也无需再花费不必要的成本来确保"安全感",从而降低交易成本,促进商务活动顺畅开展。

二是有助于提升当前商务诚信价值观培育效果。一直以来我国都比较重视商务诚信价值观培育工作,采取了许多策略和措施促使企业按照诚信价值规范参与市场经济活动。但问题是,受传统因素影响和思维限制,人们还仅仅盯着道德教育和行政监管,过于强调诸如"诚信讲堂""行政监察"的作用,却未对制度、实践、舆论等培育方式进行深入探讨,特别是没有深刻剖析"商务潜规则""权力经济"的负面影响,从而致使采取的措施缺乏现实关切。因而,加强商务诚信价值观培育研究就是通过现实调研和考察,尝试解决商务领域存在的棘手难题,借助更加切实有效的治理方式促使人们认同"诚信获益、失信受损"的价值取向,形成不敢失信、不能失信、不想失信的机制,从而提升商务诚信价值观培育效果。

三是有助于形成良好的商务诚信风尚。在经济社会发展过程中,如果一定时期内商务领域流行货真价实、公平竞争、市价不二、童叟无欺、诚实守信的风气和习尚,将有助于营造健康有序的市场环境,促进商务交往活动顺畅进行。反之,假如商务领域失信风气愈演愈烈,人们以不正当手段获取利益,其结果便会扰乱正常的市场秩序,致使经济主体美丑不分、荣辱错位,企图采用坑蒙拐骗方式获得非法利益。当前,加强商务诚信价值观培育研究就是尝试提供切实有效的措施和策略调整,治理混乱的商务失信秩序和世道人心,规范商务主体经济行为,从而扶正祛邪、扬善抑恶,在商务领域营造诚实守信的良好风气。

# 第二节　国内外相关研究综述

经济领域中的"诚信问题"是一个历久弥新的研究课题,学界相关著述也颇为丰富。虽然各个学者探讨的视角有别,存在学科差异,但其成果为我们继续研究商务诚信价值观培育问题提供了翔实资料。

## 一、国内相关研究状况

从学界著作研究现状看,虽然探讨商务诚信的著述很多,涉及内容的广度和深度也可圈可点,但大多数成果都是间接或笼统地论及,以"商务诚信"为主旨的著作还很少。代表性成果如下:"上海市商务委员会"编著的《商务诚信在上海:上海市商务诚信建设

试点工作实录》(上海交通大学出版社 2013 年版),主要以实例总
结上海市商务诚信建设实践工作,深入的理论研究明显不足;邢慧
丽、何忠国所著的《商务诚信和企业经营管理人员职业道德教育读
本》(研究出版社 2004 年版),探讨了商务诚信有关问题,具有一定
理论深度,但系统化研究有待加强;刘晓红所著的《电子商务中的
诚信机制及风险防范》(西南交通大学出版社 2006 年版),聚焦于
电子商务交易模式的特征分析,电子商务环境下主体不诚实行为
及其原因分析。不过,间接论及"商务诚信"内容的著作却不少,比
较有代表性的是:邹建平所著的《诚信论》(天津人民出版社
2005 年版)、纪良纲主编的《商业伦理学》(中国人民大学出版社
2011 年版)、李皓的《市场经济与道德建设》(山东人民出版社
1997 年版)、李松所著的《中国社会诚信危机调查》(中国商业出版
社 2011 年版)、周小梅等著的《基于企业诚信视角的食品安全问题
研究》(中国社会科学出版社 2014 年版)、马俊锋所著的《当代中国
社会信任问题研究》(北京师范大学出版社 2012 年版)、潘东旭和
周德群所著的《现代企业诚信:理论与实证研究》(经济管理出版社
2006 年版)、王书玲和郜振廷所著的《企业诚信经营新论》(中国经
济出版社 2010 年版)、王莹等著的《现代商业之魂——商业伦理问
题研究》(人民出版社 2006 年版)、叶陈刚所著的《企业伦理与文
化》(清华大学出版社 2007 年版)、叶陈毅所著的《企业信用管理》
(高等教育出版社 2008 年版)、刘鹏主编的《企业诚信建设读本:诚
信建设和信用管理创新与实践》(企业管理出版社 2012 年版)、孟
华兴编著的《企业诚信体系建设研究》(中国经济出版社 2011 年
版)、韩凤荣等著的《市场经济条件下社会诚信与青年诚信的构建》
(吉林大学出版社 2010 年版)、张向前所著的《中国诚信建设与产
业竞争力研究》(经济日报出版社 2014 年版)、周文所著的《分工、
信任与企业成长》(商务印书馆 2009 年版)、刘晓红所著的《电子商务
中的诚信机制及风险防范》(西南交通大学出版社 2006 年版),等等。

　　但有关的商务诚信的研究论文日渐增多。从公开发表成果的类型来看,2009 年至 2021 年期刊论文占多数,达到 87 篇;硕士学位论文和博士学位论文有 15 篇,虽然篇幅不多,但它们都是对于"商务诚信"相关问题的深入探讨,特别是博士学位论文有着较高的学术含量。从公开发表论文的年度来看,2009—2023 年间相关论文数量较之于以往年份总体上有明显增加,其中一个重要原因是党的十六届六中全会上党的文献重点提到"加强商务诚信建设","增强全社会诚实守信意识"[11],从而在某种程度上吸引了学界关注,并在此后引发学界讨论。但是,近年来以"商务诚信"为篇名的文章呈现下降趋势,亟待关注(参见表 0-1)。

　　·2011 年党的十七届六中全会再次强调要关注诚信问题,大力推进商务诚信建设,特别是 2012 年党的十八大提出要对道德领域出现的道德失范、诚信缺失等问题进行专项教育与治理,进一步推进商务领域诚信建设,之后商务部门也对商务诚信建设进行部署。自 2011 年以来相关学术论文的研究更多从理论化、系统化层面论述"商务诚信"理论与实践。代表性成果包括:余玉花的《中国商务诚信的现状、问题与进路》、黄卓撰的《电子商务诚信伦理研究》、赵付娟的《当代中国商务诚信建设研究》、朱丹和蔡娜的《电子商务诚信研究》;张竹忠的《发挥工商管理职能　推进商务诚信建设》;吴晶妹、薛凡的《社会转型期我国商务诚信的缺失及其规范》、郭茜的《浅析我国商务诚信缺失的表现、危害与对策》、王村理的《推进商务诚信迫在眉睫》、曾庆文的《商务诚信的三维构建》、布成良的《商务诚信缺失的表现和对策》等。

　　借助 Citespace 软件对出现频次较高的关键词(包括所有年份的成果)进行绘制关键词共现知识图谱,可以清晰地反映商务领域诚信研究领域的研究热点和文献集中情况。图 0-1 的节点代表关键词,节点的大小表示该关键词出现的频次的高低;关键词之间的连线表示它们之间的关联程度,线条的粗细表示关联程度的高

表 0-1 2009—2023 年关于商务诚信的文章数量统计（单位：篇）

| 年份\类型 | 2009 | 2010 | 2011 | 2012 | 2013 | 2014 | 2015 | 2016 | 2017 | 2018 | 2019 | 2020 | 2021 | 2022 | 2023 | 年份合计 |
|---|---|---|---|---|---|---|---|---|---|---|---|---|---|---|---|---|
| 期刊论文 | 12 | 8 | 8 | 11 | 5 | 11 | 8 | 7 | 5 | 5 | 4 | 2 | 1 | 0 | 0 | 87 |
| 学位论文 | 1 | 0 | 0 | 0 | 3 | 3 | 1 | 2 | 1 | 1 | 1 | 0 | 2 | 0 | 0 | 15 |
| 报纸宣传 | 2 | 3 | 6 | 8 | 3 | 12 | 3 | 5 | 7 | 5 | 9 | 3 | 2 | 3 | 0 | 71 |
| 类型合计 | 15 | 11 | 14 | 19 | 11 | 26 | 12 | 14 | 13 | 11 | 14 | 5 | 5 | 3 | 0 | 173 |

资料来源：根据 CNKI 数据库分析整理。

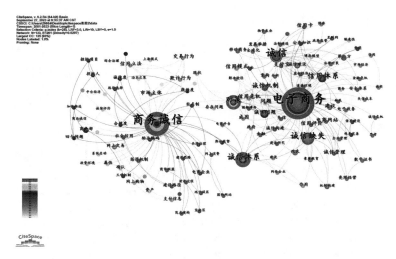

**图 0-1　商务诚信关键词共现图谱**

低;字体的大小代表着该关键词中心性的强弱。图谱中颜色越深、线条越粗的节点代表着关键词在整个研究实践范围内的突现率,颜色的深浅也代表着突现率的大小。

　　将关键词出现的频次按照由高到低进行排列,位于前五位的节点分别是:电子商务(58)、商务诚信(32)、诚信(27)、诚信缺失(14)和诚信体系(10),这表明它们是商务诚信研究领域的中心研究主题。经过整理,统计后得到中心性居于前8位的关键词分别是:商务诚信(1.15)、电子商务(0.97)、诚信体系(0.44)、对策(0.44)、诚信(0.16)、诚信缺失(0.06)、信用体系(0.01)和诚信问题(0.01)。其中中心性高于0.4的关键词有商务诚信、电子商务、诚信体系和对策。由此可以看出,商务诚信领域的研究多以商务诚信为研究视域,以电子商务为研究对象,更多围绕构建诚信体系以及诚信缺失的对策等展开。

　　为追溯商务诚信在不同时段研究热点的历史演进,借助CiteSpace 软件绘制了关键词突发性图谱(Strongest Citation Bursts)(见图 0-2),展示出商务诚信领域中的关键词在不同时段内被引用的频次状况,能直观反映出商务诚信领域的研究热点。运用 CiteSpace 软件对检索文献进行关键词突发性检测,通过对 2005—2021 年间的文献选取了每一年度强度最高的 2 个关键词进行筛选,最终共得到 11 个突发强度最高的关键词,如图 0-2 所示。

| 关键词 | 年份 | 强度 | 开始 | 结束 | 2002—2021 |
|---|---|---|---|---|---|
| 信用模式 | 2005 | 1.18 | **2005** | 2006 | |
| 信用危机 | 2005 | 1.18 | **2005** | 2006 | |
| 诚信体系 | 2006 | 0.92 | **2006** | 2007 | |
| 诚信缺失 | 2006 | 2.36 | **2007** | 2009 | |
| 机制构建 | 2007 | 0.99 | **2007** | 2008 | |
| 诚信机制 | 2009 | 1.34 | **2009** | 2013 | |
| 移动商务 | 2009 | 1.06 | **2009** | 2010 | |
| 诚信 | 2003 | 3.09 | **2010** | 2011 | |
| 商务部 | 2013 | 1.51 | **2013** | 2015 | |
| 电商平台 | 2014 | 1.06 | **2014** | 2019 | |
| 商务诚信 | 2002 | 5.7 | **2015** | 2021 | |

图 0-2　商务诚信研究被引用强度最高的关键词(提取前 11 个)

结合表所反映的信息,商务诚信研究领域具有突发性的关键词有信用模式(2005—2006)、信用危机(2005—2006)、诚信体系(2006—2007)、诚信缺失(2007—2009)、机构建制(2007—2008)、移动商务(2009—2010)、诚信(2010—2011)、商务部(2013—2015)和诚信机制(2009—2013),这 8 个关键词研究热度均不超过 4 年且为对应年份的研究热点。电商平台(2014—2019)和商务诚信(2015—2021)这 2 个关键词的研究热度持续 5—6 年,同时也是近 5 年内出现的新关键词并且至今仍是商务诚信领域研究的热点问题。另外,在 2005—2021 年间所有关键词突发性均小于 10,说明在此期间商务诚信领域的研究热点相对分散,还尚未形成比较集中的研究问题。在关键词突发性图谱中,可以清晰地看到当前商务诚信领域研究热点的整体状况和变迁过程。

如果我们再进一步对"关键词聚类"分析,会得出如图 0-3 所示。

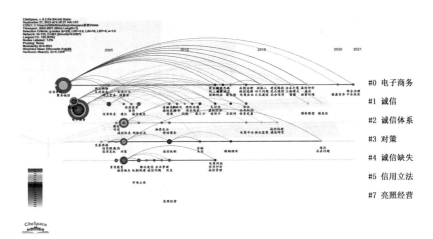

**图 0-3　商务诚信研究关键词演进趋势时间线图**

　　如图 0-3 所示,通过对关键词进行聚类分析,只选取前 7 位作为显示得到关键词聚类图谱。一般认为聚类模块值 Q(Modularity Q)>0.3 则意味着聚类结构显著;聚类平均值 S(Silhouette S)>0.5 意味着聚类是合理的,S>0.7 意味着聚类是令人信服的。图中数据显示 Q 值=0.592 1,S 值=0.95,因此该聚类结果十分显著,且结果令人信服。在关键词聚类的基础上,将同一聚类的关键词按照时间顺序排列在时间线图上,形成关键词的时间线图,以此用来观察每一聚类中的关键词随时间变迁的历史研究脉络,直线上的节点代表这一聚类所覆盖的主要研究内容。图中显示了 CiteSpace 中排在前 7 位的关键词聚类时间序列图谱,通过对比发现,不同聚类的主要内容大不相同,持续时间也各有长短,可以发现在 2005 年左右电子商务领域的研究范畴最为丰富。通过观察发现,图中"♯0"这一聚类一直延续至 2021 年,说明商务诚信、信用等级等载体概念具有重要价值,学者观察到这些内容就展开了长期的研究进程。此外,通过对比节点的大小和颜色深浅可知,商务诚信的节点出现时间最早且持续时间最久的一个,是商务诚信研究领域的经典研究内容;节点最大的是电子商务,说明其是在当下关注度最高的内容,同时也是今后该领域开展研究的重要切入点之一。

从"研究机构"分析,通过软件生成的机构合作网络知识图谱进行分析,如图 0-4 所示,在发文机构的合作网络中,共有节点 258 个、连接线 34 条,网络密度 Density=0.001。这表明当前我国学界对商务诚信领域的关注程度较高,但各研究机构间并未形成较大规模的交流合作。

**图 0-4　研究机构合作网络图谱**

截至目前发文量最大的是南开大学旅游与服务学院和河北经贸大学工商管理学院,共有 5 篇,这与该机构自身定位、研究特征以及研究优势密不可分。同时发文量居前的研究机构还有中国矿业大学管理学院、江苏大学财经学院与武汉理工大学物流工程学院,表明当前商务诚信领域的研究趋势呈现全域性与交叉性的特征。目前呈现出的商务诚信的合作关系并不明显,研究机构多为高校的二级部门。总体来看,商务诚信领域研究的共同体建设有待进一步加强。

从"作者合作情况及核心作者群"分析,借助 CiteSpace 软件对

数据选择节点类型（Node Types）为作者（Author）的可视化图谱
分析得到下图。图中左上角显示了相关数据，其中"N=274，E=
93"这两项数据，"N"代表节点，也即作者出现的位置节点，字号大
小代表该位作者在数据中出现的频次高低。"E"代表作者之间的
连线，也即是作者之间的联系，连线的粗细代表他们在同一篇文章
出现的频次高低，由此可以看出作者间的合作情况。

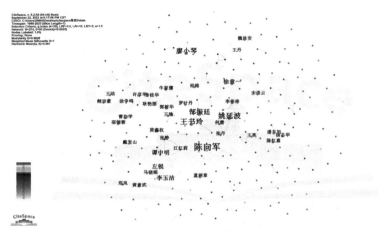

**图 0-5　商务诚信研究者合作网络**

　　如图 0-5 所示，在作者的合作网络中，共有节点 274 个，作者
之间的连线只有 93 条，连接线较少且线条较细，表示作者之间的
合作关系较少，且彼此间的关联度不大。但也存在部分作者之间
连线较多、联系较为紧密的情况，如张静、谭中明、江红莉等。同
时，图中显示作者合作网络密度 Density=0.002 5，说明我国当前
商务诚信研究领域的学者呈现出集中度低、分散性大的特征，也显
现出学者之间尚未总成合作研究的态势，多以分散研究为主，同时
也尚未形成明朗的核心作者群。设置阈值显示全部作者，并将参
数值设置为发文量≥1 篇的研究作者，形成按作者统计发文量的
知识网络图谱。图中可以清晰地展现出关于商务诚信研究领域高
发文量的作者和随着时间的推移发文量的变化路径。发表过商务

诚信领域研究论文的作者中发文量最高的作者是陈向军(7篇),其次是姚延波(5篇)和王书玲(5篇)。发文量居前的作者还有郜振延(4篇)、徐章一(3篇)、左锐(3篇)和李玉洁(3篇),剩下作者的发文量均在1—2篇。由此可见,在商务诚信研究领域形成了一定规模的学术研究集中趋势。但围绕陈向军的作者之间连线仅有一条,而围绕姚延波和王书玲等这些发文量居前的作者仅出现1—2条连线,这意味着商务诚信领域的研究成果并未实现整体共享,研究者之间的合作关系较弱,呈现出分散的局面。

值得注意的是,虽然近年来以"商务诚信"为主题的研究论文有所增多,特别是思想政治教育学科的学者也进行了关注。但缺憾在于:一是有深度的学术论文较少,不能满足现实发展需要,尤其是基础性研究论文仍然缺乏。二是虽然有的学术论文在研究"商业诚信""企业诚信""商务诚信"过程中间接涉及货真价实、买卖公平、童叟无欺、遵诺践约等价值观培育问题,但基础性、专题化、系统化研究商务诚信价值观培育议题的论文少之又少。这些缺憾为笔者开展进一步研究提供了深入思考的学术空间,并构成本书的研究基点和逻辑前提。

就国内已有成果来看,关于商务诚信及其价值观培育的研究状况如下:

(一) 关于商务诚信含义的阐释与研究

在哲学家休谟看来:"概念永远先于理解,而当概念模糊时,理解也就不确实了;在没有概念的时候,必然也就没有理解。"[12]研究商务诚信,也需要首先对其概念进行界定。然而,囿于学界对商务诚信基础理论研究滞后,当前学者对于商务诚信含义的界定还处在探讨之中,尚未形成共识。有论者从党和国家的相关论述中阐释商务诚信概念,他们将商务诚信聚焦于商品生产交易领域,指涉企业与企业之间、企业与消费者之间应按照诚实守信要求从事商务交往活动,并认为这是"和谐关系"的体现。[13]有的论者则侧重从伦理视角来阐释商务诚信概念,将之视为企业主体或商业主体必须遵守的道德规范。例如,赵付娟认为,商务诚信"是指商务活动主体即商贸流通企业,在与自己相关的其他主体进行交往活动中,诚实守信、遵守诺言,并获得其他行为主体的信任,不欺骗自己的良心、不欺骗消费者、不欺骗合作者,坚持以诚信为本、诚实经营,同时重视承诺,不轻易毁约",它主要包括"企业内部管理的诚信""企业与消费者之间的诚信""企业与企业之间、企业与银行之间的诚信""企业与政府之间的诚信""企业与社会之间的诚信"等。[14]于俊如、高飞飞认为,商务诚信是商业主体所应遵循和具有的"道德规范""诚信品格",它包含"内诚于心"和"外信于人"两个层面,要求商业主体既诚心诚意为顾客、社会服务,在经营活动中自觉做到诚实无欺、货真价实等行为,又应言而有信、言出必行,按照相应的法律法规和道德责任从事商业经营活动。[15]还有的论者从"资本"视角探讨商务诚信。例如,吴晶妹、薛凡指出,商务诚信是商务领域中企业主体获得社会公众信任的资本,它由"基础素质维度"(企业基本诚信素质)、"社会活动维度"(企业遵守社会行政管理规定、行业规则、民间惯例、内部管理的意愿、能力和行为结果)、"经济活动维度"(企业遵守交易规则能力,即成交能力和履约能力)构成,相应表现为"诚信度""合规度""践约度"(见图 0-6)。[16]

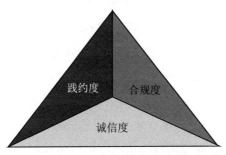

资料来源:吴晶妹、薛凡:《社会转型期我国商务诚信的缺失及其规范》,《求索》2015 年第 4 期。

**图 0-6　商务诚信三维结构**

(二)关于商务诚信缺失的表现与成因

学界对商务诚信缺失问题的表现有了较为充分的研究,指出在商品流通领域、证券市场交易领域、价格领域、中介服务领域、广告宣传领域、电子商务领域等存在的诸多失信现象。例如,有学者深刻揭露我国存在的商务失信现象,并详细阐述"食药品造假""婚介诈骗""房地产夸大宣传""微博虚假营销""电视购物促销欺骗"等热点问题,通过调查研究、典型案例对商务领域的诸多商务失信现象进行解析。[17]有学者则指出,当前应该注重关注如下方面的商务诚信缺失问题:(1)假冒伪劣商品的范围和种类日益扩散,而且出现了诸如侵犯知识产权行为等新表现;(2)企业和商家的恶意欺诈行为愈演愈烈,具体体现为企业或商家对消费者的欺诈行为(如质量欺诈、价格欺诈、虚假广告等)、企业或商家之间的欺诈行为(如以次充好、恶意拖欠、逃废债务、合同违约等)以及企业或商家对员工的欺诈(如克扣或拖欠工人工资等);(3)金融领域诚信缺失问题突出,呆账、坏账、逾期贷款、信息造假等现象层出不穷。[18]还有的学者对"合同履约率低""制假售假泛滥""企业或商家恶意欺诈""资本市场失信""金融市场失信"等问题进行深刻论述。[19]

面对商务诚信缺失问题,寻找其背后的原因是学者应有的学术担当。国内学者对商务诚信缺失问题原因的研究,主要集中于四个方面:一是深刻分析了商务失信的历史文化根源,指出中国传统诚信文化存在诸多弊端。如有论者指出,我国传统诚信观是一种"德性诚信""情感诚信""亲缘诚信",依靠行为者的品性、自律、修养来实现,它固然有可取之处,但不完全适应市场经济需要,这种弱点不可避免地成为商务失信的历史原因。[20]二是从"成本—收益"视角探讨商务失信现象蔓延问题。如有论者指出,成本收益核算导致人们选择守信或失信的不同行为取向,强调当经济主体失信所获得的收益大于失信成本时则会导致失信问题泛滥,并通过"直接成本收益"与"潜在风险成本收益"的分析阐释商务失信问题。[21]三是探析了信息不对称造成的商务失信问题。如有论者强调,在信息不对称情况下,经济主体采取"舍优取劣行为"以提高收益、降低损失,而且一旦这种取向的结果是失信者收益大时,守信者会被驱逐出市场。[22]四是从诚信制度方面解析了商务诚信缺失现象。如很多学者认为,现代信用制度建设滞后是商务诚信缺失的重要原因,产权制度改革不彻底也是企业经营活动中失信的原因。五是指出相关部门监管不力导致商务诚信缺失问题。如有论者认为,当前政府相关部门监管表现为"马后炮"方式,比较被动,而且对失信企业处罚较轻,这容易催生商务失信问题。[23]

### (三) 关于商务诚信价值观培育的意义与作用

在商务领域,企业诚信缺失带来严重危害与后果。它破坏了市场经济的"游戏规则",不利于公平竞争,降低资源利用效率,使消费者或客户丧失信心,进而导致市场萎缩。[24]因而,在商务领域积极培育商务诚信价值观具有非常重要的意义和作用。有论者指出,企业应该将诚信作为经营的核心价值和座右铭,这"不仅有利于企业完善经营理念,提高商品质量,改善服务水平,提升企业的名誉和品牌知名度;有利于商务主管部门在道德、法律的框架下履行职能,实现社会管理的目标;还有利于增强消费者的信心,对于扩大国内市场需求、转变经济发展方式具有重要意义"[25]。有论者认为,在商务领域塑造诚实守信价值观对于企业、市场和社会都具有极其重要的作用,它可以减少企业的欺诈行为,降低交易成本,规范市场经济秩序,净化市场交往环境,营造良好的诚实守信氛围,推动诚信社会建设。[26]还有的学者认为,诚实守信价值观是企业文化的内核和灵魂,它有助于完善企业经营理念,提升自身的核心竞争力,从而能够在激烈市场竞争中保持基业长青。[27]

### (四) 关于商务诚信价值观培育的对策建议

商务失信问题由来已久,学界对于如何培育商务诚信价值观、加强商务诚信建设进行深刻反思,提出许多颇有见地的对策建议。

大部分学者比较重视商务诚信道德教育的作用。当代中国商务诚信缺失问题的根源在于,经济主体的道德意识丧失,缺少对诚实守信价值观的正确认识,从而致使商务领域出现"道德滑坡"现象。促进商务诚信建设的关键是加强诚实守信道德教育,引导经济主体树立诚信光荣、失信可耻的信念。有论者指出,要利用大众媒体特别是新媒体技术推进诚信道德教育,宣传"诚信为本、公平交易、童叟无欺、服务周到"的商业道德规范,并充分发挥国民教育在诚信道德培养中的基础性作用,促进商务活动参与者认同和践行诚信理念。[28]有论者认为,要通过社会主义荣辱观教育促使经济主体分清是非荣辱、明辨善恶美丑,形成良好的价值判断和道德风尚,并特别强调发挥经过现代转型后的传统商业诚信道德理论思想资源的作用。[29]还有的论者指出,应该探索商务诚信道德教育方式方法的变革和创新,"变单向灌输为互动交流""教育方式体现生活化""根据不同情况采取不同教育方法""教育载体要实行多样化"等。[30]

应该指出,道德教育是商务诚信价值观培育必不可少的方式。当前商务诚信建设中"以道德教育为主的政府主导的一元单一治理模式"存在诸如"管理错位""道德考核困难"等问题。[31]因而,有学者主张除了要继续发挥道德教育对于商务诚信价值观培育作用外,还要通过其他路径加强商务诚信建设,积极培育诚实守信价值观。一是通过相应诚信制度规则促进商务诚信建设。塑造商务诚信要加强法制建设,商业道德与法律规则之间是一种相辅相成的关系,要在相应法律制度中引入诚实守信原则,让经营者对法律产生敬畏,从而提高整个社会的价值标准。[32]有的学者则倡导加强企业征信制度建设,使不良信用记录活动主体付出代价。[33]或倡导"各类行业协会也可以在业内制定相关的行业准则和制度来规范行业内的不良行为,通过罚款、业内通报、舆论谴责等方法来增加企业违约的成本"。[34]二是加大新闻舆论和社会监督作用。

有学者指出,要通过新闻曝光、舆论褒贬来促使经济主体规范自身行为,坚持诚实守信原则。[35]有学者认为,要"组织第三方巡查暗访、群众评议等方式,自觉接受社会公众和媒体的公开监督、即时监督、全程监督,才能严格落实诚信自律要求,提升诚信经营水平"[36]。三是商务主管部门要加强监管和指导的力度。有学者强调工商管理部门应该加大诚信监管力度,采取诸如"黄牌警告""红牌除名""信息公示""市场准入"等方式强化监管,促使商务主体遵守诚实守信价值观。[37]

## 二、国外相关研究状况

国外尤其是西方国家较早进入市场经济发展阶段,商品交换和市场交易的范围、规模随之不断扩大。毋庸置疑,以追求利益、市场竞争为表征的西方经济社会发展过程中也无可避免地产生道德失范、诚信缺失现象,尤其是商务领域中的信用问题更是引起国外学者的强烈关注。如何治理商务失信问题,并积极培育商务诚信价值观,也自然成为国外学者深入研究的重要课题之一。

被誉为"现代经济学之父"的亚当·斯密(Adam Smith)认为,在经济活动中每个参与者大都从"利己"视角来提供商品,他在《国富论》中指出:"我们每天所需要的食物和饮料,不是出于屠户、酿酒家和面包师的恩惠,而是出于他们自利的打算。"[38]但他进一步指出,经济活动参与者在追逐私利同时要遵循相应道德要求,以蒙骗、欺诈等伎俩和手段来获取财富是不可取的,"诚实""公平""正义感""公共精神及公共道德规范"等是人们前往市场之前就必须拥有的。[39]在斯密看来,诚信是经济活动者应该具有的美德,社会必须借此塑造人们的价值观念,促使其诚实守信、文明经商。正是在此意义上,他阐释了"诚信或信用媒介"理论,指出诚信道德对于市场交易具有至关重要的作用。而且,经济活动者不能期盼从"一件交易契约来图非分的利得",而需要"在各次交易中诚实守约"[40]。

美国学者所罗门（Robert C. Solomon）从经济伦理视角探讨了诚信与商务交往之间的内在关联,他将诚实守信视为企业理应具有的"商业美德",并将亚里士多德的德性论与企业伦理融合起来,称之为一种"亚里士多德方式",其背后原因是所罗门的商务诚信伦理观念建基于亚里士多德思想之上,具有逻辑上的延续性。[41]在他看来,应该以德性来矫正企业在经济交易中出现的诚信缺失行为,使得经济主体树立诚信经商价值观。从内在关联上看,所罗门认为经济主体从事商务交往活动受到"利润驱动"与"道德支配"的双重影响,但是不能将道德视为商业活动的"阻碍性"因素,相反它是经济主体进行商务交往行为的"最终准则"[42]。企业在市场交易中遵守诚信原则,是其参与竞争、追求卓越必不可少的要求,因为一旦企业行为具有道德承载,就意味着嵌入应有的诚信价值信念,从而对其商业实践产生深远影响。此外,诸如麦金太尔（Alasdair Chalmers MacIntyre）与桑德尔（Michael Sandel）等学者也倡导德性伦理运动,直接或间接对企业诚信问题有过深刻论述。

在经济伦理研究中,国外学者还从"企业社会责任"（corporate social responsibility）视角探讨了商务诚信问题。有种论调认为,企业作为一种重要的经济活动主体应该以"增加利润"为唯一社会责任。譬如,在米尔顿·弗里德曼（Milton Friedman）看来,虽然企业应该遵守应有的"职业规则",但它唯一的社会责任则是"增加利润",这是商业活动的本质,尽管他也强调了经济主体"从事公开的和自由的竞争"应该摒弃"诡计和欺诈"。[43]但问题在于,他把企业的社会责任仅仅局限于"增加利润"上,从而容易使企业在参与交易活动时忽视诚信道德,进而为牟利而催生失信行为。实际上,经济绩效（performance）与企业伦理（business ethics）之间存在密切关联。在托马斯·贝特曼（T. Bateman）和斯考特·斯奈尔

(S. Snee)看来,"诚实与公平""真诚"等伦理规范有助于塑造企业良好的"公共形象",从而带来"红利",使企业从中获利。[44]因而,遵守基本的伦理道德要求,是企业社会责任的应然内容。阿奇·卡罗尔(Archie Carroll)指出:"企业社会责任包括经济、法律、伦理责任以及社会对组织的任何期望……"[45]很多学者认为,应该通过增强企业社会责任使其对商业诚信产生认同,并据此树立良好企业形象,提升声誉管理。

西方具有浓厚的宗教传统,诚实守信也是宗教伦理中的基本要义。一些国外学者认为商业繁荣、经济发展离不开宗教精神的浸润和洗礼,因为后者所孕育、包含的"诚实""守诺""践约"等思想对治理商务失信问题及其培育商务诚信价值观起到至关重要的作用。马克斯·韦伯(Max Weber)在其《新教伦理与资本主义精神》一书中断然否定将"谋私""逐利"视为资本主义精神的观点,并从宗教伦理的角度论证了商业繁荣与经济发展的深刻动因。在他看来,劳动是人的"天职"(calling),新教伦理中的"勤奋""节俭""诚实""守诺""克制"等美德是经济活动参与者所必须遵守的价值规范,这促进了商业的繁荣和发展。韦伯指出,基督徒应服从上帝的"圣戒",自觉使自身经济行为与宗教伦理要求相一致,以此"增加上帝的荣耀"[46]。而上帝对经济主体的基本要求,是让人们遵守最起码的规范,即诚实守信、遵守承诺、不可欺人等。这样一来,经济活动中的诚实守信价值观便建立在宗教根基之上,成为一种"附魅"的道德规范,进而能够直抵人的心灵,促使人们诚信经商。

日裔美籍学者弗朗西斯·福山(Francis Fukuyama)深刻阐释了诚信理念与经济繁荣之间的内在关联。在他看来,信任作为一种社会美德产生于习俗、传统之中,与一定区域内的社会文化勾连在一起。福山通过纵横向度对比,一方面认为诸如中国、韩国的企业建基于血缘和亲缘关系之上,由之而催生的低信任境况阻碍商业诚信文化建设,对发展大规模企业、适应陌生人社会环境产生掣肘作用。他指出:"华人文化对外人的极端不信任,通常阻碍了公司的制度化。"[47]"中国儒家文化把家庭奉为圭臬,认为家庭优于国家,甚至优先于任何社会关系,对中国的经济造成重大影响。"[48]另一方面,福山认为诸如日本、德国等国家的企业能够超越家族企业模式,因为像商会、工会、俱乐部等强有力的中间组织能使企业表现出高度的信任,这减少了交易成本,提高了经济效益。

## 三、亟待深入探讨的问题

商务领域中诚实守信问题一直是学界聚焦的经典议题,长期以来备受人们关注。纵观国内外学者的研究成果我们不难发现,众多学科领域中的专家学者始终保持着应有的问题意识和学术激情,关于商务诚信研究已然取得不少颇有见地的成果,为我们进一步治理商务失信顽疾,探讨商务诚信价值培育问题奠定了基础。但也要看到,囿于人们研究视域与研究深度限制,已有研究成果大都是间接阐释商务诚信问题,专门的研究著述仍然较少,还有许多问题需要深入剖析。

首先,当前学界对当代中国商务诚信价值观培育的历时性研究明显不足。从已有成果看,尽管有很多论者对以往商务领域诚信问题研究进行"回顾性"阐释,但关注点大多聚焦于失信的现象、成因及对策的探讨,较少有研究者探讨新中国成立尤其是改革开放以来的商务诚信价值观培育的演进问题。此问题涉及我国商务诚信价值观培育的历程,在此过程中呈现出怎样的阶段性演进特征、表现出哪些比较典型的"培育范式",以及有哪些宝贵经验值得继承、哪些不当做法需要我们改进等,仍需开展系统化、专题化研究,以期为当前商务诚信价值观培育提供经验支撑,增强商务失信治理效果。

　　其次,对商务诚信价值观培育困境及成因的研究力度还需进一步加强。商务诚信价值观培育之目的在于,根据经济社会发展丰富商务诚信本身的理论内涵,促进公平买卖、等价交换、货真价实、诚实守信、童叟无欺等价值观能够更好实现个体认同,并在商务领域及社会范围内形成"守信光荣、失信可耻"的良好风尚。而要达到这样的目的,当前仍要对商务诚信价值观培育中存在的诸如"价值观动摇""知行错位""污名现象"等难题下大功夫研究。同时,应该进一步探讨商务诚信价值观培育困境的背后症结,创新分析框架与模型,特别是要运用多学科理论对商务领域中的"义利博弈""政商关系""潜规则问题"等进行深入解析,切中肯綮、点中要害,从而为实施商务诚信价值观培育策略提供依据。事实上,商务领域失信问题之所以层出不穷,一个重要原因是我们还未从价值观视角审视问题本身,以至于应对之策浮于表面。

　　再次,寻觅更加适切性的商务诚信价值观培育思路。受传统商务诚信价值观培育方式影响,人们通常停留于"单一化""行政化"的层面,跳不出"道德教育""政府管理"窠臼,甚至将之视为一种固定模式,缺少对相应经济环境的匹配性分析。这样一来,"生硬灌输""空洞说理""枯燥教化""行政过度干预"等问题层出不穷,不仅致使商务诚信价值观培育效果不佳,而且也让人们对商务诚信价值观培育本身产生厌烦情绪。同时,改革开放以来随着社会主义市场经济深入发展,商务诚信价值观培育开始诉诸法律、制度、准则等硬性约束。不可否认,商务诚信价值观培育中的"制度支撑"固然必要,借鉴西方诚信制度化经验也不可或缺,但要避免陷入"唯制度主义""道德与制度排斥""南橘北枳"等困局。实质上,在市场经济背景下,我国商务诚信价值观培育要根据经济发展需要、传统文化心理、商务交易现状等来确立合适的方式和措施,提供针对性、实效性对策,着力解答实际问题,这无疑需要我们不懈探索。

## 第三节　核心概念界定与分析

### 一、"诚信"概念的意涵及关联范畴释义

"诚信"无疑是本书展开论述最为基础的概念。诚信是诚实守信的简称，是人们时常谈论的道德规范。探讨商务诚信价值观培育问题的首要前提，是要对"诚信"概念的基本含义予以阐释。除此之外，论及"诚信"概念，还有必要对与之相近的"诚实""信任""信用""信誉"等范畴进行阐释，以使我们更准确、全面把握"诚信"概念。

（一）"诚信"概念的基本意涵

诚信，作为人类文明的道德用词，古已有之。在中国传统文化中，"诚"与"信"通常以分立的条目被使用。[49]就"诚"来讲，主要包含"本真""诚实""无妄""不自欺"等意思，它更多指向于主体内心和自我修养，具有本体论意义。《尚书·引义》有言："诚，实也。"朱熹指出："诚者，真实无妄之谓也。"[50]《大学·传之六》曰："所谓诚其意者，毋自欺也。"在传统文化中，"诚"要求人们"忠实于自我的真实状态"[51]，不歪曲事实真相，诚于内心、强调自我修养。《四书集注·大学章句》载："诚其意者，自修之首也。"说明"诚"对于主体修养意义重大。之所以如此，是因为"诚"是道德本源。《中庸》说："诚者，自诚也。""诚者，物之始终，不诚无物。"赋予"诚"以价值本体意义。就"信"来讲，主要包含"不欺人""守信用""重承诺"等意思，它则强调将"诚"外化于人，表现为行为规范。"信"属于"言"部，"从人从言"，引申为说话算数、不欺骗人、信守诺言等。例如，老子的"轻诺必寡信"、孔子的"言必信，行必果"等就将"信"视为处理各种关系的行为准则。尽管二者具有细微差异，但可以互训互释。《说文解字》曰："诚，信也。""信，诚也。"程颐在《河南程氏遗书》中也说："诚则信矣，信则诚矣。"而且，管仲也较早将诚信

连用:"诚信者,天下之结也。"[52]用于指称诚实守诺的价值意义。从词源学考察,西方文化中的诚信观念源自拉丁文"bona fides",是指"良信",具有诚实、信任、信义之意,与英文中的"faith、confidence、trust、honesty"等词意思基本一致。[53]从严格意义上讲,西方文化中没有中国传统式的诚信概念,前者更多谈到的是诚实、信用、信任等。例如,在西方宗教观念中,《旧约·箴言》就说:"行事诚实的,为上帝所喜悦。"而且,西方谈"信"较多,不过它开始也是寓于宗教之中,主要用于强调人对上帝的无条件信赖、忠实等,之后便扩展至法律与契约领域,日渐成为现代社会中的重要原则。

　　本书所指涉的诚信概念,基本意涵为"诚于中,信于外,指人们诚实无妄、信守承诺、言行一致"[54]。具体而言,诚信有"双重指向性",不仅指向主体自我,而且也指向客体或他人,表现为人的"内在品质"与"行为规范"的统一[55],也即"'诚'是'信'之根,'信'是'诚'之用"[56]。它的基本含义表现为两个方面:一是内在要求上的诚实无欺、真实不妄、诚恳坦诚、忠实自我等,强调人之道德品性和人格修养。二是外化行为上的言不虚妄、遵守承诺、讲求信用、有约必践、贬斥伪诈等,强调人之行为规范。在现代文化意义上,我们不要窄化"诚信"概念,将其视为一种单纯的伦理道德范畴,仅仅从"内诚于心"角度来理解,还要从现代市场经济方面把握诚信内涵,更加注重其"履约""守诺""重誉"等法律、经济层面含义,在此意义上诚信概念接近于信用、信任、信誉等范畴所包含的意思。

　　(二)"诚信"关联范畴的释义

　　无论是日常生活中,还是学术研究中,人们通常会使用或接触一些与"诚信"相近的范畴,比如诚实、信用、信任、信誉等。由于这些概念在含义上有所重叠,甚至在特定语境下具有相同意涵,因而很多人可能以笼统或模糊方式交替运用,以致出现不规范现象。实际上,作为诚信概念的延伸范畴,诚实、信用、信任、信誉等具有自身的特殊含义,需要我们详加分析,以加深对诚信概念的理解。

"诚实"与"诚信"虽有一字之差,甚至可以同义置换,但"诚实"有其自身基本规定性。"诚实"之"实",意为"真诚、实在、老实、不虚伪"。《出师表》载:"此皆良实,志虑忠纯。"此处的"实"就是上述意思。《辞海》将"诚实"解释为:"言行与内心一致,不虚假。"[57]也即倡导表里如一、忠厚老实、为人诚恳、尊重事实真相,反对言行虚伪、文过饰非等。从本质上看,诚实侧重于指向主体的内心之"善",由而表现出真诚、忠实、老实的良好道德品质。这意味着,一个诚实的人应该追求内心与言行一致,以"良善之心"来约束言行举止,真实无欺、真诚待人、不虚假行事、不搞欺诈。例如,汉代王符就说:"夫高论而相欺,不若忠论而诚实。"[58]指人要真诚、老实,不可浮夸、欺骗。《旧约·箴言》也有言:"讲实话的唇舌永垂不朽,说谎话的舌头瞬息即逝。……欺诈的唇舌为上主所深恶,行事诚实的才为他所喜悦。"[59]

"信用"是人们生活中经常用到的概念。虽然它在中西方文化中具有丰富而复杂的内涵[60],但现在人们较多从如下两个层面使用此范畴[61]:一是社会道德层面,指向主体的道德品质和人格特征,也即人们参与社会活动时应该遵守诺言、履诺践约。在此意义上,"信用"与"诚信"含义有一致之处,但仍存在细微区别,前者侧重于"客体对主体行为评价"且多是"连续性的评价",而后者则是"双方相互之间对对方行为的评价"且多是"一次性的评价"[62]。二是经济法律层面,主要表现为一种"延期支付行为"或"借贷关系","是以协议或契约为保障的不同时间间隔下的经济交易关系"[63]。"在被充分扩展了的意义上,信用成为一种无需立即付款就可以取得现金、物品或服务的能力。"[64]《牛津法律大辞典》指出,"信用(credit),指在得到或提供货物或服务后并不立即而是允诺在将来付给报酬的做法"[65],并日渐成为各种法律法规的重要原则。可见,"诚信"与作为经济法律意义上的"信用"有一定区别,但二者密不可分,前者是后者的基础和前提,后者是前者的扩展和延伸。

"信任"也是人们经常用到的范畴,它含有"相信而敢于托付""给予信赖""认可或认同""不猜忌或不怀疑"等意思。在我国传统文化语境中,信任具有多种内涵,主要包含"相信并加以任用"(如《南史·荀伯玉传》"高帝重伯玉尽心,愈见信任,使掌军国密事")、"信赖或相信"、"任随或听凭"(如《东周列国志》"主君偏于信任,不从吾谏")、"敢于托付"之意。在西方思想中,经济学、政治学、心理学、社会学、管理学等也对"信任"(trust)进行深入研究,基本含义是对某人或某物持有"信心""信赖""相信""期望"等态度。特别是"自近代以来,认为信任是社会资本形式,可减少监督与惩罚的成本"[66]。从上述阐释可知,信任与诚信也存在紧密关联。吉登斯(Anthony Giddens)认为信任是"对一个人或一个系统之可信赖所持有的信心"[67]。罗素(Denise M. Rousseau)将信任视为一种"不设防"的心理状态,它建立在对他人行为"积极和正向估计"的基础上[68],而"不设防"正是以诚信为前提;多伊奇(M. Deutsch)说,"一个人对某件事的发生具有信任是指,他期待这件事的出现"[69],但"期待"也同样离不开诚信,是通过对另一方长期观察或判断来获得一种"安全感"。所以说,诚信与信任具有紧密联系,一个诚信的人才可能取得他人最终信任,而对他人信任又反过来促进人们诚信道德品质的提升。当然,二者也有所区别,其中一个重要方面是:诚信属于静态上的概念,而信任则包括静态观念与动态行为双重指向。[70]

"信誉"是个人、组织或团体在社会活动中所积累的名声、赞誉、美誉。从词源学来看,"信"指真心诚意、诚实守信;"誉"含有动词意义上的"称赞、赞誉、赞美"与名词意义上的"声誉、荣誉、名声、口碑"之意。《辞海》对"信誉"这个词进行了详细解析:"个人或社会集团履行承诺和义务的水平,以及他们在人们心目中的可信任程度。是个人或社会集团的社会信用和相应的社会赞誉的统一。"[71] 在这个定义中,信誉是人们对"个人或社会集团"行为的评价和判断,它表现为一种"是否可信"的状态。信誉的特征在于:一是"他者"对"一个实体过去行为"的评价。这里的"他者"可以是个体或群体,他们对一个实体以往诚实守信行为的衡量和评判而产生信誉观念集合、形象认知。二是形成过程的长期积累性。信誉的建立不是一蹴而就的,而是形成于重复博弈、多次交易中。三是表现为一种依附性的无形资产。信誉不能独立存在,而是附着于特定"有形物"上,却因此而具有增殖功能。在诚信与信誉关系上,一个实体要想获得良好信誉首先要具有诚信品德。二者主要区别在于,诚信内生于人的品德修养,而信誉则外生于"他者"评价,同时诚信是人的义务而非权利,但信誉则属于权利范围[72],譬如,不能诋毁或贬低企业信誉。

## 二、商务诚信的内涵指向

通过对"诚信"这个基础性概念以及"诚实、信用、信任、信誉"等相近范畴阐释,可以对商务诚信的基本内涵进行界定。

在最简化的意义上,所谓商务诚信是指各类经济主体在商务活动中要做到诚实守信。但要准确把握其内在规定性,还需要我们深入解析。从广义上来说,商务一般被解释为商业活动中的相关事务,通常指涉商品或服务的交易与买卖。具体而言,"是指以盈利为目的而进行的商品买卖以及其他营利性服务活动。它涉及各种经济资源,包括物质产品、劳务、土地、资本、信息等有偿转让的相关活动,这种通过交换方式实现资料所有权转移的过程就是商务活动过程"[73]。从本质上看,这个定义的核心在于强调与"商事交易"有关的一切活动,它虽然可以在最大范围内指涉企业相关商业事务行为,却过于笼统,甚至包括了诸如与商品或服务买卖相关的酒会、招待会、年会、谈判、培训等内容,能指过于宽泛,囊括了经济主体经济交换活动的方方面面,存在泛化倾向,不利于议题的深入探讨。本书所指的商务概念,是将其理解为企业在流通和交换的商贸过程中所涉及的相关事务或活动,它侧重于经济主体之间的商事交易活动。本书有关商务诚信的研究视域也主要是指商务经营活动个体或企业在与其他经济主体进行物质产品、劳务、土地、资本、信息等交换、流通活动中,要诚实守信、公平竞争、平等交换、童叟无欺、讲求信用、重视信誉,不能以坑蒙拐骗、假冒伪劣、以次充好、缺斤少两、价格欺诈、虚假承诺、夸大宣传等手段、伎俩获取不正当利益。事实上,党和国家在相关政策文件中更是强调道德领域突出问题专项教育和治理,将商务诚信建设的主体聚焦于商贸流通企业,重点关注涉及批发零售、住宿餐饮、仓储物流、金融交易、政府采购、电子商务、居民服务等领域的诚信缺失问题。

### 三、何谓"商务诚信价值观培育"

"价值观是一种判断是非、善恶、美丑、荣辱的态度、观点和心理标尺,它是人们对价值的认识、看法和见解的总和。"[74]这意味着,人们只有对某一价值观有正确的认知、态度,才能更好地明是非、懂善恶、辨美丑、知荣辱,否则如果秉持错误的价值观,那么就容易对价值的认识、看法和见解出现错位、变异、扭曲等问题。我们所说的"价值观培育",就是要使某种价值观不断发展和成熟,并且通过各种措施让人们对其有正确的认识、理解和判断,从而内化到人们的观念层面,成为引导主体行为、营造良好社会氛围的规范。具体来看,价值观培育主要包括三方面内容[75]:一是要在理论、内容上使其更加完善。随着实践和认识的发展,价值观的理论形态会在历时态上发生变化,一些不适应时代和环境的内容可能会被剔除,而一些时代所要求的内容会成为其中重要部分。价值观培育,就是要求我们根据时代和实践的要求使其理论、内容趋于完善和成熟,让人们形成正确的价值认识、看法。二是要使其转化为个体的价值观。"现实的个人"是价值观培育的出发点,也是价值观培育的目的和归宿。任何价值观的培育都是围绕着特定的个体对象来进行的,并通过各种方法和措施使社会所倡导的价值观内化为个体的价值观,转化为个人的情感、意志和信念。如果社会所倡导的价值观念未能转变为个体价值观,那么这种"培育"就没有达到预期效果。三是要使其成为社会成员的共识和信念。价值观培育还应该让社会成员认可、认同某种价值取向,使之成为人们行为做事的基本共识。这意味着大多数人对社会所倡导的价值观有共同的认识和理解,自觉按某种价值观的要求规范自身行为,并对一些背离价值观原则和要求的"潜规则""不良风气"进行坚决抵制。

行文至此,我们可以循着上述解析进一步追问何谓商务诚信价值观培育。简单来说,就是社会上的一定机构、组织、团体等通过相应措施和方法,促使以商贸流通行业为重点的企业对买卖公平、货真价实、童叟无欺、信守诺言、按时履约等诚实守信价值观形成正确的认知、看法和判断,将其内化为商务活动主体的情感、意志与信念,并在商务领域营造良好的诚信风尚,从而使经济主体明是非、懂善恶、辨美丑、知荣辱,以更好规范人们行为。我们可以从五个层面来把握:其一,商务诚信价值观培育主体的多元性。通常来说,各级商务主管部门、行业协会组织、高等院校、企业自身等机构、组织、团体乃至个体都可以成为商务诚信价值观培育的主体,通过各自或联合方式开展诚信经商培育活动。其二,商务诚信价值观培育对象的侧重性。一般来说,企业是商务诚信价值观培育的主要对象。从当前道德领域突出问题视角看,商务领域中涉及批发零售、住宿餐饮、仓储物流、金融交易、中介服务、电子商务、居民服务等方面的商贸流通企业是商务诚信价值观培育的重点对象。例如,商务部印发的《关于加快推进商务诚信建设工作的实施意见》中就指出,要以商贸流通企业为主体加快建设商务诚信体系、构筑诚实守信的营商环境,重点在零售、餐饮、批发、物流、居民服务等领域建立完善的信用评价机制。[76]其三,商务诚信价值观培育目的的多重性。对企业工作人员来说,商务诚信价值观培育是要求经济活动者内化诚信经商理念,注重养成诚信道德品质,在商务活动中遵守货真价实、买卖公平、童叟无欺等诚实守信原则;对企业发展来说,商务诚信价值观培育是要求企业在参与市场竞争中应将诚实为本、获取信任、提高信誉作为核心经营理念;从商务风气塑造方面来看,商务诚信价值观培育是要求形成"守信光荣、失信可耻"的良好风尚,使经济主体在交往中面对诸如掺假造假、以次充好、缺斤少两、夸大宣传、违规营销等"潜规则"或"行业性的缄默行为"时能够勇于揭露和抵制,以期营造良好的商务风气。其四,商务诚信价值观培育方式的多样性。积极塑造和培育商务诚信价值观,不仅要借助以往的宣传、灌输、讲解等传统方式,而且还应拓宽视野,注重优秀传统文化、具象化实践活动、良好舆论氛围、诚信制度等多种途径培育商务诚信价值观。其五,商务诚信价值观培育过程的渐成性。从经济伦理发展史来看,商务失信问题是经济领域中的"顽疾",尽管人们一直不遗余力采取各种措施积极培育诚信价值观,但仍任重道远。"价值观的后天培育不是一时一事之计,不是一朝一夕之功,而是一项基础性、长期性的工作。"[77]同样,商务诚信价值观培育也是一个长期过程,它不可能一蹴而就,而且诚信本身具有脆弱性特征,因而需要我们坚持不懈地培育,精心呵护诚信经商价值观。

## 第四节　研究思路、方法与创新

### 一、研究的思路与框架

商务领域中的诚信研究是每个时代都需直面的问题,也是长久以来悬而未决的棘手难题。经济社会转型期,商务诚信缺失问题日渐成为社会主义市场经济深入发展的桎梏,使身在其中的人们饱受其害。本书的研究正是基于如下三方面的问题:一是我国商务失信问题日益严重,亟须我们予以解决;二是商务失信问题背后折射出经济主体价值观扭曲、道德失范问题;三是当代中国商务诚信价值观培育的困顿与超越问题。本书具有强烈的问题意识,首先提出我国商务诚信价值观培育遇到的相应难题,并详述这些难题的外在表征,然后深入探析商务诚信价值观培育难题的原因,对其背后症结进行深层反思,在此基础上找寻相应治理路径。具体来看,从商务诚信价值观培育何以必要为出发点,通过中西方商务诚信价值观培育思想资源与理论基础的梳理、阐释以及我国商务诚信价值观培育的历时分析,来反观和审视当前我国商务诚信价值观培育取得的成效、存在的难题,进而探究这些难题的逻辑原因,提出推进商务诚信价值观培育的可能进路。

就逻辑框架而言,本书在结构上由如下七个部分组成。

导论部分集中阐释商务诚信价值观培育研究的基本概况。首先,从问题取向视角叩问我国商务诚信价值观培育研究的缘起,对我国商务失信背后的价值观嬗变与扭曲问题进行阐释,从而论证本选题的研究必要性,进而从理论与现实双重维度探讨了商务诚信价值观培育的研究意义,对其重要价值进行论述。其次,梳理国内外相关研究情况,对商务诚信问题的研究现状进行回顾与归结,整体掌握已有成果的研究进展,进而提出学术探讨的新空间和生长点。再次,对本书的核心概念进行界定与分析,深入分析了"诚信""商务诚信""价值观培育"的意涵。最后,从整体上对本选题的研究思路、研究方法及创新思考进行说明和阐释。

第一章主要对商务诚信价值观培育的理论基础进行阐述。第一节以中西方的文化传统为基底,挖掘和分析其中的商务诚信价值观培育思想。我国传统文化中蕴含丰富的商务诚信价值观培育智慧,本书从古代商务诚信价值观培育的"价值与意义""基本要求""方法与途径"三方面进行考察。西方社会主要通过"道义责任""功利驱动""契约规则""宗教伦理"等四个方面积极培育商务诚信价值观。同时,对中西方商务诚信价值观培育文化传统中的利弊、优劣进行深度解析。第二节不仅梳理了马克思主义经典作家的商务诚信价值观培育主要观点,而且还详细阐释中国历届领导人的商务诚信价值观培育思想理论,为我们探究相关问题提供理论基础和知识借鉴。第三节探讨了商务诚信价值观培育的主要价值,对商务诚信价值观培育的功能和作用进行阐释。

第二章重点从历时性角度探讨当代中国商务诚信价值观培育过程。在经济社会发展是否必然促进道德进步问题上,分析了"二律背反"与"一致论"两种代表性观点,并对这些观点进行辩证解析,进而阐明我国市场经济发展中出现的"价值失范、诚信缺失"问题的实质。以此为基础,重点阐释我国计划经济时期、市场经济建设初期、市场经济深入发展时期的商务诚信价值观培育演变历程,并对"道德培育""实践培育""制度培育""舆论培育"等典型范式展开论述。最后,对我国商务诚信价值观培育的演变过程及典型培育范式之合理性、局限性进行价值反思。

第三章侧重论述当代中国商务诚信价值观培育的成效与难题。以实证研究分析当前商务诚信价值观培育的现实成效、实然难题。同时,针对当前我国商务诚信价值观培育所遇难题,探究了相应成因,特别是对其背后症结进行深层次追问,为化解这些迷思奠定了基础。

第四章深入探讨破解商务诚信价值观培育难题的目标指向、思路与机理。一是从"个体维度""群体维度""实践维度"阐述了商务诚信价值观培育的应然指向,提出要达至的目标。二是指出了破解商务诚信价值观培育难题的思路,主要是包括诚信受益、治理协同、评价合理、教育渗透等四个方面。三是破解商务诚信价值观培育难题的内外机理,阐释必不可少的驱动因素。

第五章探讨了推进我国商务诚信价值观培育的对策建议。第一节重点在于从文化认同视角推进商务诚信价值观培育,通过传统诚信文化与现代诚信文化双重建构促使商务主体正确认识商务诚信价值观,将其内化为一种应有的道德意识。第二节主要探讨商务诚信价值观有效培育的教育引导,从"义利结合""价值观形成""具象化活动"三个方面增强其实效性。第三节侧重从制度机制方面探讨了商务诚信价值观培育策略问题,指出相应措施应切实可行、讲求实效,提出兼具操作性与执行力的商务诚信"征信"制度、"奖惩"制度、"督查"制度、"政商协作"制度。第四节从净化风气视角论述了商务诚信价值观培育的环境和氛围,以期让广大商务活动主体产生诚信经商共识,使诚实守信、货真价实、童叟无欺的价值观得到广泛认同。

结语与思考部分阐明了当代商务诚信价值观培育研究的未来指向与现存缺陷。对本书的研究重点进行总结与阐释,根据当前中国经济社会发展"新常态"指出商务诚信价值观培育研究的价值及未来走向,并对本书研究的不足和缺陷进行分析,为进一步探讨相关问题提出启发性思路。

本书具体研究思路如图 0-7 所示。

## 二、主要研究方法

### (一)"史"与"论"相结合的方法

"史论结合"是历史学科中的经典研究方法,它倡导"史实"或"史料"与"结论"或"理论"应相互结合。探讨当代中国商务诚信价值观培育,不能单纯阐释"当下",而要具有宽广学术视野,对以往经济活动中的诚信问题也进行溯源探究,这显然离不开"史论结合"方法。我们既需要在科学理论的指导、指引下研究相关过往材

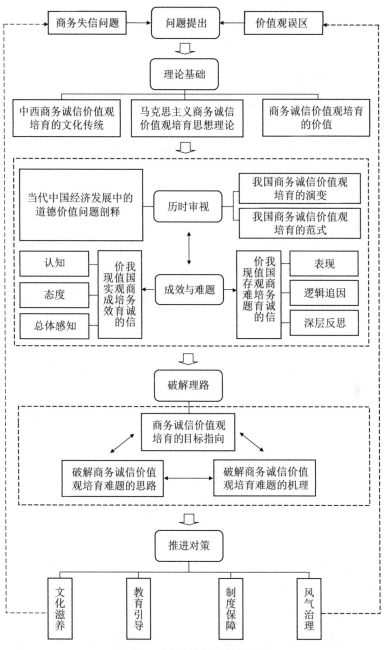

**图 0-7　本书整体研究思路图式**

料,又要本着尊重事实态度充实、检验理论本身,力求实现客观与主观的统一。例如,在探讨中西方经济活动中的诚信经商文化传统时,我们理应秉持"求真"态度深入考察相应文献史料,正确诠释过往文本,从中揭示商务诚信价值观培育结论,同时不能忽视甄别辨析,以历史唯物主义和辩证唯物主义理论分析其中的劣势和弊端,避免不良因素影响当下判断,以致得出非科学的结论。又如,当代中国商务诚信价值观培育的历时审视研究中,也要对新中国成立以来的演进过程进行阐释,同样要采用"史论结合"方法探讨问题,从而得出科学结论。

(二)理论阐释与实证分析相结合的方法

商务诚信价值观培育本身就是一个兼具理论性与现实性特点的课题。国内外的学者已经提出了诸如"文化涵养""企业社会责任建构"等有解释力的理论,但它们都是特定时空经验下的理论提升和归结,仍需要在当下实践中进行充实、修正,以期发展相应理论成果,有效破解商务失信问题,这无疑离不开理论阐释与实证分析的方法。强化对当代中国商务诚信价值观培育研究,既需要相应的理论予以支撑,又不能脱离实证探析,二者相互依赖、相互转化。理论研究之目的在于,探究商务诚信价值观培育的意涵、特定时空演进过程、内在机理等问题,而实证研究则注重现实观照,通过实地访谈、问卷调研来获取最新资料,了解具体情况,从而有助于揭示当下中国商务诚信价值观培育的困境、成因及实质,为提出具有针对性和实效性的对策提供现实依据。

(三)多学科交叉解析的方法

虽然商务诚信是经济领域中的道德问题,但对它的深入探讨则不能局限于经济学科或伦理学科,还应该借助于诸如社会学、心理学、政治学、管理学等学科的研究范式和经典理论,从多个视角、不同框架来思量商务诚信缺失困局。如果视角、思路受到局限,那么就难以对商务诚信价值观培育进行深层次研究。因此,对当代中国商务诚信价值观培育研究的探讨和追问,仅仅依靠单一学科很难作出有力解释,而应该将其置于多学科交叉视野下,寻求多元解析,以期促进本书研究顺利开展。例如,对于当前我国商务诚信价值观培育困境背后成因的探讨,就需要从"经济社会转型""成本—收益""权力经济(政商关系)""潜规则"等视野和领域进行多元解析,这涉及经济学、政治学、历史学等诸多学科。同样,对于商务诚信价值观培育的建议对策,依然离不开多学科交叉解析的方法。

## 三、本书的创新思考

本书针对商务领域诚信缺失困局,尝试从诚信价值观培育角度进行探讨,以期促使经济主体正确认识商务诚信价值意义,推进诚实守信、童叟无欺价值观念的个体内化与群体认同,从而破解相应迷思和困局,为商务失信问题研究"添砖加瓦"。本书研究重点与创新之处如下:

第一,对商务诚信价值观培育进行了理论化、系统化研究。商务诚信缺失是困扰我国经济社会发展的顽疾,长期以来备受学界关注。不过,以往很多学者着重从"经济人假设"思路探讨商务失信问题,提出的治理对策也往往带有工具性、短期性、功利性特点。虽然有一些学者试图从文化角度进行论述,但较少从更为核心的价值观视角寻找商务失信问题的根源。到目前为止,几乎没有专著或论文对商务诚信价值观培育进行理论化、系统化、专题化研究,这为本书进一步探讨提供了学术空间。实质上,商务诚信缺失背后折射的是诚实守信价值观遭受质疑,经济主体价值取向产生嬗变、迷失、扭曲问题。本书正是以价值观培育为切入口,深入探讨当代中国商务诚信价值观培育议题,克服了以往研究的碎片化、表面化弊端。

第二,揭示了当代中国商务诚信价值观培育的演进过程及典型范式。我国商务领域中诚信价值观的"贬值""失范""扭曲"等困局与特定时空密切相关,所以商务诚信缺失顽疾需要在历时性的"回眸"中破题,这恰是当前学界研究容易忽视的地方。本书以"经济社会发展与道德进步"关系为讨论起点,深入分析新中国成立以来商务领域存在的诚信失范问题,进而重点从"社会主义革命和建设时期""改革开放和社会主义现代化建设新时期""党的十八大以来"三方面阐释了当代中国商务诚信价值观培育的演进过程,提炼和归结出比较典型的培育范式,并对其合理性及限度进行价值反思,为我们认识过往、汲取经验以及反观当下铺建思考的进阶。

第三,提出了当前中国商务诚信价值观培育存在的难题。推进我国商务诚信价值观培育研究,首先应当揭示当前商务诚信价值观培育面临哪些亟待解决的难题,突出问题导向。本书深入探讨了当前我国商务诚信价值观培育所遭遇的"价值迷失""知行脱节""诚信教育与诚信制度乏力""诚信者被'污名化'""电子商务领域诚信主体虚化"等难题,为后续深化研究提供思考空间。

第四,剖析商务诚信价值观培育难题背后的逻辑成因及深层症结时突破了划界思维。剖析商务诚信价值观培育难题,要在方法论上突破学科划界思维,应该进行多元解析,特别要尊重商务活动规律,注重"经济"与"伦理"的内在关联分析。本书力图对商务诚信价值观培育难题折射的"劣币驱逐良币"问题、"利益至上性逻辑"、"商务领域'庇护失信'认知与风气"、"网络市场交易的规范力度"等方面的原因进行深入解析。而且,还从"道德价值认同危机""诚信教育方式问题""市场经济不完善""商务领域潜规则"四个方面揭示出其背后反映的深层次问题。

第五,提出兼具实效性与可行性的商务诚信价值观培育对策建议。破解我国商务诚信价值观培育的困局,需要超越单一化的思路和视角。本书尝试从商务诚信价值观培育的"文化涵养""教育引导""制度支撑""风气治理"等多元角度提出相应建议,增强商务诚信价值观培育效果。

## 注释

[1] 习近平:《高举中国特色社会主义伟大旗帜　为全面建设社会主义现代化国家而团结奋斗:在中国共产党第二十次全国代表大会上的报告》,人民出版社 2022 年版,第 45 页。

[2] 刘武:《信用值多少钱》,《瞭望东方周刊》2014 年第 28 期。

[3]《中共中央关于深化文化体制改革推动社会主义文化大发展大繁荣若干重大问题的决定》,《求是》2011 年第 21 期。

[4]《商务部关于"十二五"期间加强商务领域信用建设的指导意见》,《国际商报》2011 年 11 月 19 日。

[5] 姜增伟:《深入推进商务诚信建设》,《经济日报》2012 年 8 月 14 日。

[6] 王村理:《商务诚信是社会诚信之基》,《光明日报》2012 年 10 月 13 日。

[7] 胡锦涛:《坚定不移沿着中国特色社会主义道路前进　为全面建成小康社会而奋斗》,《求是》2012 年第 22 期。

[8] 龙静云:《道德治理:核心价值观价值实现的重要路径》,《光明日报》2013 年 8 月 10 日。

[9] [英]安东尼·吉登斯:《现代性的后果》,田禾译,译林出版社 2000 年版,第 80 页。

[10] 唐晶晶:《诚信缺失的经济学分析》,《开放导报》2014 年第 3 期。

[11]《十六大以来重要文献选编》(下),中央文献出版社 2008 年版,第 661 页。

[12] [英]休谟:《人性论》,关文运译,商务印书馆 1980 年版,第 189 页。

[13] 张从海:《区域商务诚信建设的路径选择》,《哈尔滨师范大学社会科学报》2014 年第 4 期。

[14] 赵付娟:《当代中国商务诚信建设研究》,山东师范大学硕士学位论文 2013 年,第 9—10 页。

[15] 于俊如、高飞飞:《积极推进以商务诚信为重点的诚信天津建设研究》,《青年与社会》2013 年第 1 期。

[16] 吴晶妹、薛凡:《社会转型期我国商务诚信的缺失及其规范》,《求索》2015 年第 4 期。

[17] 李松:《中国社会诚信危机调查报告》,中国商业出版社 2011 年版,

第 297 页。

[18] 布成良:《商务诚信缺失的表现和对策》,《群众》2007 年第 7 期。

[19] 余云疆:《当前我国社会诚信缺失凸显问题及策略研究》,《云南行政学院学报》2013 年第 1 期。

[20] 孟华兴、李然:《塑造商务诚信的路径选择》,《领导之友》2012 年第 3 期。

[21] 黄珍:《企业诚信缺失:症结与对策》,《江西社会科学》2011 年第 7 期。

[22] 同上。

[23] 于俊如、高飞飞:《积极推进以商务诚信为重点的诚信天津建设研究》,《青年与社会》2013 年第 1 期。

[24] 朱迅垚:《不可小觑企业诚信缺失对经济的影响》,《南方日报》2014 年 7 月 1 日。

[25] 姜增伟:《深入推进商务诚信建设》,《经济日报》2012 年 8 月 14 日。

[26] 何旭:《浅析商务诚信建设的必要性和现状对策》,《企业改革与管理》2014 年第 18 期。

[27] 王村理:《推进商务诚信迫在眉睫》,《光明日报》2013 年 1 月 19 日。

[28] 王村理:《商务诚信是社会诚信之基》,《光明日报》2012 年 10 月 13 日。

[29] 李玉琴:《论构建和谐社会视域中的商业诚信建设》,《扬州大学学报(人文社会科学版)》2009 年第 3 期。

[30] 赵付娟:《当代中国商务诚信建设研究》,山东师范大学硕士学位论文 2013 年,第 30—32 页。

[31] 张从海:《区域商务诚信建设的路径选择》,《哈尔滨师范大学社会科学学报》2014 年第 4 期。

[32] 乔新生:《塑造商务诚信有赖法制建设》,《深圳特区报》2011 年 11 月 18 日。

[33] 王村理:《商务诚信是社会诚信之基》,《光明日报》2012 年 10 月 13 日。

[34] 何旭:《浅析商务诚信建设的必要性和现状对策》,《企业改革与管理》2014 年第 18 期。

［35］龙静云:《诚信:市场经济健康发展的道德灵魂》,《哲学研究》2002 年第 8 期。

［36］姜增伟:《深入推进商务诚信建设》,《经济日报》2012 年 8 月 14 日。

［37］张竹忠:《发挥工商管理职能　推进商务诚信建设》,《江苏经济报》2004 年 4 月 13 日。

［38］［英］亚当·斯密:《国民财富的性质和原因的研究》(下卷),郭大力、王亚南译,商务印书馆 1974 年版,第 14 页。

［39］［英］亚当·斯密:《道德情操论》,樊冰译,山西经济出版社 2010 年版,第 6 页。

［40］［英］坎南:《亚当·斯密关于法律、警察、岁入及军备的演讲》,陈福生等译,商务印书馆 1962 年版,第 261 页。

［41］［美］罗伯特·C.所罗门:《商道别裁——从成员正直到组织成功》,周笑译,中国劳动社会保障出版社 2004 年版,第 14 页。

［42］［美］罗伯特·C.所罗门:《伦理与卓越:商业中的合作与诚信》,罗汉等译,上海译文出版社 2006 年版,第 230 页。

［43］Walter W. Manley II, William A. Shrode, *Critical Issues in Business Conduct: Legal, Ethical, and Social Challenges for the 1990s*, Westport: Quorum Books, 1990, pp.7—8.

［44］［美］托马斯·贝特曼、斯考特·斯奈尔:《管理学:构建竞争优势》,王学莉等译,北京大学出版社 2004 年版,第 117—118 页。

［45］Archie Carroll, "Corporate Social Responsibility: Evolution of a Definitional Construct," *Business & Society*, Vol.38, No.3, p.283.

［46］［德］马克斯·韦伯:《新教伦理与资本主义精神》,于晓等译,生活·读书·新知三联书店 1987 年版,第 82 页。

［47］［美］弗朗西斯·福山:《信任——社会道德与繁荣的创造》,李宛蓉译,远方出版社 1998 年版,第 96 页。

［48］同上书,第 103 页。

［49］赵丽涛:《论〈老子〉中的诚信观》,《党政研究》2014 年第 1 期。

［50］朱熹:《四书集注》,岳麓书社出版社 1987 年版,第 45 页。

［51］史瑞杰等:《诚信导论》,经济科学出版社 2009 年版,第 52 页。

［52］黎翔凤:《管子校注》(中),中华书局 2004 年版,第 246 页。

［53］王良:《社会诚信论》,中共中央党校出版社 2003 年版,第 72 页。

［54］焦国成:《关于诚信的伦理学思考》,《中国人民大学学报》2002 年第 5 期。

［55］王良:《社会诚信论》,中共中央党校出版社 2003 年版,第 7 页。

［56］胡彬彬:《乡贤文化与核心价值观》,《光明日报》2015 年 5 月 21 日。

［57］《辞海》,上海辞书出版社 2009 年版,第 285 页。

［58］王符:《潜夫论》,河南大学出版社 2008 年版,第 158 页。

［59］《圣经》,文化艺术出版社 2002 年版,第 1020 页。

［60］在中国就有“以诚任用人”“委任”“相信与采纳”“获取的信任”;在西方“信用”源自拉丁文“crdeo”,原义为信托、信誉、相信,后引入英文 credit,引申为赊欠、债权、存款等含义(参见韩喜平:《马克思的信用理论及我国信用制度的构建》,《当代经济研究》2000 年第 7 期),以至于熊彼特感慨:“著作家给‘信用’下定义时遇到了困难。并且因此这个名词自始自终使用得很不严格。”(参见［美］约瑟夫·熊彼特:《经济分析史(第 2 卷)》,商务出版社 1996 年版,第 511 页)。

［61］学者沈杰对“信用”含义的内涵解析,参见沈杰:《西方发达国家个人诚信制度及其运行机制》,《社会科学管理与评论》2006 年第 2 期。

［62］王良:《社会诚信论》,中共中央党校出版社 2003 年版,第 12 页。

［63］沈杰:《西方发达国家个人诚信制度及其运行机制》,《社会科学管理与评论》2006 年第 2 期。

［64］王良:《社会诚信论》,中共中央党校出版社 2003 年版,第 12 页。

［65］David M. Walker:《牛津法律大辞典》,李双元译,法律出版社 2003 年版,第 387 页。

［66］《辞海》,上海辞书出版社 2009 年版,第 2555 页。

［67］［英］吉登斯:《现代性的后果》,田禾译,译林出版社 2011 年版,第 30 页。

［68］向长江、陈平:《信任问题研究文献综述》,《广州大学学报(社会科学版)》2003 年第 5 期。

［69］郑也夫:《信任:溯源与定义》,《北京社会科学》1999 年第 4 期。

［70］范晓屏、吴中伦:《诚信、信任、信用的概念及关系辨析》,《技术经济与管理研究》2005 年第 1 期。

［71］《辞海》，上海辞书出版社 2009 年版，第 2557 页。

［72］曾康霖：《由"诚信热"所想到的》，《中国经济时报》2002 年 8 月 10 日。

［73］胡晓涓：《商务公共关系》，中国建材工业出版社 2003 年版，第 2 页。

［74］刘社欣：《论社会主义核心价值观的生成逻辑》，《哲学研究》2015 年第 1 期。

［75］本书是在借鉴学者江畅对价值观的"培育"认识基础上进行论述，参见江畅：《当代中国价值观的根本性质、核心内容和基本特征》，《光明日报》2014 年 6 月 18 日。

［76］晏澜菲：《商务部部署加快商务诚信体系建设》，《新农村商报》2014 年 9 月 24 日。

［77］许三飞：《价值观培育特点规律探微》，《解放军报》2009 年 5 月 5 日。

# 第一章
# 商务诚信价值观培育的理论基础

治理商务失信问题、培育商务诚信价值观,自古至今都是一个回应经济社会发展的经典命题。特别是商务诚信观念"经历过传统社会秩序的崩溃、重组、再崩溃、再重组"[1]的洗礼后,如何在新时代背景下构建诚信经济秩序显得至关重要,但首先要对商务诚信价值观培育的理论基础进行阐释。

## 第一节 文化传统:中西商务诚信价值观培育思想的考察[2]

传统商务诚信思想是中国传统文化中极为重要的内容,是古代先贤直面商务失信问题、促进经济主体诚信经商过程中生发、积累的智慧结晶和民族瑰宝。在中国特定时空背景下培育商务诚信价值观,需要后人承袭中国古代思想中的宝贵诚信资源,挖掘和汲取具有东方智慧的商业伦理传统精华。汉斯-格奥尔格·伽达默尔(Hans-Georg Gadamer)就将"传统"视为人们无法逃避、理应面对的"前见"。因而,我们必须向传统"回眸",归结和梳理其中所蕴含的商务诚信价值观培育思想。

### 一、中国传统商务诚信价值观培育的智慧

在传统经济伦理自发萌芽阶段,"诚"与"信""还包裹于原始宗

教、神话传说等非理性思想形式之中"[3]，例如，"鬼神无常享，享于克诚"[4]，表现在生产活动上也就是要求人们对鬼神、祖先的忠诚；《尚书·尧典》曾曰，"肆类于上帝，禋于六宗，望于山川，遍于群神"，这要求生存于"神"的庇佑下的人们按照对神的"诚"来从事劳动。又如，"惟上帝不常，作善降之百祥，作不善降之百殃"[5]，"祭帝于郊，所以定天位也；祀社于国，所以列地利也"[6]。这意味着作为神灵的"帝"，不仅"是商人的至上神"，而且"商人事无巨细，均需通过占卜而定"[7]。随着古代哲学思想发展，我国古代经济伦理思想也逐渐走向一个"祛除巫魅"（disencharttment）和"理性化"（rationalization）的过程。[8]古代商务诚信价值观培育思想亦是如此，先贤先辈逐渐认识到培育童叟无欺、市价不二、货真价实等价值观要适应经济活动本身规律。从内在逻辑看，传统文化中的经商立业与诚信伦理互为一体、不可拆分，经济活动需要遵守诚信道德规范，并借此生成中国特色的经济伦理观。

（一）关于商务诚信的价值与意义

古代先辈很早就认识到诚实经营、不虚不诈、信守承诺、童叟无欺的重要价值，将其视为经商立业的内在要求。《孔子家语》言："贾羊豚者不加饰。"[9]《说文解字》对"饰"的解释是："饰，刷也。"其引申义为"装饰、装扮、遮掩"。意思是说，经济主体从事商业经营活动要诚实守信，不可出售假货劣货。《礼记·王制》就指出，在市场上出售的物品必须"货真价实"，如果质量"不合格或有瑕疵"，不能在市场上交易，也即"布帛挟精粗不中数，幅广狭不中量，不鬻于市"。先辈认为，在经济交往过程中要想生意兴隆，就必须做到货真价实、真实不欺。因为只有"市贾不贰，国中无伪。虽使五尺之童适市，莫之或欺"[10]，才能使商人顺利地从事商业活动，商品交易才会井然有序，市场环境才会趋于良好。"夫凡人之情，见利莫能勿就，见害莫能勿避。"[11]"趋利避害"虽是人之本能，但如果趋利忘义、为利诈伪，那么就会失去人们的信任，最终自尝苦果。

老子说，"轻诺必寡信"[12]，轻易许下诺言而并不兑现者必然会失去信用。孔子则直言："言不信者，行不果。"墨子也说："行不信者，名必耗。"[13]"言"→"行"→"名"皆因"不信"而导致行动受阻、名声败坏。对于商务经营活动而言，"不信"之后果也必然使商人或企业失去信任。渗透于商务活动中的诚信伦理，实际上给商贾积攒了良好的信誉，使之具有较好的经商名声，而这是一种无形的资本，并可以带来财富。所谓"义厚而利多"[14]，诚信经商自然得到口碑，并因此而受益。孔门十哲之一的子贡就是尊崇儒家"仁"思想的典范，他将这种品德融入经商中，受到后人尊崇。

（二）关于商务诚信价值观培育的基本要求

面对经济活动中的失信问题，先贤先辈不仅肯定诚实守信本身的价值和意义，倡导诚信经商，而且还认为，有效治理商务失信现象、积极培育商务诚信价值观需要遵循一些基本要求：

首先，要从经济活动本身特点来培育贾法廉平、斗秤不欺、货真价实、诚恳老实等商务诚信价值观。从行为目的角度来看，商务活动主体参与经济事务是想从中获得利益，这是由经济活动本身规律决定的。虽然古代统治者大都实行"重农抑商"政策，限制商业发展，但是，"天下熙熙，皆为利来；天下攘攘，皆为利往"[15]，一些思想家还是认识到，应该尊重经济活动规律，从诚信本身的经济意义视角培育商务诚信价值观。例如，《商贾一览醒迷》曰："货之粗精好歹，实告经纪……若昧之不言，希为侥幸出脱，恐自误也。"被后人誉为"商圣"的陶朱公范蠡作为一代"巨贾"，坚持将诚信经营放在首位，他认为要想从经商中获益，诚信是必须遵循的规则，正因为如此，古时许多商家都在店铺店堂内悬挂"陶朱事业，端木生涯"八个大字，以此激励自我提升经商才能，心怀诚信道德。荀子也说："商贾敦悫无诈则商旅安，货财通，而国求给矣。"[16]即商人在经营中敦厚、老实、无诈，他的货物会在市场上通畅无阻地交易，经商者才能从中受益，也唯有如此，国家的供给才会充分。

其次,倡导"人道",以"人的自觉"意识提升诚信经商的道德涵养。在张岱年看来,中国优秀传统文化中,主要的核心是"关于人的自觉的思想","所谓人的自觉就是认识自己是一个人,人应自己解决自己的问题"[17]。"德""得"相通,人得"诚之道",便是诚信品德。从"人道"审视商务经营活动,主要是培育经商者的诚信品质和理想人格。也即是说,德性教化一直是商务诚信价值观培育的重要传统。一是注重修身,以"君子人格"经商。"君子养心莫善于诚"[18],"诚其意者,自修之首也"[19],"人而无信,不知其可也"[20]。对于商人来讲,诚信修身的目的指向"内心真诚、外信于人",成为"儒商""义商""廉商"。例如,管子曰:"非诚贾不得食于贾。"[21]"春秋时大商人白圭,被后人誉为商人的祖师爷,在他的经商理论中,就把'仁'道德归之为商人必备条件之一。"[22]二是恪守慎独原则,商人应严于律己。"所谓诚其意者,毋自欺也……故君子必慎其独也。"[23]"慎独"是一种品质,是一种境界,它要求商人明白"业无诚信不兴"的道理,自觉做到货真价实、言不二价。著名徽商胡雪岩就主张经商要有道德自觉,"誓不以劣品弋取厚利"。婺源茶商朱文炽就因自觉注明所售茶为"陈茶",虽亏本但"卒无怨悔"而为后人称道。

再次,注重培养敬畏之心。"敬畏,顾名思义,是人类对待事物的一种既敬重又畏惧的情感态度。拥有敬畏之心,人们就会对内心崇尚事物怀有敬仰信念和畏怯心理,时刻对自我言行举止保持警戒与自省状态,不敢轻易逾越界限。"[24]古代思想家认为,培育经济主体诚信价值观的一个重要方面是让其将诚信视为"道德信仰",要求人们对诚信本身怀有一种敬畏感,这样才能在商务交往活动中公平交易、童叟无欺、遵守诺言,做到诚信经商。实质上,如果经济主体将诚信内化为自我道德人格的一部分,敬畏诚信价值观,那么就会在经商中产生一种"敬重"与"畏惧"心理,从而自觉规范自身言行,坚持诚信交易,批判和抵制为富不仁、以假乱真、恶意欺骗等失信行为。古代思想家认为,倡导货真价实、童叟无欺、市价不二等价值理念过程中要注重培养经济主体对诚信经商的敬畏之心,从而增强培育效果。从哲学本体论层面看,先贤是按照从"敬畏天道"到"敬畏德性"[25]的逻辑进路使经济主体对诚信保持敬畏感,从而阐释诚信经商的必要性。"诚者,天之道也。"[26]《通书·诚上》曰:"诚者,圣人之本。大哉乾坤元,万物资始,诚之源也。乾道变化,各正性命,诚斯立焉。"《朱子语类·卷九十四》也说:"诚,五常之本,百行之源也。""诚"是"天道"的属性,是世间万物需要遵守的客观规律,它作为"本体"形式而存在。对"天道"之诚的敬畏,落实到作为商人的"人道"层面也就是坚持诚信经商。与此同时,商务经营活动者遵守"人道"之所以要做到货真价实、有信无欺等,关键在于其"君子人格",具有诚信自觉意识。《论语·述而》有言,"富而可求也,虽执鞭之士,吾亦为之",但"不义而富且贵,于我如浮云"。《大戴礼记·曾子制言中》也载:"君子直言直行,不宛言而取富。"正是由于经济主体对"诚"有敬畏之心,才将之化为自身的"君子人格",从而在经商中坚守诚实守信价值观。

(三) 关于商务诚信价值观培育的方法和路径

古代先贤在治理商务失信问题过程中,也提出不少可资利用的商务诚信价值观培育方法和路径,值得我们学习、借鉴。具体而言,主要有如下三方面:

其一,"道德教化"。在传统商业诚信教育过程中,道德教化发挥着至关重要的作用。《周易口义》曰:"藉天下之重器而天下之人均感悦而化之者,是必推诚信之道,使其仁义教化藏人之肌肤,沦人之骨髓,然后感悦于心而归之也,是非由劳神役思谆谆然取其心而求感之也,咸感也……圣人不以心求感于人而人自感之,亦如天地二气自然交通而万物化生也。"古代先贤认为,道德正是通过教化来表征自身存在,并借此提升人们的人格修养。道德教化的前提预设是,商人不仅是经济活动参与者,他们也是道德主体,应该具有良好的诚信品格。孔子倡导的"四教"(文、行、忠、信)、"五德"(恭、宽、信、敏、惠)都包含人之诚信品质,认为这是最基本的社会行为规范,要求人们内化这种道德操守。他说:"富与贵,是人之所欲也;不以其道得之,不处也。"[27]而要让经济主体具有诚信经商的品质,在交往领域倡导不欺、诚实等价值观,就不能忽视道德教化。通过对商人的道德教育、道德灌输,从而让其懂得"义者,百事之始也,万利之本也"[28]。

其二,"义利互动"。我国古代经济伦理思想中,虽然先贤在"义利"孰先孰后、孰轻孰重问题上存在争论,但很多思想家认为,在商务交往活动中,"义"不能完全脱离经济利益,"义"与"利"本质上是一种共生互进的关系,倡导以"义"生"利",以"利"促"义"。《说文解字》对"义"的解释为:"义,从我从羊。"段玉裁将其注为"从我从羊者,与善美同义"。"义"表现在经商上,意指经济活动参与者应该具有良好的道德操守,公平交易、真诚无欺,就会因此而受益。反之,如果外仁内诈、巧言令色、坑蒙拐骗,违背"义"之原则,那么就要付出代价,使信任受损,收益减少。因而,古代先贤大都主张"以义取利""守义取利""以义制利"。《左传》说:"义,利之本也。"以"义"作为经商准则,才能最终带来利益。孔子也说"以义制利,则利不变害","义然后取,人不厌其取"[29]。

其三,"氛围熏陶"。孔子说:"君子喻于义,小人喻于利。"[30]并将不"义"之人斥责为"硁硁然小人"[31],强调营造"义"为先的社会氛围。荀子则明确倡导荣辱观,他指出:"先义而后利者荣,先利而后义者辱;荣者常通,辱者常穷。"[32]从整个传统商务伦理史看,古代先哲一直不遗余力地创设诚信经商氛围,通过对真实无妄、笃诚不欺、货真价实等价值观的宣传、倡导来烘托诚实守信氛围,使经济活动参与者辨是非、知荣辱。例如,"仁者以财发身,不仁者以身发财"[33]、"贾羊豚者不加饰"、"取诚信,去诈伪"、徽商的"贾而好儒"、晋商的"宁叫赔折腰,不让客吃亏",以及古代谚语"诚招天下客、义纳八方财""买卖不成仁义在"等被广而宣传,"义商""廉商""儒商"也受到社会推崇,以此来营造诚信经商的环境与氛围,引导经济主体坚守买卖公平、童叟无欺、诚实守信的价值观。

## 二、西方商务诚信价值观培育的文化传统

### (一) 道义责任:以抽象伦理原则阐释经济诚信

在西方文化传统中,许多思想家倡导以抽象的道义责任来治理商务经营活动中的失信问题,并以此培育诚实守信、货真价实、童叟无欺等诚信经商价值观。在西方古典哲学家经济伦理思想中,最具代表性的是"希腊三贤"(苏格拉底、柏拉图、亚里士多德)和德国古典哲学创始人康德。

苏格拉底较早从道义伦理视角阐释经济伦理,他认为应该将"善"作为道义基础,用以衡量人之行为的正当性,这是他经济伦理思想的运思根基。作为确保社会发展的商业行为,也应该符合"善"的思想,社会正义正是人们"遵守诚信"的结果。如果一些人通过阿谀奉承、欺诈蒙骗、弄虚作假而获取不义财富,而另一些人以勤劳、合法、正当经营却得不到利益,那么这显然违背"善"的道义原则。正是在此意义上,苏格拉底主张商务交往活动应该以"善"为指引,不能让诚信经营者(他称之为"优秀的人")难以保障自身利益,而失信者(他称之为"恶人")却"丰衣足食"。[34]

在柏拉图看来,商业交往活动不是简单的经济问题,它同时也是一个伦理问题。在他那里,"至善理念"是一种客观独立的存在,是所有人应该遵守的原则和根据。因而,"人应当通过理性,把纷然杂陈的感官知觉集纳成一个统一体,从而认识理念"[35]。作为经济主体,认识"至善理念"的目的是明确经济责任,维护商业秩序。在柏拉图的"正义城邦"中,每个阶层都必须恪守特定道义责任,各安其位、各守其分。"我们大家并不是生来都一样的。各人

性格不同,适合于不同的工作。"[36]于是,城邦中就出现"统治者""辅助者"以及"有各种技艺的工匠、农民、商人"。柏拉图的商业道义责任思想就集中在三个阶层中"最低等级"的商人中,他认为商人容易被"欲望"所支配,所以要按照"至善"道义原则进行"节制"(abstinence)。他说:"节制是一种秩序,一种对于快乐和欲望的控制。"[37]正是"节制"所要求的道义责任,要求商人在"交换时不能掺假,掺假是一种虚假和欺骗"[38],因而追求和创造财富过程中要"注意和谐和秩序的原则"[39]。

亚里士多德在《尼各马可伦理学》中提出并阐释了"分配正义"(distributive justice)与"交换正义"(commutative justice)思想,后者直接涉及商务经营活动者进行市场交易的伦理原则。在他看来,"人是理性主体",应该按照"作为最高的善和极端美的德性",即"中道"[40]原则来调整自己行为。正是基于这样的道义原则要求,亚里士多德将诚实守信作为一种基本的商业美德。他说:"人的每种实践与选择,都以某种善为目的。"[41]具体到经济交往中,他倡导公平交易、平等交换,反对以不正当手段获得利益。亚里士多德指出,经济主体在商品交易过程中要遵循"公正"原则,将交换的"条件"转变为"数字表示的比例",避免出现"以少量换取多量"的失信行为,从而建立商务交易"平衡关系",保证公平交换。[42]如果商务经营活动者企图通过诱骗、欺诈、抢劫等方式进行商品交换,获取非正当利益,那么这种行为本身是违背道义原则的。亚里士多德说:"在交易中损害他人财货以牟取自己的利益,这不合自然,而是应该受到指责的。"[43]经济主体在商务交往过程中不能"趁人之危",例如趁他人处于"非理性状态"(如醉酒、神志不清、幼稚无知等)牟取利益就是不道德的、不公正的。[44]

康德(Kant)是继苏格拉底、柏拉图和亚里士多德之后最具影响力的思想家之一。在他看来,人们的行为应该"出于责任",这是尊重"道德准则"的体现,如果一种行为不是出于"责任",违背"道德准则",那么它是没有价值的。从内在逻辑上看,康德的道义责任论以其"实践理性批判"为前提,他试图建构一种纯粹形式的道德哲学,并将其起点归结为"善良意志"(good will)。由于这种"善良意志"本身的普遍性和必然性,超然于个人的利益、愿望和偏好,它也就成为特定的"绝对命令"(categorical imperative),要求"只按照你同时能够愿意它成为一个普遍法则的那个准则去行动"[45]。在此基础上,康德认为,以诚信原则进行经济活动也就是必须践行的道义责任,正因为如此,他把"守诺、言而有信、信守契约视为个人对他人的完全义务"[46]。正如康德所说:"道德的强制性(Notigung),是约束性(Verbindlichkeit),出于约束性的行为客观必然性,称为责任。"[47]这就是说,以诚信经商为核心的经济伦理是服从"理性绝对命令"的要求使然,它不随人们主观意志的改变而改变。

(二)功利驱动:以后果效益激发诚信经商动机

在理论旨趣上,西方功利主义传统倡导"后果论"(consequentialist theory),以行为的"结果、效果、绩效"作为判定善恶的标准和尺度,它较少关注人的某种行为的动机、手段、方式是否正当,而是看重其能否实现功利的最大化。功利主义思想在西方文化传统中占有重要地位,它与商品经济社会紧密结合,因而也对经济伦理产生不可忽视的影响。虽然大多数功利主义者认为"趋利避苦"是人之本性,并追求"结果的效用最大化",但这并不意味着他们无视经济活动主体行为本身的正当性。因为要想达到"效果最大化原则",还是要求人们在参与商务交往活动时审慎计算得失、权衡利弊,从而得到最有利于自己的结果。

在古希腊的伊壁鸠鲁(Epicurus)看来,"趋乐避苦"本性与"功利最大化"原则实际上要求经济主体注重"德行"。虽然伊壁鸠鲁秉持"快乐主义"观点,但他不赞成阿里斯提普(Aristippus)那种为了享受这种"物质快乐"而采取任何手段,不顾道德。伊壁鸠鲁说:

"快乐是幸福生活的始点和终点。"[48]不过快乐"是指身体的无痛苦和灵魂的无纷扰"[49],表现在经济活动中就是追求"快乐"必然要求克服私利和欲望,不能"为富不仁"。杰里米·边沁(Jeremy Bentham)也认为,人类是在"快乐"与"痛苦"的功利法则影响下产生相应行为的,也即是说,这种"功利法则"具有价值指引作用,告诉人们应该做什么、不应该做什么,而且它还可以给"利益相关者"带来"甜头""益处",避免"损失"或"不幸"的发生。[50]当经济主体需要在"诚信"与"不诚信"两种行为之间进行选择时,如果选择"诚信"行为能比"不诚信"行为能得到更好的结果,那么选择"诚信"行为就是"符合功利最大化原则"的表现,因为它"有益于增加道德行为主体幸福和快乐的实际效应"[51]。从内在逻辑上看,尽管功利主义忽视经济行为本身的"道德性",但是对"结果或效用""幸福或快乐"的关注,实际上产生一种"反向约束力",催逼人们遵守包括诚信在内的伦理要求。正是在此意义上,穆勒说:"功利原理(或最大幸福原理)称为道德之根本。"[52]人们在经济活动中遵循"趋利避害"倾向,然而商业道德并非可有可无,相反它是获得快乐与幸福的重要手段。霍布斯更是一针见血地指出,人们为了"求利",满足自己的私欲,而将道德行为视为一种手段予以践行,并也引导其他人坚持这种道德行为。

(三)契约规则:以信守承诺构筑诚信经商基础

19世纪英国著名法律史家亨利·詹姆斯·萨姆那·梅因(Henry James Sumner Maine)在《古代法》中指出,西方文化传统中的"契约"(contract)一词源自拉丁语"nex",意指"用铜片和衡具的交易"[53]。早在古希腊、古罗马时期,契约观念便在西方产生,并随着其内涵的演化和发展,不断扩展至经济法律领域、宗教神学领域、社会政治领域、道德哲学领域[54],并逐渐成为西方文明社会的主流精神。例如,具有标志性意义的罗马法彰显了契约对诚信经商的作用;西方基督教则通过上帝与人之间缔结契约,表明上帝至高无上的地位,这种契约形式被视为"西方现代社会一切宗教、法律、社会习惯的来源和根本"[55];霍布斯、洛克、卢梭等人也以契约理念解释国家政治起源。西方传统中鲜明的契约传统,为经济社会发展奠定了规则基础,它能够约束人们的日常行为,促使其接受诚信价值观念。

西方的诚信经商观念是与其早期商品经济发展、海外贸易分不开的。人们在经济生活中感受到"诚信"的重要性和必要性,但仅仅依靠商务活动主体的道德约束难以适应频繁的市场交易活动,因为经济主体面对利益刺激可能会突破道德限制,通过假冒伪劣、恶意欺诈等方式牟取不正当利益,这就需要更加明确的契约规则来为诚信经商保驾护航。在西方社会中,契约规则对培育经济主体的诚信经商价值观起到至关重要的作用。一方面,契约能够减少"不确定性",避免信用风险。随着交易范围扩大以及对外贸易的扩张,建基于地缘、血缘、人缘之上的"熟人关系"无法保证"确定性",也难以避免信用风险。于是,就不得不借助契约来规约经济主体的行为。例如,在古希腊、古罗马时期,"买卖契约、租赁契约、雇佣契约、借贷契约、保管契约、合伙契约等契约关系"就已经形成,罗马法(《十二铜表法》《市民法》《万民法》)对契约双方权利和义务就进行规定。[56]1804 年的《法国民法典》使"契约"有了法律支撑,强调契约本身的权威性、强制性,也即"在缔结契约的当事人间有相当于法律的效力"[57]。根据市场主体"合意"而产生的契约,规定了经济主体双方的义务和责任,人们必须服从和遵守。契约代表着规则,它使诚信经商获得一种"外在监督和规制"的保障,如果不守信用,就会受到法律与制度的惩罚。从契约产生的过程看,"人们缔结契约关系,进行赠与、交换、交易等,系出于理性的必然"[58]。而这种"理性"是对人的自私自利欲望的克服,其手段是以法律、制度等保证契约的实施。正如胡果・格劳秀斯(Hugo Grotius)所言,契约的意义和价值在于"有约必践、有害必偿、有罪必罚"。另一方面,契约规则塑造了经济主体诚实守信的价值观念。西方文化传统中的契约思想早已深入人心,苏格拉底因遵守与雅典城邦的契约而坦然面对死刑,上帝与人立约促使人们信守承诺,社会契约论者倡导守约意识等,对经济活动参与者的诚信观念产生重要影响。休谟认为,在商品经济社会,契约观念已经融入经济交往生活中,当经济主体允诺他要做某件事情时,其中就表明了他的"决心"[59],会竭尽所能履行自己的诺言,"正义就是借助一种协议或合同而确立起来。在这种感觉的支配下,人们在做出每一个单独的正义行为时,就期待其他人也会照样行事"[60]。

(四) 宗教伦理:以虔诚信仰浸润商务诚信精神

西方传统商务诚信价值观培育思想具有深厚的宗教伦理基础,它通过擎举"信仰"为经济主体提供价值根据和伦理规范。"许下的诺言得以认真践现","对伪誓,神明惩罚是死亡,人间惩罚是破廉耻"。[61]在西方文化传统中,基督教对商务诚信伦理发挥着双重功能:一是"善"的指引。《圣经》中并不反对人们从事经济交易,却以"上帝"之名义要求经济主体商业行为本身的"正义性、守约性","惟愿公平如大水滚滚,使公义如江河滔滔"。[62]谈及市场主体间的经济交往时,《圣经》中就要求商业交易必须坚持诚实守信原则,许下的承诺应该及时兑现,反对在经济交往中使用欺诈、诱骗等手段,也"不可作假见证陷害人",而应该传递上帝的"爱",遵守诚实守信的要求。基督教伦理强调"关爱",倡导帮扶"贫穷的弱者",不能以欺骗形式获取他们的财富。使徒保罗(Paul)也要求人们在经济生活中要遵照宗教伦理要求行事,传递"爱心",反对欺骗他人。由此可见,西方社会中的宗教伦理对经济主体产生着至关重要的约束作用,它引导人们诚信经商,不可采取欺骗方式获取不义之财。二是"恶"的惩罚。对上帝的"虔诚"是基督教的核心教义,如果人们亵渎信仰,违背上帝之意追逐不正当利益,以伪诈、掠夺等方式使自身获利,那么会受到惩罚,乃至诅咒。经济交易中也是如此,那些依靠诡诈、欺骗、愚弄等手段和伎俩的人违背上帝的要求、宗教教义,往往被视为一种"罪行",不仅会招致上帝的怒气,而且会受到舆论的指责,这实际上产生一种外在"压力",通过宗教式"恶"的惩罚促使经济主体接受并践行诚信价值观。

在中世纪,以"神学主义和禁欲主义"为表征的封建专制、基督教神权要求人们超然于尘世之外,排斥和贬低商业交易活动,例如思想巨擘奥古斯丁(Aurelius Augustinus)和托马斯·阿奎那(Thomas Aquinas)就对以追逐利益为目的的商务活动颇有微词,认为那种"损人利己"的行为更是有违"上帝"戒命。虽然奥古斯丁和阿奎那贬低商业活动的价值,但这不能削弱以下事实:随着生产力发展,经济交易范围扩大,商业活动也成为神学家不得不面对的问题。在奥古斯丁看来,商业活动中的伦理危机缘于人们的"欲望",只有那些心怀贪念、放纵自我的商人才会陷入道德堕落深渊,而纾解之策是求助于"上帝",用基督教信仰克制人们的"罪恶",所以最终还得依靠上帝的"永恒之光"来打消贪婪欲望。被誉为"神学界之王"的经院哲学代表人物阿奎那要求人们服从基督教信仰,尊崇《圣经》,虽然他对商业活动持鄙夷态度,却指认经济活动必须符合宗教伦理原则,那种不受宗教伦理限制的利益追求行为必然会受到应有的惩戒。阿奎那就指出,经济主体为了牟取利益而使价格偏离公正轨道的失信行为是一种罪行[63],因为它不符合基督教的伦理原则。他在《神学大全》中也指出,"如果卖者明知物品有缺陷,或者在售卖时使用不合格的量具,或者以次充好,就是欺骗行为,就是非法的","他还有进行退赔的义务"。[64]因为"价格欺诈""故意隐瞒""以次充好"等商业交易行为践踏了宗教伦理,是对"上帝"的蔑视。

扛起"宗教改革"旗帜的马丁·路德(Martin Luther)极力倡导"因信称义"思想,基督徒赎罪的方式是通过"自我心灵"与"上帝"直接沟通来实现,不必再通过教会,这抨击了教皇的权威,但他仍然将商业经营准则建构在宗教伦理基础上，并使之深化。马丁·路德反对人们追逐金钱，认为经济主体应该根据物品的成本来定价，不能恶意抬高价格，欺骗他人，因为这样不符合基督教宗教原则。[65]在西方商业伦理发展史中，倡导以宗教信仰来培育商人诚信价值观的思想深深影响到后世，并成为西方经济伦理思想的鲜明特色。就像哲学家贝克莱(George Berkeley)所说："为了引导人们真正按德性行事，就必须使他们牢固确立起对上帝存在、灵魂不灭、来世奖惩或因果报应等宗教信条的信仰。在他看来，只有当人们对上帝怀有恐惧的情绪，害怕来世遭到惩罚，而希求来世永恒幸福时，他们才会自觉地按德性行事，做对公众和他人有益的事情。"[66]

## 三、中西商务诚信价值观培育文化传统的辩证解析

"物质生活的生成方式制约着整个社会生活、政治生活和精神生活的过程。不是人们的意识决定人们的存在，相反，是人们的社会存在决定人们的意识。"[67]从本质上看，商务诚信作为一种意识与精神层面的价值规范，也受制于特定时空条件下的物质生产生活状况。中西方基于不同的物质生活实践产生出各具特色的经济伦理思想，许多先贤和哲人对商务诚信价值观培育进行了深入思考，结出丰硕的思想成果。我们需要对这些成果辩证分析，以期承扬中西方优秀的文化传统，为现代商务诚信价值观培育提供文化支撑。

（一）中国商务诚信价值观培育文化传统的优与劣

很长时间以来，有些国人谈及中国传统经济伦理文化时总是流露出怀疑乃至鄙夷的情感，他们认为囿于传统封建社会的小农经济色彩以及"时空间距"因素，传统商务诚信价值观思想并无太大的价值意义，因而怀有一种"文化焦虑"心理。这种偏见似乎也为一些国外学者所认同，譬如美国汉学家约瑟夫·列文森(Joseph

R. Levenson)认为,传统文化价值只是"博物馆中的陈列品"。韦伯则更是对中国传统社会商务诚信状况颇有微词,"零售交易似乎从来没有什么诚实可言","中国人彼此之间的典型的不信任,为所有的观察家所证实"。[68]这些偏见在某种程度上是对中国传统经济诚信文化的误读与曲解,未从本质上把握其真正意涵。实际上,传统商务诚信价值观培育文化有它独具特色的优势。在传统经济伦理中,商业交往与道德诚信是勾连在一起的,二者存在紧密的逻辑关联。这意味着,利益不能从道德中拆分出来,而道德也不是商业经营活动中可有可无的"外在限制"。唯有把商业经营活动置于诚信基础上,才能促进商业发展,确保市场秩序,推进经济繁荣发展。同时,传统经济诚信伦理注重"修身自省""道德修养""舆论熏陶"等,将"诚"与"信"视为人们为人处世、安身立命的根本,这培育了经济主体的"荣辱观",使其以信念、良心来约束自身行为,坚持在商务经营活动中守护诚恳老实、市价不二、货真价实、真实无妄、笃诚不欺等诚信价值规范。如果有经济主体违背诚实守信原则,试图借助诈伪、欺骗、投机等手段获得不当利益,那么他们就会受到舆论的一致谴责,丧失良好信誉。而且,传统文化中的商务诚信价值观培育方式侧重于建构人心秩序,注重培养道德敬畏观念,提倡"慎独""致曲","反身而诚,乐莫大焉",对诚信经商要求保持应有的崇敬与畏惧心理。在强调硬性法律、制度约束的今天,古代经济伦理中的软性约束——"诚信自觉意识",无疑具有极其重要的价值,它有益于商务活动主体真正内化和认同诚信价值观,进而约束自身经济行为。因为关涉商务诚信的法律、制度不可能是完美无缺的,它需要经济主体诚信自觉意识的参与。即使存在完善的商务诚信法律、制度,但仍是需要经济主体严格遵守,不能故意规避。毋庸置疑,这同样需要借助人们的道德自觉才能实现。"仅靠完备信用担保的法律是不可能扭转信用滑坡的趋势的,就像仅从洪水下游堵塞,是难以防范决堤的一样,必须在治标的同时治本,甚至关键在于治本。"[69]所谓"治本",也就是诉诸人心秩序与道德敬畏,让经济主体从内心真正接受和认同诚信价值观,坚持诚信经商。实际上,有关商务诚信的制度与法律是一种外在的硬性约束,它设置的目的不是单纯为了惩罚,而是要通过惩罚促使经济主体诚信品质的提升。从这个意义上说,提高经济主体的道德素养,是治理商务诚信缺失问题的关键,也是我国商务诚信价值观培育文化传统的优势。

但不可否认的是,中国传统商务诚信价值观培育思想也存在一定的劣势和不足。一是侧重于道德理想层面的商务诚信价值观培育方式在适用范围上有局限性。"一切以往的道德论归根到底都是当时社会经济状况的产物。"[70]传统经济伦理是建基于封建自给自足的小农经济之上,它具有地缘、人缘、业缘上的限制性,可以在"熟人社会"中起到德性调节作用。而且,传统商务诚信价值观培育方式"始终未能从根本上超脱'家庭'、'亲情'、'义气'和'熟人'的特殊主义限阈"[71],存在宗法、等级弊端,具有地域性和人身依附性特点。如同韦伯所说,中国社会中的"信任"与"商业关系"和当时的经济环境相适应,它建立在熟人式的"亲戚关系或亲戚式的纯粹个人关系上面"[72]。因而,它也仅仅在狭小范围和熟人圈子内起到良好的约束作用,而一旦到"陌生人社会",单纯依靠理想人格、超利益情感的诚信经商培育方式就难以维护市场秩序了。二是传统商务诚信价值观培育内容存在过度的"重义轻利"倾向,有碍经济诚信伦理发展。在传统社会中,由于普遍存在的重农抑商观念,倡导"崇本抑末、崇农贱商",因而导致古代商业不发达,市场交易受到限制。相对而言,商人地位也比较低,社会阶层按照士、农、工、商的顺序划分,人们的意识观念深受"重义轻利"思想影响,例如"彼以其富,我以吾仁""君子喻于义,小人喻于利",从而也导致了"无商不奸""作恶的享富贵"等偏见广泛存在。这样一来,商务诚信价值观培育思想也随之受到限制,难以形成发达商品经济社会所需要的经济伦理。三是传统商务诚信价值观培育路径中缺乏鲜明的商业契约意识。首先需要澄清,中国传统社会并不缺乏契约实践,古代先贤先辈在经济活动过程中也有相应契约认识。例如,"刻在铜鼎上""记在竹简上"的交易契约实践和布帛、纸质契约文书的出现[73],以及"民有私约如律令""民有私要,要行二主""官有政法,人从私契"[74]等思想记载,在一定程度上说明古代中国已经有了商务交易契约意识。但问题是,这种契约观念并未在商业经营活动中成为主流精神和商业传统,也没有生发出西方社会那种鲜明的"守约"原则和"履约"意识。商务经营活动主体更多还是依靠诚信道德约束,强调遵守传统伦理秩序。正如著名社会学者费孝通先生所说,我国传统经济生活中的信任依靠的是"熟人社会的规矩",而不是"契约"[75],虽然这种"熟人社会的规矩"也能够在特定环境下保证经济主体行为的"可靠性",却未必完全适用于当前的"陌生人社会"。这样一来,如果社会主义市场经济发展中缺少契约保障,那么"熟人社会中的规矩"就难以有效约束经济主体的失信行为。

（二）西方商务诚信价值观培育文化传统的利与弊

西方社会商品经济发展较早,随着交易范围的扩大以及商务失信问题的增加,相应的经济伦理以契合西方文化特质形式呈现出来。总体来看,虽然西方经济伦理中的商务诚信价值观培育思想也倡导"道义论""德性论",强调以"内心之诚"来认同和践行诚实守信、等价交换、货真价实、童叟无欺等诚信规范,但它更注重道德与利益的结合。因为西方商业发展相对繁荣,经济利益的重要性日益凸显,那种脱离利益的单纯"乌托邦"式道德说教难以应对现实经济生活中的失信难题。所以,西方很多经济伦理学家比较看重诚信对商务活动利益的影响,并通过一定形式的利益刺激来引导经济主体坚持诚信经营。为了冲破熟人社会血缘、地缘、人缘的限制,适应更大范围的商品交易,降低经济交往中的"不确定性",西方社会"建立了一种新型的经济关系,即契约关系代替了人身依附关系,并在社会生活中占据了重要地位"[76]。英国学者梅因认为,契约在社会中所占范围的大小是我们今日社会与之前历代社会之间的重要不同点。[77]契约诚信的积极意义在于,它凸显出市场主体的平等地位,契约是根据"合意"而产生,并经由法律、制度、监督等硬性措施规范交易双方的权利和义务,以期为诚实信用原则保驾护航,促进交易范围的扩大和资源的有效配置。同时,西方商务诚信价值观培育思想也具有宗教伦理支撑,这就为经济主体诚信经商提供了信仰基础,有利于将宗教文化与经济诚信结合起来,充分发挥传统文化的积极作用。弗朗西斯·福山指出,包括商务交往在内的经济活动不是一个完全独立的系统,它与社会其他环节密切相关,特别是受到文化因素的制约和影响,"健康成熟的市场体系必须仰赖于与之相适应的社会伦理规范"[78]。在这个意义上,西方社会将诚信经商要求建基于宗教伦理规范基础上,促进了商务诚信价值观的有效培育。

西方社会中有关商务诚信价值观培育的理念和方式也存在不足之处,这集中体现在其"功利驱动"方面。诚然,以功利后果促使经济主体遵守诚信原则固然可以在某种程度上起到诱导作用,却容易导致极端功利主义,从而对经济主体的价值观产生负面作用。因为功利目的或许会诱使经济主体采用"恶"的手段追逐利益,"结果正确"并不意味着"手段合法"。如同恩格斯引用黑格尔的话所说,恶也是历史发展动力的表现形式,人的恶劣的情欲、贪欲和权势也可能是历史发展的杠杆。[79]人的贪婪、欲望、自私等也可以产生"好"的功利后果,创造巨大财富,但如果是通过欺骗、诈伪、投机等非道德方式而获得,显然是不可取的。特别是单纯依靠"资本逻辑"诱导诚信道德更是容易催生非正当、扭曲性手段,并导致利益取向上的个人主义、利己主义。"一旦有适当的利润,资本就胆大起来。如果有10％的利润,它就保证到处被使用;有20％的利润,它就活跃起来;有50%的利润,它就铤而走险;为了100%的利润,它就敢践踏一切人间法律;有300%的利润,它就敢犯任何罪行,甚至冒着绞首的危险。"[80]如果过于注重功利结果,并进一步演变为极端功利主义时,诚信经商的要求就会被抛掷九霄云外。马克思就批判边沁的功利主义经济伦理观,他指出,经济关系不能被简单视为"唯一的功利关系"[81],这是不理性的,也是不明智的。黑格尔在批判伊壁鸠鲁的快乐主义经济伦理原则时也说,人的感官或态度(如感觉、快乐与否)不能当作评价"正义或善良"的尺度,否则道德原则或伦理规范本身就失去它的应有效用,从而催生不道德行为。[82]培育商务诚信价值观也是如此,不能简单将经济主体的功利感受或态度作为诚信价值观的衡量标准。事实上正是囿于功利主义经济伦理思想的影响,西方学界和实践中出现了诸如"利己逻辑自然会产生诚信经商动力""以牺牲诚信方式追逐利益"等观念与行为。譬如,有些功利主义者认为经济交往中要尽量减少伦理介入,理由是"在完全竞争市场中,追求利润本身会确保以最有利于社会的方式服务于社会成员"[83]。弗里德曼谈到企业社会责任时也直言不讳地指出,企业在经济活动中的唯一职责是"使利润最大化"[84];而臭名昭著的"安然丑闻"等商务失信问题,更是这种"功利式"商务诚信价值观培育理念所孕育的苦果。

## 第二节　马克思主义商务诚信<br>价值观培育思想理论[85]

### 一、经典作家的商务诚信价值观培育思想理论

马克思、恩格斯以及列宁等经典作家基于他们所处经济环境、社会实践,对商务失信问题进行深入思考,并提出带有时代烙印的商务诚信价值观培育思想。从总体来看,马克思恩格斯的经济伦

理观主要是通过对资本主义的批判与共产主义的设想来建构的，并在《黑格尔法哲学批判》《1844 年经济学哲学手稿》《资本论》《英国工人阶级状况》《政治经济学批判大纲》《德意志意识形态》《共产党宣言》等经典著作中阐述了他们的诚信经商理念。列宁在继承马克思恩格斯经济伦理思想前提下，针对苏联社会主义探索实践，形成了独具特色的商务诚信价值观培育思想。

（一）马克思恩格斯的商务诚信价值观培育思想理论

马克思恩格斯深谙资本主义时代经济伦理问题的本质，他们通过对资本主义私有制及其外在表征的资本逻辑、自由竞争、异化劳动的深度批判来把脉商务失信问题，并由此而提出许多值得深思的洞见。在马克思恩格斯看来，建立在私有制基础之上的资本主义商业和贸易固然激活了市场活力，刺激了经济主体创造财富的欲望，但它戕害了伦理道德，使商业诚信让位于商业利益。恩格斯谈到资本主义商业时，就看到它导致经济主体之间"互不信任"的后果，人们为了牟取利益而肆意妄为，为失信行为辩白，甚至通过"合法的欺诈"形式追逐利益。[86]这种洞见揭露出经济失信问题产生的症结，从而让无产阶级真正认识到自身的奴役状态是如何形成的，也使人们看到商业中的诚信道德堕落究竟是如何发生的。也即是说，资本主义私有制的存在，致使人们的关系扭曲，虚伪的资产者败坏诚信道德，为了逐利而不择手段，"商品质量普遍低劣，伪造、假冒，无毒不有"[87]。所以，他们认为重构商务诚信价值观的治本之策是消灭私有制，铲除商务失信问题产生的根源。马克思恩格斯在《共产党宣言》中阐释了无产阶级经济伦理思想，主张通过"消灭私有制""消除人与人之间的对立状态"来"诊治"商业活动中存在的"贪婪剥削""虚假交换""拜金主义""伪造掺假"等痼疾，以期将"人从物的统治关系下解放出来"，复归人之本质，实现人的全面发展。

在马克思恩格斯看来，资本逻辑的实质是追求"增值（G-G′）"，表现在商业资本上也就是通过商品交换和流通而追求利益最大化。在此境况下,如果市场机制不完善乃至"缺场",那么就会催生失信行为。马克思批判了资本主义商业资本对诚信本身的危害,特别是在相应规范制度不完善时,商业资本家为了牟取利益,就会通过欺骗、掠夺等方式获取益处,使资本增值。[88]在资本主义早期市场经济时期,竞争机制发育不成熟,商业失信问题就带有"野蛮"的行径,诸如坑蒙拐骗、武力征服、贩卖奴隶、强势欺压等问题层出不穷。不过,"现代政治经济学的规律之一就是:资本主义生产越发展,它就越不能采用作为它早期阶段的特征的那些小的哄骗的欺诈手段。……这些狡猾手腕和花招在大市场上已经不合算了,那里时间就是金钱,那里商业道德必然发展到一定的水平,其所以如此,并不是出于伦理的狂热,而纯粹是为了不白费时间和辛劳"[89]。市场经济越是走向深入,各种竞争机制就需要随之完善,为了获得更大的利益空间,促进经济社会发展,经济主体不能以"哄骗""欺诈""侵占""掠夺"等不诚信方式获取商业利益,否则就会遭受市场规律的惩罚。不过,在资本主义社会中,即使市场竞争机制比较完善,但仍无法从根本上避免商务失信现象。马克思恩格斯认为,假如存在"经济危机"或是"商品滞销"等情况,资本家会暴露自己卑鄙的贪婪。正如他们在考察德国市场状况时所指出的那样,当德国市场上的商品找不到销路时,所谓"质量降低""掺假造假""伪造商标"等失信问题便随之产生。

尤须指出的是,针对经济伦理观中的"唯道德"倾向,马克思恩格斯认为要坚持唯物论,不应割裂商业诚信与商业利益的关系。"'思想'一旦离开'利益',就一定会使自己出丑"[90],利益是人类参与社会活动的重要指引,离开利益来谈道德原则,难以得到经济主体的深刻认同,因为生命本身是围绕利益而展开的,"只有利益能够发展为原则"[91]。马克思恩格斯认为,应该确立以利益为基础的诚信道德原则,不能脱离利益来抽象地谈论培育诚信道德价值观。正是在此前提下,马克思恩格斯匡正了经济伦理思想中的"唯道德"倾向,并认为商业活动中的诚信价值观培育应该本着等价交换、互利共赢的原则,进而倡导以契约、法律、制度等措施保障市场参与主体的合法利益。同时,随着资本主义商业发展,马克思也论及了建立在利益基础上的信用思想。虽然资本的本质在于追逐利益,但它在表征自身存在的同时也衍生出构建信任的各种形式,马克思认为,包括汇票、支配、债券、期货等信用制度不仅为商业发展提供了资金保证,而且也极大增强了市场主体的诚信意识。

(二)列宁的商务诚信价值观培育思想理论

列宁的经济伦理观是在巩固苏维埃政权、探索社会主义实践以及打破帝国主义经济封锁背景下形成的,其商务诚信价值观培育思想集中体现在"新经济政策"与"对外贸易"两个方面。在战时共产主义政策时期,"余粮收集制"不仅挫伤了农民积极性,而且它也抑制了商业发展,激起人们的反抗。列宁指出,在特殊时期,为了国家与民族的生存和发展而对农民实行"余粮收集制",不过这也的确成为他们的沉重负担。[92]通过社会主义实践探索,俄共(布)十大决定实行"新经济政策",并"把商品交换提到首要地位"[93],大力发展社会主义商业,农民将余粮用于交换、买卖,有限度地允许资本和私营企业参与经济建设。但是,在刺激商业发展过程中也出现了诸如私商"投机倒把""玩弄价格""掺杂使假""官商勾结"等失信问题,一些新形成的"耐普曼"阶层(商业发展中出现的诸如"包买主、私商、投机倒把者"等)为获取私利而扰乱经济秩序、妨碍正当贸易。列宁认为,治理这些经济伦理问题,促使经济主体守护诚信经商价值观的关键,是让人们"做文明商人""按照欧洲方式做买卖"[94]。这意味着,要利用市场规律、商业原则、监督方式来规范市场主体行为。例如,列宁指出,应向德国人学习,他们遵守市场规律,批判那些"偷懒、盗窃"等不符合商业道德原则的行为,尽管这是资产阶级的口号,却同样要为我们所用。[95]除此之外,列宁认为还应该加大国家的监督和调节力度,对于那些试图逃避监督、扰乱市场秩序、违反法律和政策的商业活动要采取专政手段进行制裁,从而促进商业有序发展。

在列宁看来,苏维埃探索社会主义建设实践离不开对外贸易。因为世界是一个有机联系的整体,社会主义共和国要想生存和发展,也必须与外界世界进行经济贸易。列宁领导下的俄共(布)创新性地发展了租让制、合作制、租赁制、代购代销等国家资本主义形式,有力促进了经济发展。他同时提出对外贸易的注意事项,社会主义国家愿意与资本主义国家进行经济交往,但是双方必须遵循公平交换、平等互利的原则,"没有看到货色我们是不买的,而且不把'要价'一分一厘算清楚我们也决不成交"[96]。针对对外贸易中的"走私贩运""投机钻营""谋取暴利""营私欺诈"等现象,列宁指出必须坚决打击这种违法犯罪活动。他说对外贸易中要反对无政府状态、惩治逃避监督的行为,"不同非法贸易进行斗争,特别是不同投机倒把和破坏运输的行为进行斗争是不行的"[97]。列宁认为,要通过法律和司法手段解决对外贸易中的失信现象,制裁那些"搞破坏""投机倒把"等敌对分子,以期催逼贸易商规范自身行为,从事法律允许的正当贸易。同时,列宁指出对外贸易中的问题也与资产阶级腐蚀性思想有密切关联,强制性的法律手段固然必不可少,但也要重视思想道德教育作用,提高人们思想政治觉悟,引导群众参与正当商业贸易活动。

## 二、中国共产党的商务诚信价值观培育思想理论

新中国成立以来,我国进入了社会主义实践探索的崭新时期,中国共产党人励精图治、锐意进取,使社会主义现代化建设事业不断前进,并在此过程中积累了宝贵的思想理论资源。特别是对于

经济建设中的突出道德问题,中国共产党人并没有回避,而是根据我国具体国情加强治理,塑造经济主体的价值观念,倡导文明经商,维护公平有序的市场秩序,对治理商务失信问题、加强商务诚信建设进行了卓有成效的探索,提出了各具特色的商务诚信价值观培育思想。

(一)毛泽东:以宣传教育增强经济主体诚信经商意识

在社会主义建设初期,毛泽东注意到经济活动中存在的各种失信问题,对商务交往中的诚信伦理有着深刻的认知,认为应该加强治理,塑造良好的经济发展环境。新中国成立之初,他就在《对资本主义工商业的几个政策问题》中指出:"应限制和排挤的是那些不利于国计民生的工商业,即投机商业。"[98]不久,毛泽东就敏锐看到商务经营过程中存在"官商勾结""企业偷税漏税""不法商人偷工减料"等商务失信状况,它严重侵蚀党的健康肌体,扰乱商业活动秩序,如果不及时纠正和打击,那么可能对社会主义建设带来难以估量的危害。有鉴于此,毛泽东认为有必要开展"三反"(反贪污、反浪费、反官僚主义)运动,并将之"看作如同镇压反革命的斗争一样的重要"[99]。同时,毛泽东指出要在全国一切城市,尤其是大城市和中等城市开展"五反"(反对行贿、反对偷税漏税、反对骗国家财产、反对偷工减料、反对盗窃经济情报)运动,坚决与"经济行贿、企业偷税漏税、盗骗国家财产、偷工减料"等失信行为作斗争,在此领域重点治理商务失信现象。他说,"消除'五毒',消灭投机商业,使整个资产阶级服从国家法令,经营有益于国计民生的工商业"[100],对此采取的有效策略是"利用矛盾、实行分化、团结多数、孤立少数"[101],而且要配之于诸如没收、罚款、撤职、逮捕等治理手段。

在此现实背景下,毛泽东认为要重视诚信经商的"宣传教育",社会上存在的商务失信现象与批评、教育不够深入有关,并主张通过诚信教育引导商务经营活动者树立诚信价值观,增强其自律意识。宣传教育的目的在于,让经济主体坚持为人民服务宗旨,提高企业经营活动者的素质,不能为了获取好处而损害广大人民的切身利益。毛泽东指出,一些商人之所以通过投机取巧、偷工减料、官商勾结等方式攫取不正当利益,是因为他们忽视了自身的主观改造和思想教育,没有认识到诚信经商的重要性和必要性,以致在商务经营活动中屡屡发生失信行为。他说:"为什么企业偷税、漏税呢?很重要的原因就是我们领导者对他们宣传教育得不够。学习多一些,偷税、漏税就少一些,没有学习的就偷税漏税。"[102]"必须发展社会主义的商业;并且利用价值法则的形式。"[103]"如果公社只搞自给性生产,不搞商品生产,不进行商品交换"[104],就难以得到双方所需的商品。但是,在商品交换中,始终要将诚信宣传教育放在中心环节,引导经济主体坚持"童叟无欺""货真价实""等价交换"的原则,反对没有"退赔"的"直接平调",并就此说道:"我们在井冈山时期红四军的布告中就讲平买平卖,'八项注意'中就有买卖公平这一条。平买平卖就是等价交换。我们历来主张买卖公平,等价交换。"[105]

(二)邓小平:将重信誉视为企业交往活动的首要准则

在邓小平看来,"讲信义"是我国的优秀传统[106],需要我们继承和发扬。所以,邓小平十分重视经济活动中的诚信建设,把守信用、重信誉视为企业或商人从事商务活动的首要道德准则。他指出,企业在经济交往活动中要重视信誉[107],将之视为自身发展的生命线。不论是企业,还是普通商户,都要恪守社会主义职业道德,坚持诚信经营,"严格禁止坑害勒索群众"[108]。

谈及吸引外资和对外贸易问题,邓小平认为要遵守国际信用规则,注重商品质量,积累品牌信誉,从而提升自身竞争力。他曾在考察上海时就明确指出,浦东开发要按照"国际惯例"办事,遵守诚实守信原则[109],只有这样,国外投资者才愿意参与上海建设,从而提升我们的竞争力。而且,发展对外贸易,最重要的也是提高我们产品的质量[110]，否则只注重商品数量而忽视质量，国外商人还是不愿意和我们做生意，这会降低竞争力。这即是说，要想吸引外资、提高中国商品的竞争力，就必须重视信誉、守信用，努力提升产品质量，来不得半点虚假。

企业积累信誉还要靠道德与法制来维护、保障。改革开放以来，我国经济社会迅速发展的同时，囿于市场体制不完善以及法制不健全，商务领域出现了诸如投机倒把、偷税漏税、欺行霸市、哄抬物价、行贿受贿、尔虞我诈、制假售假等失信现象，严重扰乱市场秩序。邓小平对此深恶痛绝，主张要重拳出击，不能手软，坚决与这种见利忘义、唯利是图的行为作斗争。[111]他认为，要坚持物质文明和精神文明"两手抓"，如果包括诚信道德在内的精神文明建设出现"短板"，那么物质文明建设恐怕也会受到限制，难以得到更好发展。邓小平认识到道德风气与经济建设之间的紧密关联，如果风气不好，诸如行贿受贿、诚信缺失等不良现象肆意横行，那么经济发展的质量就会受到影响。[112]因此，要注重精神文明建设，特别是加强思想道德建设，提高经济主体的商务诚信意识，"一切企业事业单位，一切经济活动和行政司法工作，都必须实行信誉高于一切"[113]，从而避免经济主体受到这些不良思想影响。

（三）江泽民：通过法治与德治双重路径强化信用意识

江泽民指出，我们要尊重市场经济规律，使社会主义与市场经济相结合，大力发展商品市场，促进和保护公平竞争。但是，要清楚地看到，随着市场经济发展商业领域出现了令人痛心的假冒伪劣、制假售假、坑蒙拐骗、恶性竞争、钱权交易等道德失范问题，拜金主义、利己主义、享乐主义等思想不断滋长，影响市场秩序，败坏商业风气，应该引起我们的警惕。如果在建设社会主义市场经济、促进商业发展的同时，忽视经济诚信，缺乏信用意识，那么就会产生严重的经济诚信缺失问题，扰乱商业秩序，最终破坏经济社会稳定。

江泽民指出："'信用'在中文的基本解释就是,遵守诺言,实践成约,取信他人。信用既属道德范畴,又属经济范畴。"[114]所以,社会主义市场经济背景下的信用建设,不能单纯依靠道德建设,还要注重法制建设,将二者有机结合,发挥合力作用,积极培育诚实守信价值观。同样,治理商务领域诚信缺失问题,促进社会主义市场经济健康发展,不仅要发挥法律、制度、规章等硬性规约作用,严格约束市场主体的经济行为,促使他们遵守诚信经商准则,而且也要注重商业道德教育,让人们认同、内化货真价实、童叟无欺的诚实守信价值观。

在江泽民看来,商务领域的失信问题与多种因素相关,加强商业失信治理、培育商务诚信价值观,同样也需要形式多样的措施予以应对,共同塑造良好的诚信环境。正如他所说,维护诚信经商秩序,营造诚实守信的良好氛围,离不开法律法规、制度机制、社会舆论等措施[115],积极引导经济主体树立公平竞争、童叟无欺、遵诺践约的价值观。同时,还要引领诚实守信的商务风气,强化经济主体的信用意识,使商务活动者自觉坚守诚信价值观,"扶正祛邪,扬善惩恶,就有利于形成追求高尚、激励先进的良好风气"[116],维护公正合理的市场秩序,促进诚信社会建设。

(四)胡锦涛:以道德治理促使经济主体树立正确荣辱观

胡锦涛非常重视经济领域中的道德缺失问题,他深刻认识到商务领域存在突出的诚信失范现象,并指出必须加强道德治理,积极培育包括诚信在内的社会主义核心价值观,以期构建和谐社会,实现科学发展。在胡锦涛看来,以假乱真、弄虚作假、商业欺骗、金融欺诈等失信行为反映出经济主体诚信道德品质缺失,混淆是非、善恶不分,这不但会扰乱经济秩序,而且也对构建和谐社会产生危害,不符合科学发展观的要求。他指出,在社会主义市场经济建设过程中要不断提升人们的道德素质,维护社会公平正义,倡导诚信友爱,这反映到商务经营活动中也就是要求经济主体坚持诚信经商,守护诚信价值观。

胡锦涛指出,以增强诚信意识为重点,加强职业道德教育,弘扬真善美、贬斥假恶丑。要注重道德风气建设,树立社会主义荣辱观,避免荣辱错位,混淆"诚实守信"与"见利忘义"、"遵纪守法"与"违法乱纪"的界限。特别要引导经济主体树立正确的是非、善恶、美丑观念,明白什么样的经济行为是光荣的、需要弘扬的,什么样的经济行为是可耻的、需要批判的。只有这样,才能让经济主体树立正确的荣辱观,坚持诚信经商,倡导货真价实、童叟无欺、公平竞争、遵诺践约等价值理念,抵制坑蒙拐骗、假冒伪劣、欺行霸市、恶意违约等失信行为,从而形成良好的社会风气。[117]商务领域出现的诚信缺失问题,在某种程度上也是不良道德风气使得人们荣辱观扭曲,所以必须予以纠正,倡导诚实守信价值观,弘扬良好的道德风尚。

在党的十六届六中全会上,胡锦涛指出:"加强政务诚信、商务诚信、社会诚信建设,增强全社会诚实守信意识。"[118]明确提出要推进商务诚信建设,弘扬诚信价值观。之后,党的十七届六中全会又重申这一论述,并主张把诚信建设摆在突出位置。在党的十八大报告中,他针对经济领域愈演愈烈的诚信缺失状况,更加明确提出"深入开展道德领域突出问题专项教育和治理"[119],加强商务诚信建设,强调应该重点推进对商务领域诚信道德失范问题的治理力度,特别是要关注商贸流通企业的诚信缺失问题,倡导公平竞争,维护市场秩序。

(五) 习近平:通过构建新型政商关系培育诚信价值观

习近平总书记在论及商务诚信价值观培育时提出许多富有创见的新论断、新要求。习近平论述了企业经营活动中坚持诚信价值观的重要性,并且着重从法治层面维护诚信经商的良好环境,构建新型政商关系。他指出:"要把实践中广泛认同、较为成熟、操作性强的道德要求及时上升为法律规范,引导全社会崇德向善。要坚持严格执法,弘扬真善美、打击假恶丑。"[120]"对突出的诚信缺失问题,既要抓紧建立覆盖全社会的征信系统,又要完善守法诚信褒奖机制和违法失信惩戒机制,使人不敢失信、不能失信。对见利忘义、制假售假的违法行为,要加大执法力度,让败德违法者受到惩治、付出代价。"[121]

"信用是市场经济的通行证,也是企业发展的基础。"[122]习近平对治理商务失信问题、培育商务诚信价值观最深刻的阐释,集中体现在"构建亲清新型政商关系"论断上。"对领导干部而言,所谓'亲',就是要坦荡真诚同民营企业接触交往,特别是在民营企业遇到困难和问题情况下更要积极作为、靠前服务,对非公有制经济人士多关注、多谈心、多引导,帮助解决实际困难,真心实意支持民营经济发展。所谓'清',就是同民营企业家的关系要清白、纯洁,不能有贪心私心,不能以权谋私,不能搞权钱交易。对民营企业家而言,所谓'亲',就是积极主动同各级党委和政府及部门多沟通多交流,讲真话,说实情,建净言,满腔热情支持地方发展。所谓'清',就是要洁身自好、走正道,做到遵纪守法办企业、光明正大搞经营。"[123]良性的政商关系,有助于经济主体公平竞争,稳定市场秩序,促进经济社会健康发展,但如果政商关系畸形,存在诸如商业贿赂、权钱交易、权力寻租、利益输送等官商勾结现象,政商沆瀣一气,那么就会扰乱市场竞争秩序,破坏商务风气,导致诚信问题频发。习近平说:"各级党委和政府要把构建亲清新型政商关系的要求落到实处,把支持民营企业发展作为一项重要任务,花更多时间和精力关心民营企业发展、民营企业家成长,不能成为挂在嘴边的口号。我们要求领导干部同民营企业家打交道要守住底线、把好分寸,并不意味着领导干部可以对民营企业家的正当要求置若罔闻,对他们的合法权益不予保护,而是要积极主动为民营企业服务。"[124]当前治理商务失信问题、培育诚信经商价值观的一个重要方面,就是构建政商关系新常态,使"政"和"商"的关系趋于合理,相互尊重。政府和官员应该依法行政、廉洁奉公,正确行使自身职权,企业家或商人也要有商德,不能靠巴结官员、送礼行贿等方式获取不法利益。习近平一再强调,"官""商"要做到"君子之交淡如水",二者交往要有道,相敬如宾,而不能勾肩搭背、不分彼此,要划出公私分明的界限。尤其是公务人员和领导干部,更要守住底线,防止一些人不知不觉被人家请君入瓮了。[125]

## 第三节　商务诚信价值观培育的价值与功能

自古至今,商务诚信价值观培育之所以备受重视,是因为它在经济社会发展中具有积极的价值和功能,能够有效促进买卖公平、货真价实、童叟无欺、遵约践诺等价值观念的个体内化,形成"守信光荣、失信可耻"的良好社会风气,进而推动经济社会发展。商务诚信价值观培育的主要价值与功能体现于如下四个方面。

### 一、激活有形资本,促进其保值和增值

企业的生存和发展主要依赖于诸如货币、实物、金融、人力等有形资本。与之相应,人们认为增强企业竞争力的途径也主要是加大资本投入、拥有雄厚的物质资产、提高科技水平、提升员工技术等。然而,在现代市场经济条件下,企业财富创造以及经济发展不仅需要发挥有形资本作用,而且也需要无形社会资本的投入与参与。福山将诚信视作一种"社会资本"(social capital)[126],以其自身文化支撑和动力作用推进经济发展和财富积累。科尔曼(James S. Coleman)和帕特南(Robert D. Putnam)通过研究指出,诚信可以促进经济交往顺畅进行,降低交易成本。[127]实质上,诚信的经济意义在于,它能够减少"复杂性",商务交往活动主体之间相互信任,而不是相互猜疑,从而提高经济交易效率。我国学者王小锡更是直接提出"道德资本"[128]概念,认为诚信是一种道德资

本,它对于市场经济与商业发展具有重要的意义。商务诚信价值观培育的功能与作用就在于,它通过积累诚信资本直接或间接影响社会经济发展过程。

从社会资本视角来看,诚信是一种无形资本,它能参与有形资本运行过程,进而发挥自身独特的保值与增值功能。一是商务诚信能够提高货币资本、实物资本的活动性。积极推进商务诚信价值观培育,倡导诚实守信、货真价实、童叟无欺等价值观,可以促使企业、商人等在经济活动中讲品质、重信誉,从而获得交易方以及其他经济主体的认可和赞扬。诚信作为一种道德资本,它虽然不能直接的增值,产生经济效益,却具有"寄生性"特点,能够依附于货币资本、实物资本、金融资本、产权资本等而发挥作用,并可以在经济活动中纠正交换动机的趋利偏失、克服交换过程中的伦理缺陷、内化交换结果的负外部效应[129],这无疑会激活有形资本的活动性,增加其运行速度、使用效率,进而让有形资本保值和增值,产生巨大的经济效益。如果不重视商务诚信价值观培育,忽视诚信资本的累积,甚至以失信方式参与经济活动,那么就可能使企业、商人失去信誉,降低其货币资本、实物资本的运行效率,难以产生良好的经济效益。二是商务诚信能够渗透和转化为经济主体的重要素质,提高人力资本的质量。商务诚信可以增强经济主体的凝聚力,营造较为顺畅、和谐、融洽的人际关系,让人们明白什么样的经济行为是合理正当的、什么样的经济行为是不可取的。植根于企业文化中的商务诚信价值观,无疑会促使人们有效沟通和协调,增进成员的信任与合作,减少内部人员冲突、摩擦,进而提高有形资本的运行效率,增强企业竞争力。[130]所以说,积极培育商务诚信价值观,能够将诚信渗透和转化为经济主体的思想、观念、素质,提高他们的责任感、正义感,从而使其以正当、合理手段参与市场竞争,并自觉揭露和抵制缺斤少两、掺杂使假、虚假宣传、背信弃义等现象,维护买卖公平、童叟无欺、货真价实的市场秩序。三是坚守诚信道德的经济主体积累了良好的市场信誉,赢得人们的一致赞扬,进而可以获得市场的认可,带来经济效益。反之,如果不重视商务诚信价值观培育,一些经济主体认为诚信道德资本可有可无,甚至将其视为妨碍获取经济利益的"绊脚石",那么他们就可能忽视商务诚信本身的功能,企图以失信"小成本"换取经济"大收益",但这种行为无法保持自身信誉,也不能持续受益,终归不是长久之计。而且,私人失信成本低是以增加社会成本、败坏道德风气为代价的,它会造成经济资源配置效率低下、交换难以顺畅进行,最终损害私人利益。[131]

## 二、降低交易成本,优化市场资源配置

商务领域最主要的活动在于产品、劳务、土地、资本、信息等要素的市场交易,并通过这种买卖和交换过程促进企业及经济社会发展。而保证经济交换秩序顺畅进行,促进市场经济健康发展,一个最起码的前提是避免较高的交易成本,提高资源配置效率。如果商务领域缺少诚信价值共识,经济主体动辄以坑蒙拐骗的方式获取不正当利益,买卖活动缺少诚实守信道德规范,那么就会产生繁琐、大量的交易成本,降低经济资源配置效率。正如有学者所言:"在一个低诚信的社会里,任何交易如果只能依靠繁琐的契约、监督和法律手段保证交换的正常进行,那么交易成本是非常高的。"[132]譬如,企业为了避免经济交往中诸如假冒伪劣、缺斤少两、恶意诈骗、虚假承诺等问题,不得不占用企业内部更多的资源开展实地调查、鉴定商品真伪、起草或签订繁琐合同等,而且一旦发生商务失信纠纷事件,又需要处理相应的官司,这很大程度上占用企业内部有限资源,降低交易效率。

在社会主义市场经济条件下,"诚信经商"是经济交易的前提和基础,人们只有遵守公平竞争、平等交换、买卖公平、按时履约等原则或要求,才能使市场交易顺畅进行。经济学家阿罗(Kenneth

Joseph Arrow)指出:"信任是经济交换的润滑剂。"[133]商务诚信价值观培育有益于创设良好的诚信环境和条件,规范市场秩序,引导经济主体坚守诚信行为,由此而形成的诚信市场规则能够为人们提供稳定的心理预期,保证"确定性"。这样一来,经济主体就不用担心欺骗、虚假、使诈、投机等失信现象,也不用浪费不必要的人力、物力、财力去评估、调查、鉴定等,从而减少交易费用,降低交易成本和信息成本,减少市场交易过程中的摩擦、扯皮、要赖等行为,从而让经济主体将有限的资源集中于财富创造过程中。从更大范围来看,积极培育商务诚信价值观规范着交易秩序,实际上起到了道德约束与稳定人心秩序的功能,它使经济主体相信诚信不单是一种道德行为,更是一种"市场法则",遵守这种秩序就能获取相应利益,违背则必然受到市场惩罚乃至淘汰。反之,如果在商务活动中,经济主体为逐利而以诸如制假售假、商业欺诈、偷税骗税、投机取巧等非正当手段和途径达到目的,无视诚信规则,破坏市场秩序,浪费有限的市场资源,那么就会抑制经济主体的投资、交易、合作等意愿,造成整个社会交易的成本上升、程序紊乱、频率降低,最终妨碍市场经济健康发展。

## 三、矫治不正商风,塑造良性政商关系

习近平总书记多次强调,要引领商务风气,构建良好的政治生态,营造"亲清"政商关系。这不仅是社会主义市场经济建设的重要前提,更关乎政治建设的前途命运。加强商务失信治理、倡导诚信经商,不仅是一个经济问题或伦理问题,更是一个政治问题。在社会主义市场经济条件下,商务经营活动者进行投资、获取商业资源、参与市场竞争等离不开与政府打交道。积极推进商务诚信价值观培育,加强商务失信治理,有利于净化从政生态,营造良好的从政环境。

一是商务诚信价值观培育能够促使政商之间建立良性关系。

"政商之交"只有如同"君子之交"一样"淡如水"，相互接近但不勾结，才能实现干部清正、政治清明。我们推进商务诚信价值观培育，一个重要方面就是构建"相敬如宾"的政商关系，不仅要求商务经营活动者坚持诚信经商、公平竞争，不能通过非正当手段勾结、贿赂、引诱领导干部，而且积极监督政府及其内部工作人员的行为，看其处理政商关系时是否一视同仁、公平公正，抵制政商之间"潜规则"，勇于揭露商务活动中的不正之风。这样一来，就使得政务人员尤其是领导干部在工作中正确运用权力，恪守政商交往规则，保持自省自警，不能随意违反纪律，不敢轻易"越雷池一步"，从而有助于营造良好政治环境，净化从政生态。反之，如果忽视商务诚信价值观培育，任由商务失信现象蔓延，商务主体为了在市场竞争中占据优势而抛弃诚信经商原则，企图通过官商勾结、利益输送、商业贿赂、钱权交易等商务失信方式获取不法利益，那么就会严重败坏政治风气，破坏从政环境，使得一些政务人员逐渐失去政商交往底线，成了"被温水煮的青蛙"。二是商务诚信价值观培育能够推进反腐倡廉建设。反腐倡廉是党风廉政建设的行动纲领，它的基本要求就是让政务人员见利思义、拒腐防变、廉洁自律、秉公执法。因而，落实反腐倡廉行动纲领自然离不开商务诚信建设。商务诚信价值观培育的过程，主要是通过制定诚信经商的法律、制度、准则（如《反不正当竞争法》《企业贿赂档案制度》《关于禁止商业贿赂行为的暂行规定》《上海市开展进一步规范领导干部配偶、子女及其配偶经商办企业管理工作的意见》等），以及诚信道德教育来促使商务经营活动参与者规范自身言行举止，禁止在诸如工程招标、政府采购、项目审批、品牌认证等商业事务中给政府及其政务人员"送红包礼金""搞钱权交易""给付实物"（如收藏品、工艺品、车辆等）。毋庸置疑，这有益于我国的反腐倡廉建设，教育引导政务人员尤其是领导干部树立正确的权力观、人情观，在工作中严于律己，恪守从政准则，保持清正廉洁，从而对"以权谋私""拿好处费或回扣""收受企业礼金""接受商业贿赂"等问题起到震慑和防范作用。由此可见,商务诚信价值观培育与反腐倡廉建设具有内在一致性,有助于净化从政生态,营造良好的从政环境。

## 四、净化营商环境,引领社会文明风尚

在社会主义市场经济背景下,以市场交换为基础的商务交往、交易是最普遍、最基本的经济活动。也即是说,商务活动渗透到社会生活的各个领域,是人们日常生活的常见行为。譬如,民众最基本的吃、穿、住、行等所需要的商品或服务都需要到市场上买卖,这显然离不开商务交往活动。这意味着,市场经济条件下商务活动的普遍化使其自身成为社会生活不可或缺的重要组成部分,成为人们维持存在和发展的一种生活方式。更重要的是,日渐深入社会生活的商务活动牵涉人们的切身利益,这使它本身的影响超越了经济领域范围,进而延伸至社会生活各个领域。这样一来,如果人们在这种普遍化、日常化的商务活动中所经验到的是诸如以次充好、掺杂使假、坑蒙拐骗、虚假承诺、恶意违约、金融诈骗等问题,那么不仅会让参与市场交往的经济主体有着切肤之痛,而且也会给社会风气带来不良影响。换言之,商务失信问题触及人们的核心利益,而利益损失所折射的体验、认知又会被人们延伸至生活领域,给社会发展带来不利影响,甚至成为社会失信的诱因。

商务诚信价值观培育能够促使经济活动参与者遵守诚信经商要求,根据公平交易、诚实待客、童叟无欺、良心销售、货真价实的原则规范自身行为,净化营商环境,从而引导广大社会成员遵守诚信经商的价值规范,并抵制不良风气的侵蚀。具体而言:一是商务诚信价值观培育有助于维护社会公正,纠正不良风气。如上所述,随着我国社会主义市场经济深入发展,社会成员与市场有着紧密

的内在关联,商务交往、交易已经成为人们生产生活必须参与的活动。近年来诸如"毒奶粉""婚介骗财""注水肉""天价鱼"等问题层出不穷,"缺斤少两""制假售假""以次充好""虚假宣传""恶意违约""金融诈骗"等现象频频发生,严重败坏社会风气,挑战人们的道德底线。商务有关部门通过法律制裁、制度规约、教育宣传等手段和途径积极培育诚信价值观,解决道德领域中的重大经济诚信问题,有效遏制这种不良风气的影响,促使人们接受并养成诚实守信的价值观念。如果任由这些商务失信问题存在,那么就会使得不良风尚肆意蔓延。二是商务诚信价值观培育有助于抵制拜金主义、功利主义、极端利己主义等社会思潮,推动形成诚信文明风尚。从这些社会思潮的缘起与发生视角看,它们无疑与经济活动、商业活动紧密相关,治理商务失信问题、培育商务诚信价值观在某种意义上也就是抵制错误思潮的过程。商务诚信价值观培育是通过对拜金主义、功利主义、利己主义等腐蚀性社会思潮的解构、批判来彰显诚信文明风尚。培育和弘扬货真价实、童叟无欺、公平竞争、等价交换等商务诚信价值观,实际上就是要求包括经济主体在内的社会成员接受并内化诚信核心价值观,防止被错误社会思潮侵蚀,从而树立诚实守信的道德准则、价值观念,营造良好的社会风气。反之,假如有关部门对商务失信现象置若罔闻,没有看到其背后的腐蚀性社会思潮因素,不及时进行诚信价值观培育,以期有效引领这些社会思潮,那么就可能使得社会风尚发生嬗变、趋于非理性,导致见利忘义、唯利是图等不良思想倾向和价值观念的传播,影响社会稳定发展。三是商务诚信价值观培育有助于在全社会形成"守信光荣、失信可耻"的习尚。当前社会上之所以存在诸多失信现象,一个重要原因是一些人不以失信为耻,反而以之为荣,甚至揶揄和嘲讽诚信者为"傻子"。商务诚信价值观培育本身就是要对诸如"诚信吃亏""无商不奸""老实人受欺负"等观念进行批判、反驳,来扭转社会不良风气。我们积极推进商务诚信价值观培育,也即是要破除这种文化观念偏见,通过制度规约、教育宣传以及利益奖惩、舆论褒贬等方式引导人们树立正确的荣辱观,弄清楚什么行为是值得赞扬的,什么行为是应该贬斥的,在社会上倡导"诚信受益、失信吃亏"的价值观,消除人们思想观念中存在的偏见。

**注释**

[1] 邹建平:《诚信论》,天津人民出版社 2005 年版,第 3 页。

[2] 赵丽涛:《中西方商业诚信伦理传统的差异与比较研究》,《中共南宁市委党校学报》2021 年第 1 期。

[3] 唐凯麟、陈科华:《中国古代经济伦理思想史》,人民出版社 2004 年版,第 21 页。

[4] 陈襄民等:《五经四书全译(一)》,中州古籍出版社 2000 年版,第 365 页。

[5] 同上书,第 358 页。

[6] 陈襄民等:《五经四书全译(二)》,中州古籍出版社 2000 年版,第 1343—1344 页。

[7] 魏悦:《转型期中国市场经济伦理的建构——中西方义利思想演进之比较研究》,暨南大学出版社 2013 年版,第 8 页。

[8] 唐凯麟、陈科华:《中国古代经济伦理思想史》,人民出版社 2004 年版,第 21 页。

[9]《孔子家语》,王肃注,古籍出版社 1990 年版,第 4 页。

[10]《孟子》,何晓明、周春健注,河南大学出版社 2008 年版,第 63 页。

[11] 黎翔凤:《管子校注(中)》,中华书局 2004 年版,第 1015 页。

[12] 王弼:《老子道德经注》,楼宇烈校释,中华书局 2011 年版,第 169 页。

[13]《墨子》,苏凤捷、程梅花注,河南大学出版社 2008 年版,第 91 页。

[14]《晏子春秋全译》,李万寿注,贵州人民出版社 2008 年版,第 94 页。

[15] 司马迁:《史记》,三秦出版社 2004 年版,第 1679 页。

[16]《荀子》,杨朝明注,河南大学出版社 2008 年版,第 189 页。

[17] 张岱年:《中国优秀传统内容的核心》,《北京师范大学学报(社会科

学版)》1994 年第 4 期。

[18]《荀子》,杨朝明注,河南大学出版社 2008 年版,第 89 页。

[19] 朱熹:《四书集注》,岳麓书社出版社 1987 年版,第 11 页。

[20] 高华平:《论语集解校释》,辽海出版社 2007 年版,第 29 页。

[21] 黎翔凤:《管子校注(中)》,中华书局 2004 年版,第 91 页。

[22] 何宗旺等:《传统"诚""信"与商业道德》,《华中师范大学学报(哲学社会科学版)》1997 年第 6 期。

[23] 陈襄民等:《五经四书全译(二)》,中州古籍出版社 2000 年版,第 1715 页。

[24] 赵丽涛:《论〈老子〉中的诚信观》,《党政研究》2014 年第 1 期。

[25] 同上文。

[26]《孟子》,何晓明、周春健注,河南大学出版社 2008 年版,第 170 页。

[27] 陈襄民等:《五经四书全译(四)》,中州古籍出版社 2000 年版,第 3072 页。

[28]《吕氏春秋》,高诱、毕沅注校,上海古籍出版社 2014 年版,第 533 页。

[29] 高华平:《论语集解校释》,辽海出版社 2007 年版,第 276 页。

[30] 同上书,第 67 页。

[31] 同上书,第 258 页。

[32]《荀子》,杨朝明注,河南大学出版社 2008 年版,第 96 页。

[33] 陈襄民等:《五经四书全译(四)》,中州古籍出版社 2000 年版,第 3006 页。

[34] 巫宝三:《古希腊、罗马经济思想资料选辑》,商务印书馆 1990 年版,第 36—39 页。

[35]《西方哲学原著选读》(上),商务印书馆 1982 年版,第 54 页。

[36] 苗力田主编:《亚里士多德全集》(第九卷),中国人民大学出版社 1994 年版,第 59 页。

[37][古希腊]柏拉图:《理想国》,郭斌和、张竹明译,商务印书馆 1994 年版,第 382 页。

[38] 陈钧、任放:《经济伦理与社会变迁》,武汉出版社 1996 年版,第 108 页。

[39] [古希腊]柏拉图:《理想国》,郭斌和、张竹明译,商务印书馆 1994 年版,第 385 页。

[40] 苗力田主编:《亚里士多德选集》(第八卷),中国人民大学出版社 1994 年版,第 40 页。

[41] [古希腊]亚里士多德:《尼各马可伦理学》,廖申白译,商务印书馆 2003 年版,第 3 页。

[42] A. E.门罗:《早期经济思想史》,蔡受百等译,商务印书馆 1985 年版,第 26 页。

[43] [古希腊]亚里士多德:《政治学》,吴寿彭译,商务印书馆 1965 年版,第 31—32 页。

[44] 转引自吴建华:《论西方信用制度的伦理基础及对我国信用伦理建设的思考》,《四川行政学院学报》2003 年第 5 期。

[45] 李秋零主编:《康德著作全集》(第 4 卷),中国人民大学出版社 2005 年版,第 428 页。

[46] 杨峻岭:《论中西方诚信思想的异同》,《廊坊师范学院学报》2005 年第 3 期。

[47] [德]康德:《道德形而上学原理》,苗力田译,人民出版社 1986 年版,第 93 页。

[48] 苗力田:《古希腊哲学》,中国人民大学出版社 1990 年版,第 648 页。

[49] 周辅成:《西方伦理学名著选辑:上卷》,商务印书馆 1964 年版,第 104 页。

[50] [英]边沁:《道德与立法原理导论》,时殷弘译,商务印书馆 2000 年版,第 57—58 页。

[51] 万俊人:《论道德目的论与伦理道义论》,《学术月刊》2003 年第 1 期。

[52] [英]约翰·斯图亚特·穆勒:《功利主义》,叶建新译,九州出版社 2007 年版,第 17 页。

[53] [英]亨利·梅因:《古代法》,沈景一译,商务印书馆 1959 年版,第 178 页。

[54] 何怀宏:《契约伦理与社会正义》,中国人民大学出版社 1993 年版,第 12 页。

[55] 李婧琳:《霍布斯新自然观之上的社会经济伦理研究——从"诚信"

"契约"的视角切入》,《今日中国论坛》2013 年第 15 期。

[56] 朱书刚:《论契约社会与契约伦理在西方的生成和在当代中国的建构》,《马克思主义与现实》2004 年第 6 期。

[57] [法]《拿破仑法典》,李浩培等译,商务印书馆 1979 年版,第 152 页。

[58] [德]黑格尔:《法哲学原理》,范扬等译,商务印书馆 1982 年版,第 30 页。

[59] [英]休谟:《人性论》,关文运译,商务印书馆 1983 年版,第 560—562 页。

[60] 同上书,第 538—539 页。

[61] [古罗马]西塞罗:《论共和国·论法律》,王焕生译,中国政法大学出版社 1997 年版,第 226 页。

[62] Kenneth Barker, *The NIV Study Bible*, Grand Rapids: Zondervan Publishing House, 1995, p.1346.

[63] [美]A. E. 门罗:《早期经济思想史》,蔡受百等译,商务印书馆 1985 年版,第 45 页。

[64] 同上书,第 49 页。

[65] 林洁珍:《从基督教伦理看自由经济主义及金融危机》,《道德与文明》2011 年第 3 期。

[66] 阎吉达:《贝克莱的伦理思想初探》,《复旦学报(社会科学版)》1984 年第 6 期。

[67]《马克思恩格斯文集》第 2 卷,人民出版社 2009 年版,第 591 页。

[68] [德]马克斯·韦伯:《儒教与道教》,洪天富译,江苏人民出版社 1997 年版,第 261 页。

[69] 姚德年:《信用危机与道德的功利性》,《读书》2000 年第 7 期。

[70]《马克思恩格斯选集》第 3 卷,人民出版社 1995 年版,第 435 页。

[71] 万俊人:《道德之维——现代经济伦理导论》,广东人民出版社 2000 年版,第 58 页。

[72] [德]马克斯·韦伯:《儒家与道教》,王容芬译,商务印书馆 1999 年版,第 86 页。

[73] 韩伟:《传统中国不缺乏契约精神》,《书屋》2014 年第 3 期。

[74] 霍存福:《中国古代契约精神的内涵及其现代价值》,《吉林大学社会

科学学报》2008 年第 5 期。

[75] 费孝通:《乡土中国 生育制度》,北京大学出版社 1998 年版,第 10 页。

[76] 涂永珍:《从"人伦"到"契约":中西方信用文化的比较分析及法律调整》,《河南大学学报(社会科学报)》2004 年第 2 期。

[77] [英]亨利·梅因:《古代法》,沈景一译,商务印书馆 1959 年版,第 172 页。

[78] [美]弗朗西斯·福山:《信任——社会美德与繁荣的创造》,远方出版社 1998 年版,第 215 页。

[79]《马克思恩格斯选集》第 4 卷,人民出版社 1995 年版,第 237 页。

[80] 马克思:《资本论》第 3 卷,人民出版社 1975 年版,第 829 页。

[81]《德意志意识形态》(节选本),人民出版社 2003 年版,第 114 页。

[82] [德]黑格尔:《哲学史讲演录:第 3 卷》,贺麟、王太庆译,商务印书馆 1959 年版,第 73 页。

[83] [美]贝拉斯克斯:《商业伦理:概念与案例》,刘刚、程熙镕译,中国人民大学出版社 2013 年版,第 16 页。

[84] [美]弗里德曼:《弗里德曼文萃》,高榕译,北京经济学院出版社 1991 年版,第 45—46 页。

[85] 赵丽涛:《论马克思主义商务诚信价值观的思想演进》,《创新》2018 年第 3 期。

[86]《马克思恩格斯文集》第 1 卷,人民出版社 2009 年版,第 61 页。

[87] 同上书,第 136 页。

[88] 马克思:《资本论》第 3 卷,人民出版社 2004 年版,第 369—370 页。

[89]《马克思恩格斯文集》第 1 卷,人民出版社 2009 年版,第 366 页。

[90] 同上书,第 286 页。

[91]《马克思恩格斯选集》第 1 卷,人民出版社 1995 年版,第 551 页。

[92]《列宁全集》第 41 卷,人民出版社 1986 年版,第 131—132 页。

[93] 同上书,第 328 页。

[94]《列宁全集》第 43 卷,人民出版社 1985 年版,第 364 页。

[95]《列宁全集》第 34 卷,人民出版社 1985 年版,第 156 页。

[96]《列宁全集》第 42 卷,人民出版社 1987 年版,第 413 页。

［97］《列宁文稿》第 4 卷，人民出版社 1978 年版，第 35 页。

［98］《毛泽东选集》第 6 卷，人民出版社 1991 年版，第 49 页。

［99］同上书，第 191 页。

［100］同上书，第 201 页。

［101］同上书，第 192—193 页。

［102］同上书，第 501 页。

［103］《毛泽东文集》第 7 卷，人民出版社 1999 年版，第 434 页。

［104］《毛泽东读社会主义政治经济学批注和谈话》（上），中华人民共和国国史学会 1998 年版，第 38—39 页。

［105］《毛泽东文集》第 8 卷，人民出版社 1999 年版，第 227 页。

［106］《邓小平文选》第三卷，人民出版社 1993 年版，第 72—73 页。

［107］同上书，第 145 页。

［108］同上书，第 298 页。

［109］同上书，第 366 页。

［110］同上书，第 159—160 页。

［111］同上书，第 378 页。

［112］同上书，第 154 页。

［113］同上书，第 145 页。

［114］《江泽民文选》第三卷，人民出版社 2006 年版，第 437 页。

［115］《江泽民论有中国特色社会主义》（专题摘编），中央文献出版社 2002 年版，第 76 页。

［116］同上书，第 336 页。

［117］胡锦涛：《牢固树立社会主义荣辱观》，《求是》2006 年第 9 期。

［118］《十六大以来重要文献选编》（下），中央文献出版社 2008 年版，第 661 页。

［119］胡锦涛：《坚定不移沿着中国特色社会主义道路前进　为全面建成小康社会而奋斗》，《求是》2012 年第 22 期。

［120］《习近平谈治国理政》第二卷，外文出版社 2017 年版，第 134 页。

［121］同上书，第 134—135 页。

［122］梁言顺：《不断提高对市场经济规律的认识和驾驭能力》，《学习时报》2015 年 2 月 9 日。

[123]《习近平谈治国理政》第二卷,外文出版社2017年版,第264—265页。

[124]《习近平谈治国理政》第三卷,外文出版社2020年版,第266—267页。

[125]姜赟、谷江曼:《习近平如何拆解"政商勾肩搭背"》,人民网,2015年3月26日,http://news.qq.com/a/20150326/096239.htm。

[126]"社会资本可以简单地定义为一个群体之成员共有的一套非正式的、允许他们之间进行合作的价值观或准则。"参见[美]弗朗西斯·福山:《大分裂:人类本性与社会秩序的重建》,刘榜离等译,中国社会科学出版社2002年版,第18页。

[127]刘宏伟、刘元芳:《论社会资本视域中的阶层关系和谐》,《大连理工大学学报(社会科学版)》2013年第2期。

[128]"道德资本"是"社会资本"的一种形式。

[129]王小锡、朱辉宇:《三论道德资本》,《江苏社会科学》2002年第6期。

[130]涂争鸣:《论诚信是市场经济的内在需要》,《江汉论坛》2007年第6期。

[131]赵丽涛:《道德诚信:财富创造的伦理基石》,《大连理工大学学报(社会科学版)》2014年第4期。

[132]李磊:《一诺千金,讲诚信可降低交易成本》,《楚天都市报》2011年4月26日,第8版。

[133] Kenneth J. Arrow, *The Limits of Organization*, New York: Norton, 1974, p.212.

# 第二章
# 当代中国商务诚信价值观培育的历时审视

从纵向的经济伦理发展史考察,不难发现,新中国成立以来我国一直比较重视商务诚信价值观培育。特别是随着经济社会转型,商务领域的失信问题日渐突出,不仅损害经济主体的切身利益,而且成为构建诚信社会的障碍和绊脚石。我国采取多种方式积极培育商务诚信价值观,在如何治理商务失信问题以及促使人们树立诚信经商价值观方面积累了丰富经验。

## 第一节 当代中国经济社会发展中的道德价值问题剖析

当代中国经济社会发展过程经历着一场前所未有的转型与变革。商务领域的经济主体在适应这种转变中也面临诸多困顿与迷惑,特别是投机取巧、坑蒙拐骗、恶意欺诈等问题,不仅使商务经营活动者承受着失信的痛苦和代价,而且让人们对培育商务诚信价值观有着更多的期许。正因为如此,当代中国商务诚信价值观培育的历时审视,首先需要深入解析经济社会发展与诚信道德价值观之间的内在关联、阐明道德失范问题的外在表征,以期把握当代中国商务诚信价值观培育的重要性与紧迫性。

## 一、经济社会发展是否必然促进道德进步

每当社会处于快速转型阶段,人类物质文明取得长足发展时,经济发展与道德进步的关系往往会引发人们热议。改革开放后,随着我国社会主义市场经济不断推进,社会生产力得到极大提升,特别是经过四十多年的高速增长,中国的经济发展状况和人们的生活水平随之提高。然而,在经济迅猛发展及社会转型过程中,投机取巧、恶意竞争、假冒伪劣、以次充好、虚假宣传、欺行霸市等道德问题也日益凸显出来,以致人们感叹,虽然我国经济建设取得辉煌成就,物质财富不断增长,却遭遇道德失范危机,精神文明建设出现"短板"[1]。这促使我们思考:经济社会发展与道德进步究竟是一种怎样的关系?

经济社会发展与道德进步的关系是人们长期以来争论不休的议题。在此问题上存在着"代价论"(或"二律背反"论)与"一致论"两种代表性观点。秉持"代价论"者通常将经济社会发展与道德进步视为一种对立逻辑,他们认为很多时候经济社会发展是以道德堕落为代价的,呈现"二律背反现象",即经济社会发展往往伴随着道德滑坡、世风日下。西方思想家卢梭、黑格尔、海德格尔、亨廷顿就从不同视角表达过这种观点。卢梭指出,人类物质文明的前进隐含着道德的沦丧,尤其是"随着科学和艺术的光芒在我们天边升起,德行也就消失了"[2]。美国政治学者塞缪尔·P.亨廷顿也阐释了美国现代化过程中经济发展与道德价值观"腐化"(corruption)的问题,认为道德腐化在某种程度上刺激了经济发展。[3]值得一提的是,马克思在批判资本主义私有制的积累规律时也曾表达了类似的看法,资本家财富积累与"粗野和道德堕落"的积累是同步的[4],资本主义财富积累是以牺牲诚信为代价的,它使一些经济主体受到金钱的奴役,异化为资本的"工具"。当然,资本主义社会中出现经济发展与道德进步相悖问题之根源在于私

有制,马克思也正是在此前提下阐释"代价论"的。而在"一致论"者看来,经济社会发展不仅是道德进步的物质基础,而且二者基本上保持着同步性,随着经济的发展人们的道德水平也会随之提升,正所谓"仓廪实而知礼节,衣食足而知荣辱"[5]。从辩证唯物主义和历史唯物主义视角看,人类道德发展总体趋势是随着社会生产力和经济发展而不断进步和完善,具有一致性、同步性,因为包含道德在内的上层建筑归根到底是由经济关系决定的,经济社会发展为道德进步奠定基础、提供动力。但道德发展不是线性逻辑,相反它是一个充满矛盾的辩证过程,在"进步、向上、从无序到有序"总趋势下也会出现暂时性的道德停滞、堕落、无序等问题。换言之,经济发展与道德进步会在具体的历史进程中表现出不平衡性、不一致性,这正是人类道德发展史上前进性与曲折性的统一。因而从宏观的历史视角看,道德总体上是随着经济社会发展而不断进步,但它也会在具体经济变革时期产生"非道德或反道德"现象。而且,如果只是看重经济增长而不注重精神文明建设,那么就会使经济发展与道德进步呈现"二律背反"态势,甚至出现以"恶"的道德来促进经济畸形增长。譬如,西方资本主义发展初期,商业活动、财富积累是通过不道德的掠夺、欺骗等进行的。

在商务领域的经济活动中,主体对于"经济逻辑"和"道德逻辑"之间的关系往往容易陷入冲突性理解,以至于撕裂共识在经济社会结构认知中的规范性要求。一般来说,经济主体会在潜意识中认同道德进步对于经济社会发展的重要作用。但是,这并不意味着他们会在其象化的经济活动中时刻以道德逻辑塑造自身行为。究其原因,是经济主体为了生存和发展需求,可能有意无意将伦理道德视为一种"谋利手段"。于是,经济主体在价值认知上的深层表达难以真正反映在价值追求上。不过,舍己为人、利益谦让、诚信品质等仍然被人们视为一种优先性的价值需要,因为这种道德逻辑可以在长远意义上满足经济主体的切身利益。利益调节上的道德悖反逻辑激发了民众对于价值共识的呼声,"见利忘义""唯利是图""财迷心窍""利益熏心""监守自盗"等现象不但最终会被人唾弃,而且也很难让经济主体在价值观念层面接受。此时,经济主体所关注的大多是价值的社会整合和利益的普惠性建设,以及如何塑造所有参与经济活动的成员共享性价值规范。然而,观念的历史从来就不是独立于社会存在的,经济利益就像"梦魇"一般始终如影随行。改革开放以来,社会主义市场经济加速推进,经济逻辑也逐渐由人们物质生产活动的"深水区"浮出水面。利益格局调整、经济结构转变等所带来的绝不是简单的体制或政策调整,它开始触及深层次的道德观念。回眸历史,我们不难发现一种"历史的巧合",那就是市场经济的确立过程与中国道德要求的讨论存在不可分割的内在关联。

经济逻辑伴随着市场经济的迅速发展而成为"幕后"指引公众言行举止的"一双手",它无形中把个体的切身利益和情感诉求融入自身需要。经济交往过程中的"道德逻辑"又让这种以利益为优先选择的逻辑日益拓展至人们所能触及的伦理领域,于是经济社会发展与道德进步也逐渐产生双向互动且彼此冲突的价值认知。一方面,一部分舆论依然秉持道义优先性价值认知,认为公平、正义在排序上要先于经济效率、利益逻辑。我们可以看到,经济社会发展中人们依然以理性态度对财富逻辑与资本逻辑所衍生的个人主义至上、精于经济计算等现象提出猛烈批评,希望以"一致性规范"规约经济主体的态度和看法,提出每个社会成员都受益才是社会主义核心价值观的深层体现。经济交往活动中关于"道德滑坡""道德危机""信仰缺失""价值扭曲"等问题的讨论引发了全社会的强烈关注。另一方面,还有一部分经济主体则将以"效率"为指向的财富逻辑置于优先位置,有意遮蔽乃至否认道德价值的功能。在他们看来,市场机制已经深入人们的生活各方面,包括所有经济主体在内的公众是按照经济规则形塑自身的言行举止。如果忽视财富逻辑,强调一种"看不见摸不着"的道德价值,那么它在根本上是不符合"经济人"的理性追求,被卷进市场经济的人无法抗拒财富逻辑的巨大力量,人们是按照一种"经济计算"来实现人生价值。在经济交往活动中,即使秉持"效率优先"价值排序的主体没有直接忽视或否认"道德价值"的作用,也大都将其降低到辅助地位。例如,在谈及"道德资本"时,一部分舆论认为这依然是"价值排序"上的效率优先原则。这是因为,"道德资本"说法本身就暗含着道德价值的转化作用,即道德最后仍然会变成一种经济意义上的要素,否则它将失去自身存在,成为可有可无的规范。

　　经济交往活动中主体对于"财富创造"和"道德逻辑"之间存在着非此即彼的冲突逻辑。尽管诸如此类的认知冲突是社会舆论场的正常现象,也是人们依据利益诉求和情感需要捍卫自我观点的表现,但是频繁、激烈的观点碰撞往往会经由情绪渲染和氛围烘托走向极端,基于"信息流瀑"和"群体极化"双重效应相互耦合而容易引发价值共识的撕裂,以至于经济个体及其圈层群体对于"重叠共识"产生质疑。

　　经济交往活动中历时性的价值立场和道德优先原则存在"自洽性"问题,如何弥合分歧至关重要。利益诉求是经济主体产生道德认知冲突的最根本诱因。经济交往活动中各个主体之所以会发生价值认知上的矛盾,一个主要原因就是现实利益分化的外在呈现和意见表达。问题的症结在于,经济利益与发展价值之间并不是时时处于"一一对应"的关系,道德观念往往具有自身的"先进性"或"惰性"。这样一来,经济利益与发展价值之间就可能常常是不一致甚至是错位的关系,反映在经济交往活动中的道德问题上,就是主体对于价值观念的认知也并不是依据利益进行自行适配或调整。

　　我国在探索社会主义道路中逐渐接受和发展社会主义市场经济体制,并将其建立于生产资料公有制基础上,坚持以为人民服务为核心、坚持集体主义原则,注重弘扬社会主义道德风尚,从而克服了资本主义市场经济弊端,为道德进步提供了物质基础和价值支撑。而且,社会主义市场经济要求经济主体按照价值规律办事,提倡公平竞争、等价交换、遵守规则、优胜劣汰,这无疑有助于推动道德建设,并对诸如恶意竞争、欺行霸市、假冒伪劣、以次充好、坑蒙拐骗等不道德现象起到抑制作用。不过,虽然社会主义市场经济发展能够从本质上促进道德进步,但这并不意味着它可以自发克服诸如拜金主义、利己主义、极端个人主义等丑恶思想,理所当然地规避市场竞争中的偷工减料、缺斤少两、以假乱真、虚假宣传、投机诈骗等道德堕落行为。事实上,在"熟人社会"走向"陌生人社会"、计划经济走向市场经济过程中,八九十年代的"道德滑坡现象"以及当前的"道德领域突出问题"都从一个侧面说明,经济增长并不必然促进道德进步,反而是随着市场经济发展会在一定程度上出现"价值观扭曲"等问题。究其原因,主要是我们在经济社会发展过程中忽视了道德文化建设。如果经济发展与道德观念之间存在这种"堕距"现象,即经济快速增长时期,我们不注重道德文明建设,产生"道德滞后"问题,那么有可能会使这种差距愈拉愈大,产生道德弱化问题。同时,我们常讲社会主义市场经济也是"道德经济""信用经济",但这是一种应然的叙述逻辑,是说市场经济应该涵蕴"道德""信用","是从要求的意义上说的,而不是从客观必然性上说的"[6],但这种"应然状态"不会自发形成,这需要我们自觉加强道德建设予以实现。

## 二、经济社会转型中商务领域道德价值观的冲突与失范

计划经济时期,我国市场交往局限于一定范围内,商务领域内价值观相对单一,道德失范、诚信缺失问题并不是很严重。不过,随着改革开放不断深入,我国逐渐由计划经济体制转变为市场经济体制,经济社会转型也呈现"时空压缩"(compression of time and space)[7]特征,包括前现代性、现代性以及后现代性的多种价

值观并存。[8]在此境况下,不同道德价值观之间便可能产生冲突与张力,特别是当一些经济主体深受拜金主义、个人主义、极端利己主义迷惑时,就会在私欲驱动下诱发商务失信行为。伴随着市场交往范围扩大,人们在多元价值选择中容易产生迷茫与混乱,于是商务领域中的诚信缺失现象也呈现多发态势。当代经济社会转型过程中较为突出的商务诚信失范主要问题如下。

（一）商品交换中假冒伪劣现象层出不穷

假冒伪劣成为商务领域中的"毒瘤",侵害着经济社会的健康肌肤。学者俞吾金曾撰文指出,以往人们在市场买东西关心是贵还是贱,可现在首要关心的却是所买东西是真的还是假的。[9]例如,制售"注水肉、黑心棉、地沟油",贩卖"假烟、假酒、假化肥",冒用"驰名商标、企业品牌、企业名称"等商务失信现象频频发生。有媒体报道,早在2000年,我国工商行政管理部门发现并查处的假冒伪劣案件就达23.05万起,涉及的假冒伪劣商品总值38.81亿元,并捣毁制假窝点5.16万个。[10]国家市场监督管理总局的数据显示,自2019年以来,市场监管总局连续2年开展知识产权执法"铁拳"行动,围绕互联网领域、重点商品交易市场、关系健康安全的重点商品,严厉查处商标侵权、假冒专利等违法行为,全国共查处违法案件7万余起。自2018年以来,连续3年开展重点领域反不正当竞争执法专项行动,共查处仿冒混淆案件近1万起。同时,2020网络市场监管专项行动(网剑行动),集中整治网上销售侵权假冒商品等突出问题,各地市场监管部门网上检查网站、网店437.64万个次,删除违法商品信息23.39万条,责令整改网站2.31万个次,查处违法案件1.99万起。[11]这不仅给持有商标企业造成经济损失,而且也损害其他经济主体的利益。国务院发展研究中心发表的调查报告也显示,高达77.9%的企业担心会买到假冒伪劣的原材料、生产设备,62%的企业认为商务活动中要谨防被骗。[12]尤其是药品行业涉及人的身体健康。《现代快报》曾报道,镇江破获一起制售假药案,假药销售范围竟然涉及全国 20 余个省区,涉案金额达 1 108 万元。[13]假冒伪劣给国家和社会造成了极大损失,有统计显示我国每年的假冒伪劣商品总产值触目惊心,约在二千亿至三千亿元之间,这些假冒伪劣商品不仅危及人们的健康,而且也致使"税收及相应经济损失"超过一千亿元。[14]

(二)合同履约率偏低,合同欺诈问题频频发生

从"熟人社会"走向"陌生人社会"过程中,商务活动主体之间的许多经济交往关系需要通过合同形式进行确立,以期降低"不确定性",增强心理预期。社会主义市场经济也是契约经济,人们应该按照经由"合意"而产生的合同形式规范自身行为,信守相应承诺,提升信用意识。然而,在现实经济活动中,我们发现一些企业缺乏信用意识,虚假承诺,违反合同内容,随意变更或撕毁合同,甚至恶意毁约,借助搞合同欺诈来获取不法利益。工商部门一项统计显示,我国市场交易中 30%是通过合同形式来进行的,每年订立的经济合同在 40 亿份左右,但履约率不高,一半的经济合同未按规定履行,合同欺诈行为产生的直接经济损失高达五十五亿元。[15]经济合同未能按规定履约、恶意毁约、合同欺诈等问题直接导致经济纠纷案增加。有调查显示,从 1979 年到 1999 年的 20 年间我国法院年均审结经济纠纷为 77.41 万件,但从 2002 年到 2008 年的 6 年间年均审结经济纠纷却猛增至 237.07 万件,其中因合同引起的经济纠纷占比最高。[16]

(三)政府采购活动中权钱交易、商业贿赂等问题日益突出

政府采购是市场交易中的重要活动,它是指各级国家机关、事业单位和团体组织为保证政务活动顺利开展以及提升公共服务水平而作为特殊的经济主体参与市场交易,购买产品、服务的行为。随着我国经济迅速发展以及社会发展需要,政府采购的范围和规模不断扩大,政府与企业交往的体量在不断增大。但是,由于制度不完善和监督缺位,政府采购过程中也衍生出种种问题。一些政

务人员企图借助政府采购而在市场交易中"拿回扣""索贿受贿"，获取不法利益，同时一些企业也为了诸如"招标项目""工程建设"等而"送红包""赠礼物""拉关系"。这样一来，很容易催生出官商勾结、权钱交易、商业贿赂等问题，导致不正当竞争、虚假中标、偷工减料、以次充好、虚开发票等失信现象发生。中国社科院的《中国政府采购制度实施状况》显示，政府采购的 80％商品高于市场均价，56.1％的商品高于市场均价 1.5 倍。[17]《中国青年报》调查中心曾通过"民意中国网"和"搜狐新闻中心"对 2 059 人的调查显示，在问及政府采购中的严重问题时，84.4％的人认为是"公开招标变成内定的摆设"，75.7％的人选择"竞标不比价格和质量，只比关系"，72.1％的人指出"天价采购现象严重，只买贵的不买对的"。[18] 又如，据《中国的反腐败和廉政建设》白皮书介绍，2005—2009 年集中开展的治理商业贿赂活动效果明显，共查处案件 69 200 多起，涉案金额达 165.9 亿元。[19]

（四）电子商务活动中的价格欺诈、虚假宣传等屡禁不止

随着信息网络技术发展，电子商务具有增加交往机会、降低交易成本、简化商贸流程等优势，因而呈现蓬勃发展态势，市场交易规模保持较快增长。自从 1996 年第一笔象征性的网络交易以来，中国电子商务市场交易规模呈现较大增长。数据显示，2001 年我国电子商务市场规模仅为 1 200 亿元，但到 2022 年已猛增到 47.5 万亿元。特别是网络购物市场发展迅猛，为人们生产生活提供了便利。然而，电子商务在发展过程中也出现许多失信问题，诸如订单诈骗、以假乱真、质量瑕疵、虚假广告、夸大宣传、违背承诺、延时发货、泄露个人信息等失信问题愈来愈严重，成为影响电子商务进一步发展的瓶颈。中国电子商务协会电子商务诚信评价中心与北师大电子商务研究中心的调查显示，23.5％的企业和 26.34％的个人比较担心电子商务中的"诚信缺失问题"，认为它阻碍网络交易的顺畅进行，在这之中，71.1％的人对一些网站的"真实性存

疑",56.4％的人购物时曾遇到"信息不真实问题",还有 40.9％的人遇到"承诺不真实或不兑现"以及"个人信息被窃取"问题。[20]尤其是近年来,网络购物中的失信问题日益严重。有调查数据显示,48％的网购用户坦言不信任"口碑评价",93％的网购用户认为当前网购诚信环境不佳。[21]而且,网购失信问题还呈现"花样翻新、隐性欺骗"的特点。典型的例子是:"双十一"购物热潮中,很多电商采取"提高原价后再打折""先涨价再降价""以假宣传博取眼球"的方式。譬如,一些商品先提价 20％再打六七折出售,推送首页上宣传打折优惠,但当人们下单后就发现,大部分所谓优惠商品显示"无货"。[22]

**(五) 金融活动中的逃废债务、内幕交易等行为层见叠出**

在社会主义市场经济发展过程中,各类商贸流通企业也需要频繁参与金融活动,以此来实现筹集资金、活跃资本、改善经营等目的。但是,当前金融活动中的信用状况令人担忧,一些企业为了满足私欲而采取欺诈、诱骗、拖欠、要赖、作假等手段和伎俩获取不法利益,给国家、社会和他人带来严重危害。例如,在逃废银行债务方面,有些企业为获取资金或逃避、毁弃相应债务而出现转移资产、掩盖责任、出具虚假报表、多头开户、恶意拖欠、赖账不还等失信行为。一项调查显示,2000 年底以前在四大银行开户的 6 万多家改制企业中有一半存在逃废债务行为,逃废银行贷款本金达1 851 亿元,占其贷款总额的 32％,逃废银行贷款利息 1 460 亿元,占贷款利息总额的 37.96％。[23]同时,中国企业联合会的调查也显示,我国逃废债务情况比较严重,每年因此而造成的损失为1 800 亿元[24];在内幕交易方面,一些上市公司的高管、股东及其内部其他人员凭借所掌握的内部商业信息进行不正当交易,从而牟取非法利益。中国证监会统计显示,仅在 2008—2013 年间被调查的"内幕交易案"就达 785 件,占案件调查总量的 52％。[25]

由此可见,商务领域诚信失范问题给国家、社会以及个人造成不可忽视的损害,成为制约我国经济社会持续发展的障碍。在市场经济中,诚实守信价值观是商务交往活动"黄金法则",如果经济交易中充满奸诈、欺骗,经济主体难以确保自身利益,那么会造成社会信用体系的崩溃,人人自危,市场交换活动就可能陷入混乱之中。更为重要的是,假冒伪劣、以次充好、合同欺诈、价格陷阱、金融欺诈等商务失信问题增加了市场交易成本,使经济主体在参与商务活动时不得不花费不必要的人力、物力、财力进行调查和评估,以减少"不确定性"。由于人们担心被骗而遭受利益损失,不敢轻易相信其他经济主体,这就在某种程度上弱化交易动力、抑制交易动机、减少交易机会,这无疑会阻碍社会主义市场经济发展。而且,商务诚信缺失问题也会诱发道德危机,使善恶错位、荣辱扭曲,严重恶化社会风气,致使"劣币驱逐良币"现象发生。

正是在此情况下,如何培育商务诚信价值观成为经济社会转型中亟待破解的难题。如果公平交易、诚实守信、童叟无欺、货真价实、平等交换、遵诺践约等价值观念被遮蔽起来,不被经济主体以及市场认可,那么商务领域中的缺斤少两、以次充好、假冒伪劣、虚假承诺、夸大宣传、随意违约等失信问题就难以避免,以致成为市场经济发展的掣肘因素。实际上,当代中国社会主义建设过程中,我国正是在治理商务失信问题过程中不断丰富商务诚信价值观的内涵,并采取各种方式促使商务活动主体接受和内化诚信经商的价值规范。

## 第二节 历时审视:我国商务诚信价值观培育的演变与范式

我国商务失信问题治理以及商务诚信价值观培育产生于特定的时空环境,并由此而呈现不同的发展阶段和培育方式。这意味着,从历时态视角审视我国商务诚信价值观培育的演变与范式,首先需要阐释与之相应的时代背景和现实环境,从而为更深入的探讨奠定基础。

## 一、当代中国商务诚信价值观培育的时代背景

新中国成立后,我国道德建设本身具有社会主义属性,商务诚信价值观培育也正是在此基础上不断推进。然而,囿于生产力不发达以及观念滞后,社会主义初步探索时期的商务诚信价值观培育建基于高度集中的计划经济体制,此时的资源配置、产品流动、秩序维护等大都依靠指令式的行政权力,商品交换的广度、范围、频率存在一定限度,市场竞争也并不激烈,此时市场交换领域中的假冒伪劣、以假乱真、以次充好、虚假宣传等商务失信问题还不严重。从本质上看,计划经济时期的社会关系仍然属于"熟人社会",具有传统的乡土特点。在这一时期,经济主体之间的商品交换和市场交往依然在一种"亲近性伦理规则"下进行,商务关系中也存在一个"亲密圈"(intimacy sphere),即按照地缘、血缘、亲缘关系而采取相应的诚信道德策略,这实际上也就是著名社会学家费孝通所说的"差序格局"和"以己为中心"[26],按照熟识程度采取相应的信任态度,即越是熟识的人信任度越高,反之则信任度越低。在社会主义计划经济时期,经济主体的活动范围有限,人们之间彼此熟知,甚至知根知底,所以信任模式更多的是建立在人情、交情基础上,诚信关系表现为人格化、身份化的特点。这样一来,人们在经济交往、市场竞争、商品交易时通常需借助人情关系,并以此降低成本、规避风险、获取收益。一般来说,虽然"熟人社会"中的商品交换、市场交往存在范围上、深度上的局限性,但它有助于维系合作关系、促成交易的顺畅进行,原因在于熟人圈子里大家相互认识,相对而言可以方便、准确考察交往对象的道德品质。更为重要的是,一旦市场交往对象失信,企图通过投机取巧、恶意欺诈、坑

蒙拐骗等手段获取利益时,他就会在整个熟人圈子里丧失信誉,并且受到周围人的道德舆论谴责,甚至很难在社会上立足。

改革开放后,我国逐渐从计划经济体制向市场经济体制转变,商品经济迅速发展,市场交往的范围、规模、深度大大突破了以往的界限。随着社会流动性增加,虽然前现代社会里那种依靠地缘、血缘、亲缘维系的诚信关系已经难以适应"陌生人社会"需要,但它并未销声匿迹,反而仍然以各种形式存在于社会主义市场经济关系中。不过,由于我国社会主义市场经济建设起步晚,且冲破思想束缚有一个过程,前后经历了"计划经济为主,市场经济为辅"→"公有制基础上有计划的商品经济"→"建设社会主义市场经济体制"→"完善社会主义市场经济体制"等阶段。从表面上看,这种阶段之间的承续是一个不断推进的过程,但它本身却呈现为错综复杂的经济社会转型状态,其中既有计划经济的痕迹,又有市场经济的新探索。而且,随着社会主义市场经济的深入发展,我们更加明确地指出要使市场在资源配置中起决定性作用,全面深化经济体制改革,经济社会转型过程更加剧烈。著名学者万俊人曾将当前的社会转型形象地比喻为"火车加速转弯",此时我们面对的不仅是经济的快速发展,同时也有因急剧转型而衍生的道德失范、价值扭曲等问题。我国商务诚信价值观培育也就是在这样一种经济社会转型时期进行的,其时代背景的"复杂性"在于:一方面,传统社会向现代社会过渡中,"熟人社会"道德原则、规范受到市场经济的冲击和瓦解,但仍潜在人们意识中,在特定范围内发生作用。经济社会转型期,随着市场交往与商品交换范围的扩大,整个社会处于"流动性状态",即人力、物品、信息快速流动,我们逐渐由"熟人社会"进入"陌生人社会"。美国法学家劳伦斯·弗里德曼(Lawrence Friedman)认为,在"陌生人社会",人与人之间的联系更多表现为间接方式,例如我们吃的"食品"是陌生人制成的,我们却不了解陌生者的基本情况。[27]市场化、商品化的不断深入为我们突破"熟人社会"那种传统人格信任、身份信任的限制提供了动力和需要，从而也使得原来的"差序格局"交往逻辑不再完全适用。福山通过考察亚洲各国信任状况后指出，中国民众之间的信任是"家族式"的，亲近的熟人关系往往有着"坚韧的合作纽带"，不过如果大家彼此之间不熟悉，则缺乏信任。[28]从进步意义上说，"'由熟变生'是对亲近性道德的超越"[29]，这为我们建立"陌生人社会"的诚信伦理奠定了基础。但问题是，在"由熟变生"的过程中，以往那种亲情、人情等"熟人社会"规则并未完全消失，仍以各种面目存在于商品交易和市场交往中。其负面影响是，很多经济主体为了获取不法利益，不遵守交往规则，对于陌生人采取欺骗策略，为了得到相应机会或是增加竞争力，也往往自觉不自觉地借助熟人规则，通过"打招呼""找关系""托人情"等方式在市场博弈中获胜。另一方面，社会主义市场经济还处于探索时期，各种制度、规则等并不完善。虽然"熟人社会"中的规则还在一定范围内存在，但市场经济发展逐渐打破和瓦解了以往的地缘、血缘、亲缘关联。单纯依靠人情、亲情等宗族伦理规则的人格信任模式越来越难以适应"陌生人社会"需要，还可能会增加交易成本，催生道德风险。经由社会主义市场经济催生的"陌生人社会"是一种"团体格局"，在此格局下每个商务经营活动主体不断与陌生者进行商品交易、参与市场竞争，这无疑需要相应的法律、法规、制度、规章等保驾护航。然而，我国社会主义市场经济仍在发展过程中，诸如产权制度、交易制度等还要继续完善，甚至是在"试错"中进行的。如此一来，市场交换中就可能存在道德缺失、诚信失范等现象，尤其是一些经济主体"时时处于计算与算计的行为谋划中"[30]，更是导致问题丛生。

特别是随着现代电子信息技术的迅猛发展，我们逐渐迈入网络化时代，人与人之间的关系日益显现出虚拟性特征。毋庸置疑，网络技术发展给人们带来了全新体验，人们之间的交流和交往大大突破了时空限制，呈现方便、快捷、互动的特点。更重要的是，网络成为经济增长的新引擎,它的一个重要表征是电子商务的出现和发展。所谓电子商务,是指以信息网络技术为手段,以商品交换为中心的商务活动。《第 52 次中国互联网发展状况统计报告》显示,截至 2023 年 6 月我国网民规模达 10.79 亿,互联网普及率为76.4%。随着网民用户规模的日益扩大以及互联网企业的增多,电子商务交易规模呈现指数式增长。特别是批发业、零售业、住宿业和餐饮业等商贸流通企业不仅提供了类型多样的电子交易方式,而且也刺激了人们的消费热情。从表 2-1 的数据变化中我们可以看到,除了"网络新闻"与"在线办公"外,"网络视频""网络支付""网络购物""网络直播""网络音乐""网上外卖""在线旅行预订"等在半年之内都有不同程度的增长。尤其是"网络支付"(3.5%)、"网络购物"(4.6%)、"搜索引擎"(4.9%)、"网络音乐"(6.1%)、"网络文学"(7.3%)、"网约车"(8%)等商务交易类应用保持稳健增长。不可否认,网络时代的电子商务的确促进了市场经济的迅速发展,为经济主体之间的交往提供了便利。但电子商务也是一把"双刃剑",我们不能仅仅关注它的"正面影响",还要警惕其"负面影响"。实际上,由于网络时代的电子商务的虚拟性、隐蔽性等特点而使其自身具有局限性。一些经济主体正是利用信息不对称、匿名交往、监督空白等因素而贩假售假、冒用商标、虚假宣传、诈骗他人。

表 2-1　2022.12—2023.6 各类互联网应用用户规模和网民使用率

| 应 用 | 2022.12 用户规模(万人) | 2022.12 网民使用率 | 2023.6 用户规模(万人) | 2023.6 网民使用率 | 增长率 |
|---|---|---|---|---|---|
| 即时通信 | 103 807 | 97.2% | 104 693 | 97.1% | 0.9% |
| 网络视频(含短视频) | 103 057 | 96.5% | 104 437 | 96.8% | 1.3% |
| 短视频 | 101 185 | 94.8% | 102 639 | 95.2% | 1.4% |
| 网络支付 | 91 144 | 85.4% | 94 319 | 87.5% | 3.5% |
| 网络购物 | 84 529 | 79.2% | 88 410 | 82.0% | 4.6% |

| 应　用 | 2022.12<br>用户规模<br>（万人） | 2022.12<br>网民<br>使用率 | 2023.6<br>用户规模<br>（万人） | 2023.6<br>网民<br>使用率 | 增长率 |
|---|---|---|---|---|---|
| 搜索引擎 | 80 166 | 75.1% | 84 129 | 78.0% | 4.9% |
| 网络新闻 | 78 325 | 73.4% | 78 129 | 72.4% | −0.3% |
| 网络直播 | 75 065 | 70.3% | 76 539 | 71.0% | 2.0% |
| 网络音乐 | 68 420 | 64.1% | 72 583 | 67.3% | 6.1% |
| 网络游戏 | 52 168 | 48.9% | 54 974 | 51.0% | 5.4% |
| 网络文学 | 49 233 | 46.1% | 52 825 | 49.0% | 7.3% |
| 网上外卖 | 52 116 | 48.8% | 53 488 | 49.6% | 2.6% |
| 线上办公 | 53 962 | 50.6% | 50 748 | 47.1% | −6.0% |
| 网约车 | 43 708 | 40.9% | 47 199 | 43.8% | 8.0% |
| 在线旅行预订 | 42 272 | 39.6% | 45 363 | 42.1% | 7.3% |
| 互联网医疗 | 36 254 | 34.0% | 36 416 | 33.8% | 0.4% |
| 网络音频 | 31 836 | 29.8% | 32 081 | 29.7% | 0.8% |

资料来源：《第 52 次中国互联网发展状况统计报告》。

在这样的时代背景下，旧的价值观念逐渐趋于嬗变，甚至瓦解，而新的价值观念还在形成之中，无法真正发挥引领与指导作用，于是就给失信问题留下空间，乃至产生严重的道德失范危机。表现在商务领域，就是诸如偷工减料、虚假宣传、肆意欺诈、恶意违约等失信问题愈发严重。进一步深究，商务失信问题背后其实是价值观的误区，一些经济主体质疑、贬低诚信经商的意义，使得人们的价值取向发生嬗变与扭曲，"诚信受益、失信受损"的逻辑被打破。正因为如此，我国一直不遗余力地加强商务诚信建设，积极培育商务诚信价值观，以期治理经济失信问题，为经济社会发展提供一个良好的市场秩序。

## 二、当代中国商务诚信价值观培育的演变历程[31]

商务诚信价值观培育与一定的经济形态密切相关，它在不同经济发展时期表现为不同的目的、内容和方式。从历时态上看，我国商务诚信价值观培育的演变过程表现如下。

（一）社会主义革命和建设时期：通过"为人民服务"的政治伦理要求来实现商务诚信价值观培育

从新中国成立至改革开放前，我国在探索社会主义建设道路上实行的是计划经济模式，经济活动受制于国家和社会的整体筹划、安排，主要为社会主义生产和人民生活服务，即搞活流通的目的是保障供给。此时，商务交往活动范围十分有限，而且也不是以追求利益为核心，而是通过国家和社会层面的"加工订货""经销代销"等形式服从于生产生活以及革命化需要。有学者指出，在计划经济时期，经济领域诸如"损人利己、假冒伪劣"等失信行为并不是很多，因为此时经济运行表现为计划性、指令性特点，现代意义上的商品交易范围有限，竞争也不激烈，从而压缩了失信问题存在的空间。[32]更为关键的是，计划经济时期我国坚持以为人民服务为核心、以集体主义为原则的道德观念，一切经济交往活动也以此为价值目标。因而，商务领域倡导"奉献伦理"，企业参与交易活动也将"搞活流通，保障生产，为人民服务"作为其根本内容和精神动力，自觉为社会生产和人民生活提供便利，并正确处理国家、集体、个人之间的利益关系。毛泽东就曾指出，应该提高人民的觉悟，使其为集体以及社会主义前途而奋斗[33]，不能为了一己私利而损害公共利益。因而，在这一时期，商务诚信价值观的内涵集中于"一心为公，不谋私利""文明经商，优质服务""诚实守信，买卖公平"，倡导高尚的价值目标和政治伦理追求。例如，中共中央1961年6月发布的《关于改进产业工作若干规定（试行草案）》（简称《商业四十条》）就将"买卖公平""实事求是""勤俭节约""便利群众""待人和气""不开'后门'"等作为商业诚信规范的内在要求。

在计划经济时期，社会的主导价值观呈现"革命化、上下一体化"等特征，而且人们社会关系仍然没有突破地缘、亲缘、业缘的限制，还属于以"单位制"为基础的"熟人社会"，此时商务领域的诚信度相对也较高。因为在这样的社会中,经济主体参与交易的宗旨是忠于职守,通过商务活动为社会及他人服务,同时一旦出现偷工减料、投机倒把、以假乱真、坑蒙拐骗等失信行为就会在"熟人社会"中丧失信誉,承受巨大社会压力。计划经济时期,我国商务领域诚信价值观培育的方式与特点表现为:一是以主导性、一体化的道德教育促进商务诚信价值观的个体内化。在商务领域,人们对"封、资、私、修"进行大力批判,倡导"诚心诚意为人民服务""毫不利己,专门利人"的崇高道德,强调不同行业间要互帮互助。经济交往活动中的诚信价值观建设同样不例外,也是建立在"大公无私""保障供给""集体主义"道德教育基础上,并将那些主张"损人利己""利润挂帅""偷工减料""假公济私"的企业经营者视为被改造的对象,通过加强社会主义、爱国主义以及革命传统教育来促使每个经济主体认同、接受"热爱商业,忠于职守""文明经商,礼貌待客""诚实守信,买卖公平"的价值观。需要指出的是,在当时环境下,通过"斗私"来培育商务诚信价值观有一定必要性,但往往容易将之与经济主体的合理个人利益相混淆,从而使"斗私"出现"过头"倾向,甚至严重侵害个人利益。二是通过"以阶级斗争为纲"的方式为商务诚信建设保驾护航。计划经济时期,整个社会坚持以阶级斗争为中心,对于经济领域中的商务诚信问题也是从阶级斗争视角去讨论,目的在于抵制资产阶级拜金主义、利己主义、唯利是图等腐朽思想的侵蚀。例如,1952 年国家在资本主义工商业中开展"五反"(反对行贿、反对偷税漏税、反对骗国家财产、反对偷工减料、反对盗窃经济情报)斗争,打击私营经济中的诚信缺失问题,使经济领域中的牟取暴利、违法乱纪等行为呈现减少趋势。三是商务诚信价值观培育的动员方式表现出"自上而下"的群众运动特点。为避免商务交往领域失信问题给公有制以及人民财产造成损失,这一时期倡导诚信经商的动员方式是通过中央号召、行政推动方式调动群众积极性,依靠群众对诚信缺失现象批判、对诚信经营者褒扬来促进商务诚信建设。

（二）改革开放和社会主义现代化建设新时期：他律为主，自律为辅

1978年以党的十一届三中全会召开为标志，党和国家开始"摸着石头过河"，大力发展生产力，加快经济建设步伐，并逐渐破除计划经济体制束缚，探索以市场为取向的经济改革。从1981年党的十一届六中全会提出"以计划经济为主，市场经济为辅"的理念到1992年党的十四大正式确立"建立社会主义市场经济体制"的经济改革目标，再到党的十七届六中全会提出"大力推进政务诚信、商务诚信、社会诚信和司法公信建设"，我国突破了计划与市场之间相对立的传统观念，并且开始注重制度建设和诚信道德建设相结合。这一时期，经济社会处在计划经济向市场经济的过渡转型中，所有制结构不再是公有制独大局面，在公有制为主体的前提下非公有制经济也迅速发展起来。例如，1978年底全民所有制经济、集体所有制经济和其他所有制经济的比例为55∶43∶1.8，而到1998年工业总产值的国有经济、集体经济、非公有制经济的比例为28.5∶38.3∶38.8。[34]伴随着经济结构的变迁，商务领域中的道德价值观也呈现多元化、个体化、世俗化的特点。但问题是，在经济社会过渡转型期，计划经济时期的诚信经商道德观念仍在一定范围内存在，却难以发挥有效约束作用，而市场经济将公平竞争、诚实信用、优胜劣汰等作为商务诚信建设的目标，仍在完善之中，加之西方拜金主义、享乐主义以及利己主义等丑恶思想影响，商务领域出现"道德滑坡"现象就在所难免了。经济交往、交易中的"以假乱真、偷工减料、恶意讨债、合同违法、价格欺诈、夸大宣传"等现象日渐增多，不仅对社会及他人利益造成损害，也扰乱了市场经济秩序，败坏了社会风气，亟须人们采取切实有效的措施予以应对。

20世纪80年代，我国改革开放事业刚刚起步，人们观念还处

在计划与市场的争论之中，对于市场经济条件下如何治理商务失信问题也还在继续摸索。到90年代，人们逐渐突破计划与市场对立思想，将社会主义市场经济体制作为一种价值目标予以确立。在此背景下，人们对商务领域中诚信内涵和外延的认识也随之扩展，并与市场经济所要求的讲求效益、公平竞争、等价交换、优胜劣汰、契约规则等勾连起来。改革开放和社会主义现代化建设新时期，我国商务诚信价值观培育特点如下。

一是十分注重法律、制度、准则的作用，通过法律制裁来推进商务诚信价值观培育。从计划经济转向市场经济过程中，由于有关商务诚信的法律、制度、管理还不完善，一些企业存在产权模糊、定位不清、权责混乱等问题，依靠失信手段获取不义之财，从而侵害其他经济主体权益，扰乱市场交易秩序。为了治理经济领域中的诚信缺失问题，在市场经济条件下有效培育商务诚信价值观，国家制定了诸多涉及诚信经商的法律制度。譬如，1993年9月通过的《中华人民共和国反不正当竞争法》就强调了经济主体要公平竞争，遵守市场交易秩序，按照诚实守信原则从事商业经营活动，反对违背商业道德的行为，同时在其他条款中对"假冒他人商标""伪造名优标志""虚假宣传""销售伪劣商品"等商务失信问题进行详细规定，以此催逼人们遵守诚信经商价值观。1993年12月通过的《中华人民共和国公司法》也对公司参与商务交往活动进行规定，要求经济主体诚信经营，遵守法律法规，提升职业道德素质。1999年3月通过的《中华人民共和国合同法》同样要求经济主体在订立、履行合同中要实事求是，不得违背诚实信用原则，否则就会受到法律制裁，并详细规定了"违约的责任与惩罚措施"，尤其是对"买卖合同"中"标的物质量瑕疵问题"进行了具体规定。1993年10月通过的《中华人民共和国消费者权益保护法》强调经济交易应当遵循平等、公平、诚实信用的原则，它有助于治理"假冒伪劣""掺杂掺假""不正当竞争""价格欺诈""强买强卖""弄虚作假"等商务失信行为,促使商务经营活动者树立诚信经商价值理念。同时,2003 年国家工商总局出台《国家工商总局关于对企业实行信用分类监管的意见》,强调对企业信用状况进行评定,并通过行政处罚、制度约束来规范企业诚信行为,引导其坚守诚信价值观;国务院法制办在 2009 年 10 月公布《征信管理条例(征求意见稿)》,研究企业征信制度,并在之后出台的《征信管理条例》中强调要发展征信业,通过对企业信用信息的采集、整理、保存、加工以及对外服务来约束经济主体行为,促使其诚信经营。而且,这一时期国家以"五年规划"方式开展全民"普法教育",不断提高包括经济主体在内的广大公众的法律知识和素养,使人们知法、守法、敬法,促进诚信经商价值观的个体内化与社会认同。与此同时,企业内部也通过制定相应诚信准则约束、引导员工行为,例如"荣事达集团"就推出"自律准则",倡导平等竞争、诚信至上的价值要求。[35]

二是继续通过加强精神文明建设、企业员工思想道德建设来纠正商务领域不正之风,积极培育诚信价值观。物质文明与精神文明"两手抓,两手都要硬"也是当时贯穿于商务领域诚信建设的关键词。邓小平就对经济社会中出现的见利忘义、唯利是图、投机倒把、走私受贿、商业欺诈、假冒伪劣、践踏信用等问题深恶痛绝,认为这些人"丧失人格、丧失国格,丧失民族自尊心,这是非常可耻的"[36]。而且,他要求在发展物质文明同时,也要加强包括诚信道德在内的精神文明建设,以防止精神文明建设落后于物质文明建设,最终阻碍社会发展,并把"五讲四美三热爱"[37]以及培育"有理想、有道德、有文化、有纪律"新人要求融入商务经营活动中,促使经济主体诚信经商。邓小平针对当时的经济诚信状况指出,要警惕"一切向钱看"的不良风气,一些国家党政机关为了牟取利益而设立企业,肆意挥霍国家建设费用[38],扰乱了经济秩序,助长了商务失信现象,需要引起重视。同时,对于企业存在的商务诚信缺失问题,邓小平强调要重视思想道德建设,促使企业将"质量摆在第一位","卡住那些弄虚作假的行为"。[39] 1986 年 9 月党的十二届六中全会通过的《中共中央关于社会主义精神文明建设指导方针的决议》也指出,能否形成适合商品经济的价值观念对于抵制资本主义和封建主义腐朽思想至关重要,应该加强思想道德建设,树立和发扬社会主义道德风尚,抵制商务领域出现的诸如假公济私、自私自利、坑蒙拐骗、恶意欺诈、唯利是图等失信行为,引导经济主体树立诚实信用价值观,同时加强职业道德建设,反对和纠正带有行业特点的不正之风。例如,2001 年颁布的《公民道德建设实施纲要》指出,包括企业在内的主体出现道德失范问题,不讲信用、欺骗欺诈成为社会公害,所以大力提倡诚实守信、敬业奉献的职业规范;2003 年全国整规办、中央文明办、教育部、全国总工会等六部门联合下发《关于开展社会诚信宣传教育的工作意见》指出,经济生活中的恶意讨债、合同违约、商业欺诈、假冒伪劣等失信问题仍然很严重,主张从 2003 年到 2008 年加强诚信教育和广泛宣传,让经济主体真正做到诚实守信、货真价实、公平买卖、童叟无欺。

(三) 党的十八大以来:德法并举,诚信价值观被提升到社会层面

党的十八大以来,中国特色社会主义进入新时代,社会主义市场经济建设的任务也从"建立框架"转变为"继续完善"[40]。我国经济社会进入深入转型期,经济活动中的诚信缺失问题仍然呈现多发态势,并日益成为市场经济发展的桎梏。我国更加注重信用体系建设,遵守公认的国际交易准则,引导企业树立品牌意识,诚信经营,积累良好信誉。在此背景下,我国更加注重商务领域中的失信问题治理,积极培育企业的诚实守信价值观。这一时期,随着人们对市场经济与企业诚信问题认识的深入,商务诚信价值观培育呈现出综合性、社会性等特点。

一是通过德法并举思路培育商务活动主体的诚实信用价值

观。我国在商务诚信价值观培育中逐渐克服了以往那种"简单化"
"单向化"倾向,开始认识到其本身的"复杂性"特征。具体表现在:
(1)更加注重社会层面的商业伦理教育,在市场中积极倡导诚信价
值观。从以往看,为了治理诸如缺斤少两、以次充好、假冒伪劣、虚
假宣传、夸大承诺、恶意违约等商务失信问题,十分注重个人诚信
品德教育,通过不断提高商务经营活动者的诚信道德素养和自律
意识来促使经济主体诚信经商。积极培育商务诚信价值观,必须
要加强个体层面的诚信品德修养,形成个人道德自觉意识。但仅
重视个人层面的诚信品德教育还不够,同时也应该在社会层面倡
导诚信公德。正如习近平总书记所强调:"核心价值观,其实就是
一种德,既是个人的德,也是一种大德,就是国家的德、社会的德。
国无德不兴,人无德不立。"[41]我们可以看到,这一时期我国不仅
继续加强经济主体的个人诚信品德教育,也将商务诚信视为"最大
公约数",倡导在社会层面培育诚信价值观。例如,2019年中共中
央、国务院《新时代公民道德建设实施纲要》指出,要深化道德教育
引导,持续推进诚信建设。特别是近年来,党和国家强调要推进诚
信建设,治理商务领域存在的诚信缺失问题,引导经济主体树立买
卖公平、诚实守信、童叟无欺、按时履约的价值观。(2)健全有关商
务诚信的法律、规章制度体系,以此来"褒扬诚信、惩戒失信",促使
商务主体内化、践行公平竞争、等价交换、货真价实、诚实守信的价
值规范。这一时期,我国强化法治思维,推行依法治国,通过不断
实施、修订有关商务诚信法律法规来积极培育诚信经商价值观。
例如,2012年12月通过的《关于加强网络信息保护的决定》以及
2013年12月正式启动《电子商务法》的立法进程等,都对涉及商
务失信问题进行法律规制。2014年3月由全国人大修订的新版
《消费者权益保护法》正式实施,增加了"网络诚信"等方面内容。
同时,制定其他各种制度、规则,不断推进商务诚信建设。例如,
《关于推进诚信建设制度化的意见》指出,要注重企业主体诚信价

值观培育,建立职业诚信考核评价制度,使诚信成为企业职工的基本规范。

二是更加注重从社会角度审视商务诚信价值观培育问题,呈现出整体性、系统性特点,强调以针对性措施"让失信者寸步难行、守信者一路畅通"。人们逐渐认识到,商务失信问题应该被置于整个社会系统中进行考量,通过各个领域的诚信建设来促进经济主体形成货真价实、诚实守信、童叟无欺、按时履约等价值观。例如,国家十分注重建立健全社会信用体系,倡导从政务领域、商务领域、社会领域和司法领域等方面加强诚信文化建设。《社会信用体系建设规划纲要(2014—2020)》不仅提出要注重商务诚信建设,而且还强调发挥政务诚信、社会诚信和司法公信联动作用,推动商务诚信建设。同时,重视道德教育、制度约束、行政监督、舆论引导等方式和手段的综合运用,以期交替运用这些方式和手段,注重发挥其各自优势。近年来,人们强调要根据市场经济特点采取针对性措施来治理商务失信问题,以期有效培育商务诚信价值观,提出对商务领域诚信缺失现象进行专项教育与治理。这一时期国家、社会以及企业着眼于增强商务诚信价值观培育方式、途径、手段的实效性,注重切实化解商务失信危机的做法,并从更加具体、微观、细化的方面培育商务诚信价值观。

## 三、当代中国商务诚信价值观培育的常规范式[42]

"范式"(paradigm)是托马斯·库恩在《科学革命的结构》(*The Structure of Scientific Revolutions*)中提出的概念,用于描述"常规科学的公认成就",它实质就是指一种公认的模型或模式。笔者借用"范式"术语,用于指当代中国商务诚信价值观培育过程中一些被人们公开认可的基本方式,它对于塑造买卖公平、货真价实、童叟无欺、遵诺守约等价值观具有重要作用。归纳而言,当代中国商务诚信价值观培育的常规范式主要表现为如下几个方面。

### (一)"道德培育":以德性修养涵育商务诚信价值观

在培育商务诚信价值观过程中,道德无疑发挥着不可替代的作用。我国拥有丰厚的传统道德资源,古代先贤很早就意识到道德操守、德性精神、心性修养所具有的"涵养化育"效果。孟子指出,道德具有"以矫饰人之情性而正之,以扰化人之情性而异之"[43]的功能,它能够提升人的道德素养和自觉意识,调节人的行为。从本质上看,"道德培育"是通过德性修养让商务经营活动者养成诚信经商品质,将市不二价、买卖公平、货真价实、童叟无欺等诚实守信价值观内化到经济主体的道德人格中,以使他们形成良好的诚信品格。人具有理性认知意识,能够通过教育引导来正确认识道德本身的价值意义,认同公认的价值规范和道德原则,从而对人的道德人格与社会实践产生至关重要的影响。正如亚里士多德所说:"德性一旦装备起来,就会获得一种极大的力量。"[44]它可以提高道德认知、激发道德情感,让人们辨是非、知荣辱、懂善恶,从而有效规范自身行为。

我国十分重视道德在培育商务诚信价值观中的作用。不论是计划经济时期,还是改革开放以来,道德教育、道德教化处于重要位置,被人们视为涵育商务诚信价值观的重要手段和规范商务活动的主要力量。例如,《公民道德建设实施纲要》就提出要"明礼诚信""敬业奉献";《新时代公民道德建设实施纲要》更是强调要坚持社会主义道德观,从筑牢理想信念、培育和践行社会主义核心价值观、传承中华传统美德、弘扬民族精神和时代精神等视角培育诚信价值观。各个时期的商务道德典型人物为人们津津乐道;商务道德讲堂、商务道德图片展等也开展得如火如荼。之所以重视"道德培育",倡导以德性修养涵育商务诚信价值观,理由在于:一是道德是一种内隐的、无形的力量,具有导向作用。诚信德性修养塑造的是人的内心秩序,它让商务经营活动者接受、内化诚信价值观,将其作为道德人格的重要组成部分。如果商务经营活动者将诚信经商视为其道德人格的一部分,赋予诚实守信道德正当性,那么就会促使他们增强商务诚信认同,自觉培养良好的职业道德操守,并产生相应的责任感、正义感,知道哪些是引以为荣的价值观,哪些是令人羞耻的价值观,从而主动按照诚信原则和要求从事商务经营活动。二是道德作为柔性规范,能够填充硬性约束的"功能盲区"。以道德方式涵育商务诚信价值观的优势在于,道德本身表现为"内省式""自律式""慎独式"调控方式,这可以使经济主体积极主动、自觉自愿内化和践行诚信经商规范,从而有效抑制"钻空子""规避法律或制度""明知故犯"等行为的发生。因为关涉诚信的法律、制度、规范等硬性规范是一种外在约束,它虽然告诉经济主体"应该做什么、禁止做什么",却未从诚信道德视角告诉人们"为什么这样做,而不能那样做"。[45]

（二）"实践培育"：以践诺活动促成商务诚信价值观

积极培育商务诚信价值观,不能仅仅局限于"口头宣传""理论教育""道德灌输"方面,也不能停留在"标语上""宣传栏上""诚信故事上""规章制度上"等,而必须诉诸现实实践活动,充分发挥"实践育人"的作用,从而通过商务经营活动者的具体行为来深化诚信道德认识、激发诚信道德情感、提升诚信道德素质、塑造诚信道德品质。"人作为主体是通过他自身的实践活动来参与和接受客观的影响,从而获得主体自身的发展。"[46]也就是说,社会活动是"主观见之于客观"的行动,它在落实到具体行动过程中的同时也对主体的思想认识、情绪情感、价值取向产生重要影响。因此,要树立实践思维,重视主体的实践活动,借助于客观实在的行动来帮助人们形成正确的价值认知,激发主体的道德情感,提升主体的道德境界。

在商务活动领域,以践诺活动为主要内容的商务道德实践同样是商务诚信生成的重要方式。商务实践活动能够反过来作用于人的内在价值世界,使人处于不断提升状态,从而有助于确立经济主体的道德认识、价值追求和价值观念。我们可以看到,当代中国商务诚信价值观培育过程中也较为重视商务诚信实践活动,希冀通过"活生生"的现实体验活动促使经济主体树立商务诚信价值观。例如,我国在商业领域开展"百城万店无假货""诚信经营示范店"等活动,以此增强经济主体的诚信意识和履约意识。从本质上看,经济活动实践表现为一种真实、可感的"场域",人们可以在这种实践"场域"中获得主体的道德认知,形成对诚实守信价值观的正确认识。商务实践活动的这个特点,能够为商务诚信价值观培育提供"活生生"的现实情境,让经济活动参与者在切身体验中感知诚实守信的重要性和必要性,进而内化、认同商务诚信价值观。在商务领域,注重践诺实践活动的目的在于:一是让商务经营活动主体验证、体味"买卖公平、服务周到、货真价实、童叟无欺"等诚实守信价值观的正当性、效益性,从而避免"价格欺诈、坑蒙拐骗、虚假承诺、投机取巧"等失信行为,并使商务主体在实践活动中认识真善美、假恶丑,从而树立诚实守信价值观。二是让商务经营活动主体在现实实践活动中扭转"诚信吃亏""无商不奸"等先见或偏见。很多时候,一些商务活动主体之所以通过失信方式获取利益,是因为他们一开始就预先认定"讲诚信"不一定带来好的收益,甚至形成商人就是靠狡诈、投机来获益的刻板印象,以至于不认同商务诚信价值观。

(三)"制度培育":以正式规则形塑商务诚信价值观

制度是治理商务失信问题、培育商务诚信价值观的重要方式。从本质上看,制度是一种约束人们行为的规则,它具有导向功能、激励功能和约束功能。T.W.舒尔茨(T.W.Schutz)认为,制度可以被视为管束人们行为的规则。马尔科姆·卢瑟福(Malcolm Ruth-erford)也指出,制度是一种被群体所接受的规则,它可以规范人们的行为,通常经由"自我或外部权威"来有效执行。[47]美国学者道格拉斯·诺思(Douglass North)对制度的定义得到学界广泛认同,他认为制度是"经济单元"的游戏规则,是"人类设计出来的形塑人们相互行动的一系列约束"[48],它在内容上包括正式制度与非正式制度[49]。所谓正式制度,主要是指一定的组织、机构、单位有意识公布和实施的各种正式规则,并通过这种制度安排来约束人们言行举止,它具体表现为法律、法规、规章、政令、条例、协议、纪律等形式。[50]

我国在建设社会主义市场经济过程中,为适应"陌生人社会"现实情况,促使经济主体树立商务诚信价值观,人们比较重视正式制度的作用,不断推进诚信制度化建设,希冀以关涉诚信的法律、规章、条例、准则等制度形式约束商务经营活动者行为,从而使他们坚持诚信经商。譬如,《合同法》《消费者权益保护法》《反不正当竞争法》《公司法》《电子签名法》《产品质量法》《优化营商环境条例》等都对诚信商业道德进行规定;广东、浙江、湖北等省制定了"红黑名单制度",倡导守信奖励和失信惩罚;许多商贸流通企业制定的"员工诚信行为准则"等。正式制度规则对于形塑商务经营活动者的诚信价值观具有重要作用,具体表现在两个方面:一是它以强制性约束力促使人们接受并践行诚实守信价值观。诚信制度是有关组织、机构、单位专门制定的正式规则,依靠特定的主体、程序、措施等保证其实施和执行,这使它本身形成一种硬性管束力量,催逼商务经营活动者诚信经营。正式制度经由奖励和惩罚两种方式形塑商务主体诚信意识:按照有关诚信的法律、规章、条例、准则、协议等行事,约束自身行为,会受到相应的鼓励或奖励,反之,如果有的经济主体存在缺斤少两、假冒伪劣、虚假宣传、恶性竞争、欺行霸市等失信行为,就会受到相应惩罚。二是它能够降低"不确定性",人们可以"预期后果",从而引导人们维护诚信价值观。通常而言,制度具有稳定性、强制性、权威性特点,能够对主体的行为产生规范作用,从而引导人们接受、内化和践行社会所倡导的价值观念。这意味着,制度化的诚信具有稳定性、长期性、有效性特点,它通常不会被随意改变或轻易取消,因而可以提供一种保障,降低"不确定性",减少商务交换与流通风险,而且有关商务诚信的制度还使得经济主体的行为可以预期,也即预见到诚信可以长期受益,失信就会受到制度惩戒。这意味着,制度能够突破经济主体的"有限理性",抑制"机会主义行为",让人们在守信与失信的"博弈""试错"中发现诚信受益、失信吃亏的道理,从而塑造人们诚实守信的品质。

（四）"舆论培育"：以集合意见导引商务诚信价值观

在中国传统思想中,"舆"原指"车厢""轿"等,后引申为"大众、众人"之意,例如《晋书·王沈传》中有言,"自古圣贤,乐闻诽谤之言,听舆人之论",此处"舆人"就是指"大众的言论"。《三国志·魏·王朗传》最早将"舆论"连在一起使用,"没其傲狠,殊无入志,惧彼舆论之未畅者,并怀伊邑",意指"众人的言论、意见或态度"。在西方,虽然也有很多关于舆论的阐述,但较早从"公众言论或意见"意义上谈及"舆论"(public opinion)之意的是伏尔泰,后来卢梭论述了舆论对于价值评判的作用,他说:"决定人民爱憎取舍的绝不是天性而是舆论。"[51]美国学者沃尔特·李普曼(Walter Lippmann)对"公众舆论"进行"全景式"的分析,将舆论视为人们的"看法、观点"等,并系统描述了舆论的价值与作用。由此可见,所谓"舆论"通常是指公众对社会中的事件、现象、问题等所形成的言论、观点、态度、情绪等,它实质是一种"意见"的集合体,往往带有意识倾向性和评判性,蕴含着巨大的社会精神力量,能够对人们的道德意识、价值观念产生不可忽视的影响。

我国在商务诚信价值观培育过程中,比较重视公众的舆论,并通过舆论引导来形成"诚信光荣、失信可耻"的良好氛围。一般而言,舆论总是围绕着有争议性的问题而存在,由于人们对某一问题没有共同认识,往往会聚集各种意见、态度。在商务领域,每当公众舆论面对诸如以次充好、以假乱真、掺杂使假、虚假承诺、恶意竞争或因为诚信吃亏、上当、受骗等问题而汇聚相关言论、情绪、意见时,商务部门、宣传部门等就会因势利导,彰显诚信经商价值和意义,并批判商务失信现象,引导经济主体树立诚实守信价值观。特别是当商务领域出现诸如认同商务失信潜规则、嘲笑诚信经商者、认为投机取巧才能获益等"舆论逆反现象"时,有关部门便会及时引导舆论,让经济活动参与者辨是非、知荣辱,不被扭曲的舆论所绑架或左右,丧失应有的价值判断力。同时,我国还十分重视利用报纸、广播电视、网络等媒体宣传诚实守信、童叟无欺的价值观,发挥舆论褒扬和贬斥作用,营造良好的舆论空间。一直以来,我国注重表彰诚信经营者,通过多种媒体宣扬典型人物、诚信事件,形成"诚信光荣"的舆论氛围,从而促使商务领域中的经济主体也将诚实守信作为经商的价值准则。《南宁日报》及其相应网站就曾开辟"加强诚信建设惩戒失信行为"栏目,不定期公布失信企业不良记录,通过舆论压力促使其他经济主体接受和践行诚信价值观。

## 第三节  价值反思:我国商务诚信价值观培育的合理性与局限性

从新中国成立以来的经济伦理发展过程看,反思商务领域的失信问题,积极培育诚信价值观始终是我国社会主义探索和建设的重要议题。尽管人们探讨的出发点和旨趣不尽相同,却在争论中对商务诚信价值观培育产生重要影响。当代中国商务诚信价值观培育在此过程中既积累了丰富经验,有合理性的一面,同时又存在诸多缺憾,有一些问题需要我们反思。

### 一、我国商务诚信价值观培育的有益探索

无论是计划经济时期,还是市场经济建设时期,我们一直都不

遗余力地加强商务失信治理,纠正和抵制经济活动中的不道德现象,并不断丰富、完善商务诚信理论,促进商务诚信价值观的个体认同与现实践行。在这之中,有许多有益经验需要我们承扬,汲取它们的内在精华、合理形式,以期推进我国的商务诚信价值观培育。

首先,要根据时代环境来理性认识商务诚信价值观内容。任何价值观都产生和形成于特定的时空环境,这使它本身与一定的社会关系紧密相连,并带有那个时代的思想烙印。恩格斯揭示了人的"阶级地位""经济交往关系"与"自我伦理观念"之间的关联,他指出,从根本上来说,人们是从创造生产资料、生活资料以及经济交易关系中获得自身的价值观念。[52]但问题是,虽然价值观念一经形成就具有一定的稳定性和持久性,但它会因经济关系的变化而引起自身嬗变,这不仅表现在道德价值观内容上,而且也表现在价值评判标准上。我国商务诚信价值观培育过程中,虽然也存在关于"道德滑坡"与"道德爬坡"的争论,但最终还是能够理性认识到这种争论背后所折射的道德观念变化。其合理性正是体现为,以适应现实经济关系的态度来动态审视诚信内容及其评判标准,避免陷入道德观念"固化"与"评判标准错位"的窠臼。"不是意识决定生活,而是生活决定意识。"[53]有学者指出,我们应该根据社会经济关系的变化来重审过去的"道德"与"不道德"现象或行为,不断赋予诚信价值规范以新的内容、新的意义。[54]很多时候,所谓"'世风日下,人心不古'感慨与焦虑,是以传统的美德伦理的思维方式为基础的"[55],也即当人们在经济生活中遭遇诚信缺失问题而产生价值忧虑时,往往以一种怀旧的心态"回眸"过去,并用过往的标准评判当下的道德现象。我国在商务诚信价值观培育过程中,正是根据价值观念要适应经济关系的原理,不断拓展商务诚信本身的内涵,倡导诸如公平竞争、遵守契约等适应市场经济的诚信价值观。

其次,通过传统道德文化涵养经济主体诚信经商品格。我国商务诚信价值观培育过程中,注重对"人"之道德意识的培养,以此来引导商务活动主体树立买卖公平、货真价实、诚实守信、童叟无欺的价值观。虽然人们的商务交往行为更多是一种经济活动,需要依靠相应的经济法则、市场规则、商事制度等硬性约束,对商务交往活动者存在的假冒伪劣、恶意欺诈、坑蒙拐骗、欺行霸市等行为进行制裁,但这不能无视、遮蔽经济活动本身的道德特性,看不到伦理规范的价值调节作用。经济主体不仅需要制度、规则的约束,也不能忽视道德文化的涵养。孟子曰:"义,人之正路也。"[56]人的道德品性对于经济活动至关重要,亚当·斯密曾说诚实、公平、正义感、公共道德规范是人们前往市场之前就必须拥有的,这是经济主体从事商务活动必须具有的品质。我国拥有丰富的传统诚信道德资源,因而人们在培育商务诚信价值观时也较为推崇传统文化中的"诚招天下客""售货无诀窍,信誉第一条""市价不二""以义生利""斗秤无欺""贾法廉平"等价值观,主张人们应该敬仰道德力量。同时,新中国成立以来,每一代领导集体都强调加强道德文化建设,让经济主体树立诚实守信价值观。例如,毛泽东指出要加强"道德宣传教育",引导人们诚信经商;邓小平针对投机倒把、走私受贿、以假乱真等商务不良风气,主张要坚持物质文明建设和精神文明建设"两手抓,两手都要硬",培养"有理想、有道德、有文化、有纪律"的新人;江泽民指出必须加强社会主义道德教育,"有了良好的道德素质,就能够使人们自觉地扶正祛邪、扬善惩恶,就有利于形成追求高尚、激励先进的良好社会风气,保证社会主义市场经济的健康发展"[57];胡锦涛从构建和谐社会的高度阐释经济社会发展中树立社会主义荣辱观的重要性,提出要构建以诚信友爱为道德核心的市场经济秩序;习近平从"建章立制""融入生活"等视角深刻论述了培育诚信价值观的重要性,强调必须在落细、落小、落实上下功夫。从商务领域道德建设的方式看,教化被置于核心地位,它是"教育与文化的潜移默化与熏陶,其目标是塑造人的情操、德性与品格"[58]。通过道德教化有助于使经济主体树立诚信自律意识，自觉按照诚实守信要求参与经济交往活动。当前，很多人认为我国商务领域之所以出现诸多诚信缺失现象，是由于市场经济中各种制度不完善、不成熟造成的，但制度功能的发挥也需要诚信道德支撑。美国"安然公司造假事件"、日本"活力门丑闻"的出现恰恰说明制度本身并不能解决一切问题，人自身的道德品质也起到至关重要作用。

再次，开始认识到现代制度规则在商务诚信价值观培育中的重要作用。在"熟人社会"中，商务领域的诚实守信规范是建立在以地缘、血缘、亲缘为核心的"差序格局"基础上。由于经济主体生活在一个相互联系的共同体中，他们彼此熟识，因而主要依靠对交易对象道德品质的认识和了解来维护市场秩序，促进人们诚信经商。法国学者涂尔干所钟情的"集体意识"（实际也是一种"道德意识"）就可以在"熟人社会"中产生较好效果。因为"熟人社会"维系商务诚信的机理是人格信任模式，人与人之间的信任关系借助身份、道德来进行，外在"信"是建立在内在"诚"的基础上。但随着我国社会主义市场经济建设和发展，人们进入"陌生人社会"。著名经济学家吴敬琏指出："中国市场已经从人格化交换的'熟人市场'发展为以非人格化交换为主的'生人市场'。"[59]因而，仅靠以往那种建立在"诚"基础上的人格信任模式效果大不如前了。而且，如果缺少契约、法律、制度、规章等硬性约束，诚信道德规范在某些人眼里就变得非常脆弱，甚至不堪一击。因为市场经济环境催生的是"团体格局"，经济主体需要不断与陌生人交往，而且市场逻辑是强调竞争，并把获益放在核心位置，一些经济主体可能为了获取不法利益、在竞争中取胜，会舍弃或牺牲诚信价值观。正因为这样，我国商务诚信价值观培育过程中，日益强调市场经济也是"契约经济""法治经济"，呼吁"制度转向"，倡导依靠法律、法规、规章、政令、条例、协议、纪律等系统信任模式来促使商务活动主体坚持诚实守信价值观。

## 二、我国商务诚信价值观培育的局限解析

我国商务诚信价值观培育过程中有许多合理之处需要我们挖掘和承继。然而,由于经济社会转型影响,人们思维方式还徘徊于"过去"与"未来"中,商务诚信价值观培育过程中既容易固守以往传统因素,又可能对市场经济环境认识不足,难免存在诸多缺憾,需要引起我们关注。

首先,割裂合理利益与商务诚信之间的内在关联。人们通常认为诚信应仅仅局限在道德伦理范畴内,表现为人格操守、道义情感、心性修养、良心义务、善恶评判等。尤其在我国传统文化思想中,诚实守信被视为人之为人所必须具备的德性素养,它产生于人的内在品性。例如,孟子就将忠信看成是"理想人格"的一部分,《周易口义》曰:"诚信之道发于中,行于外,使天下之人皆信之。"正因为如此,培育诚信价值观的方式也主要是重视主体的人格品质、道德自觉等,将"义"放在核心位置,并且轻视乃至排斥物质利益。孟子曾说:"何必曰利? 亦有仁义而已矣……上下交征利而国危矣。"[60]这种"重义轻利"的思想对后世产生了不可忽视的影响。在当代商务诚信价值观培育过程中,不少人还是局限于单一思维,过多从道德视角审视诚信经商问题,割裂道德与利益的辩证关系,没有看到物质利益诱导所具有的价值观建构作用。实际上,在社会主义市场经济建设和发展中,利益应该被置放于重要位置,人们也要正确看待道德与利益关系。因为在商务交往活动中,经济主体面临的是生存博弈,他们在经营活动中是否选择诚信行为,不仅与主体本身的道德素养有关,也与获利本身紧密相连。假如选择诚信经营,反而降低了生存竞争优势,甚至会在博弈中被市场淘汰,那么道德意义上的诚信价值就是可疑的,必然得不到经济主体的深刻认同。也即是说,在市场经济条件下,如果只是将商务诚信拔高为高尚道德而没有观照经济主体的利益诉求,那么一旦出现

无利可图、诚信吃亏等现象,道德约束就很难为诚信经商保驾护航,所谓人格修养、品行操守、良心义务也就失去应有的效用。

其次,商务诚信价值观教育的操作方式上存在一定局限性。这主要表现为两个方面:一是还较多注重简单的灌输、说教,致使教育效果不佳。灌输、教化是经济主体接受和内化诚信价值观的重要方式,有助于人们增强对于真实无妄、货真价实、童叟无欺等诚信意识和情感。但由于深受还原思维羁绊,人们还未意识到经济社会转型背景下商务诚信价值观培育的复杂性,仍然以简化思维塑造商务主体价值观,认为商务诚信价值观培育就是教育者扮演生硬的"中介人"角色,经由道德说教和简单灌输将诚信经商知识、要求"传递"给经济主体,无法激发受众共鸣,难以得到商务活动主体深刻认同。二是试图通过"精确设定"的诚信教育方式追求一种稳定状态。在一些人看来,商务交往环境是相对稳定的,受教对象也是简单可塑的,为了取得相应效果,而应该预先设定诚信教育目标、教育内容、教育程序、教育介质,并刻板地按照这种"先在设定"来传授知识、引导思想,防止出现"偏离现象"。当然,从诚信教育整体运行过程来说,施教主体预先设定目标、建立模型、制定计划、筹划流程等十分必要,但这些绝非固定的、僵化的、机械的,而应根据实际情况作出变通。为了使教育过程稳定可控,试图设计出"完美无缺"的施教过程,将教育者和受教育者的角色固定在条条框框中,容易忽视经济主体的积极性和主动性。预成性教育模式实际是设定了一种僵化成规的标准,这不但否认了教育过程中的偶然性,而且也容易对变动的商务现实置之不理。

再次,商务诚信价值观培育中的"制度转向"误区。在英国学者梅因看来,"所有社会的运动到此为止,是一个'身份到契约'的运动"[61]。值得肯定的是,我国在从"计划经济"走向"市场经济"、从"熟人社会"走向"陌生人社会"的过程中,人们敏锐认识到商务诚信价值观培育要突破传统身份依附限制,构建适应经济社会发展的契约经济,特别是强调硬性制度的重要功能。应该说,倡导"制度转向"的初衷和目的是必要的,但不应夸大制度本身的价值,割裂制度与道德的内在关联。不可否认,商务诚信价值观培育需要提供制度安排,依靠硬性约束促使商务活动主体诚信经商,接受并坚守诚实守信价值观。不过,制度不是万能的,它只能在一定范围内发生作用。然而,在"制度转向"过程中,一些人认为,市场经济条件下培育诚信价值观只能借助于制度,而忽视道德的作用。譬如,在论及商务诚信价值观培育问题时,有人认为,"对诚信谈道德不如建制度"[62];还有人则直接指出,"道德救世"不切实际,对其寄予太大希望,无疑是一种冒险,企业诚信建设还应回归制度。[63]但是制度本身不可能是完美无缺的,它也无法在商务领域所有方面发生作用。如果缺少商务主体的道德支撑,制度就会丧失作用,成为"空壳"。而且,制度作用的发挥,还要依赖于实施关涉诚信制度的人。英克尔斯(Alex Inkeles)就揭示了"制度"与"执行制度的人"之间的内在关联,如果运用制度的人"还没有从心理、思想、态度和行为方式上都经历一个向现代化的转变"[64],那么商务诚信制度再完善,也难以落到实处。所以说,只是重视制度供给,而执行制度的人却缺少相应的道德心理、道德态度等,那么即使有完备的法律、规章、条例、协议、准则等,还是会形同虚设,无法有效运转。

**注释**

[1] 葛晨虹:《诚信缺失背后的社会机制缺位》,《人民论坛》2012 年第 2 期。

[2] [法]卢梭:《论科学与艺术》,何兆武译,商务印书馆 1959 年版,第 7 页。

[3] [美]塞缪尔·亨廷顿:《变化社会中的政治秩序》,王冠华等译,上海人民出版社 2014 年版,第 45 页。

［4］《马克思恩格斯文集》第5卷，人民出版社2009年版，第744页。

［5］黎翔凤：《管子校注(中)》，中华书局2004年版，第2页。

［6］卫兴华：《市场经济与诚信缺失》，《人民日报》2006年3月24日。

［7］美国学者戴维·哈维在其名著《后现代的状况》（The Condition of Postmodernity）中阐释了"时空压缩"概念："资本主义的历史具有在生活步伐方面加速的特征，而同时又克服了空间上的各种障碍，以至世界有时显得是内在地朝着我们崩溃了。"（参见戴维·哈维：《后现代的状况》，阎嘉译，商务印书馆2004年版，第300页。）

［8］廖小平：《论改革开放以来价值观变迁的五大机制》，《北京师范大学学报(社会科学版)》2013年第4期。

［9］俞吾金：《"社会风气"应当如何理解》，《探索与争鸣》2012年第1期。

［10］李晏墅：《我国企业经营诚信的缺失与重建》，《南京师范大学学报(社会科学版)》2002年第4期。

［11］《对十三届全国人大四次会议第3869号建议的答复》，国家市场监督管理总局网站，https：www.samr.gov/cn/zw/zfxxgk/fdzdgknr/zfjcs/art/2023/art_453d1b25a7674a4a8ad37eebb3a31ec8.html。

［12］朱少华：《诚信：规范、制度、人品的统一》，《光明日报》2002年6月11日。

［13］《千万假药卖到全国20多个省市　镇江警方破获特大假药案》，《现代快报》2015年11月10日。

［14］陈瑛：《公民道德建设的春天》，《光明日报》2007年9月13日。

［15］朱迅垚：《不可小觑企业诚信缺失对经济的影响》，《南方日报》2014年7月10日。

［16］李会：《合同履约率仅五成"失信"重创中国企业》，《中国产经新闻报》2011年5月5日。

［17］徐霄桐、孙悦：《政府采购为什么常比私人买东西贵》，《中国青年报》2014年4月16日。

［18］黄冲等：《政府"灰色采购"自毁诚信形象》，《资治文摘：综合版》2011年第11期。

［19］赵超、牟旭：《中国已查处商业贿赂案件近7万件　涉案金额165.9亿元》，新华网，2010年12月29日，http://news.xinhuanet/2010-12/29/c_12930451.

htm。

[20] 张旭:《诚信问题仍是电子商务发展的瓶颈》,《商场现代化》2008 年第 23 期。

[21]《九成网民认为网购维权难》,《重庆晨报》2013 年 2 月 26 日。

[22] 赵晓辉、高亢:《当"双十一"无所不包:谁来监管"网购陷阱"?》,新华网,2014 年 11 月 11 日,http://news.xinhuanet.com/2014-11/11/c_1113204532.htm。

[23] 赵永军:《企业改制中金融机构的风险与规避》,《新疆金融》2002 年第 1 期。

[24] 刘光明:《企业诚信缺失与重构》,《人民论坛》2012 年第 2 期。

[25]《6 年间调查内部交易案 785 件》,《青岛晚报》2014 年 11 月 5 日。

[26] 费孝通:《乡土中国》,北京大学出版社 2005 年版,第 34 页。

[27] [美]弗里德曼:《选择的共和国》,高鸿钧等译,清华大学出版社 2005 年版,第 86 页。

[28] [美]弗朗西斯·福山:《大分裂:人类本性与社会秩序的重建》,中国社会科学出版社 2002 年版,第 303 页。

[29] 程立涛、乔荣生:《现代性与"陌生人伦理"》,《伦理学研究》2010 年第 1 期。

[30] 张康之:《"熟人"与"陌生人"的人际关系比较》,《江苏行政学院学报》2008 年第 2 期。

[31] 赵丽涛:《当代中国商务诚信价值观培育的演进历程与范式建构》,《中州学刊》2016 年第 9 期。

[32] 卫兴华:《市场经济与诚信缺失》,《人民日报》2006 年 3 月 24 日。

[33]《毛泽东文集》第八卷,人民出版社 1999 年版,第 134 页。

[34] 廖小平:《论改革开放以来价值观变迁的五大机制》,《北京师范大学学报(社会科学版)》2013 年第 4 期。

[35] 朱金瑞:《当代中国企业伦理的历史演进论纲》,《伦理学研究》2006 年第 4 期。

[36]《邓小平文选》第二卷,人民出版社 1994 年版,第 337—338 页。

[37] "五讲"即"讲文明,讲礼貌、讲卫生,讲秩序,讲道德";"四美"即"心灵美,语言美,行为美,环境美";"三热爱"即"热爱祖国,热爱社会主义,热爱中

国共产党"。

[38]《邓小平文选》第三卷,人民出版社 1993 年版,第 111—112 页。

[39] 同上书,第 132 页。

[40] 20 世纪末,我国已经初步建立了社会主义市场经济体制的框架,党的十六大提出完善社会主义市场经济体制是 21 世纪头 20 年的重要任务。

[41]《习近平谈治国理政》,外文出版社 2014 年版,第 168 页。

[42] 赵丽涛:《当代中国商务诚信价值观培育的演进历程与范式建构》,《中州学刊》2016 年第 9 期。

[43]《荀子》,杨朝明注,河南大学出版社 2008 年版,第 314 页。

[44] [古希腊]亚里士多德:《政治学》,颜一等译,中国人民大学出版社2003 年版,第 10 页。

[45] 赵丽涛:《中国传统诚信文化的变迁方式及其当代转化》,《兰州学刊》2013 年第 2 期。

[46]《马克思恩格斯选集》第 2 卷,人民出版社 1995 年版,第 235 页。

[47] 汪洪涛:《制度经济学》,复旦大学出版社 2003 年版,第 6 页。

[48] [美]道格拉斯·诺思:《制度、制度变迁与经济绩效》,杭行译,上海人民出版社 2014 年版,第 64 页。

[49] 所谓"非正式制度",主要是指约束人的行为的非正式规则,例如:价值观念、伦理规范、风俗习惯等。

[50] 叶春涛:《我国企业诚信危机的制度因素分析及对策思考》,《中国物价》2009 年第 6 期。

[51] 邱沛篁:《新闻传播百科全书》,四川人民出版社 1998 年版,第23 页。

[52]《马克思恩格斯文集》第 9 卷,人民出版社 2009 年版,第 99 页。

[53]《马克思恩格斯文集》第 1 卷,人民出版社 2009 年版,第 525 页。

[54] 钟念军、钟祥彪:《试析"发展市场经济与道德进步之二律背反"论》,《广东青年干部学院学报》1995 年第 1 期。

[55] 郁乐:《社会转型中的规范缺位与评价错位》,《伦理学研究》2014 年第 2 期。

[56]《孟子》,何晓明、周春健注,河南大学出版社 2008 年版,第 170 页。

[57]《江泽民文选》第三卷,人民出版社 2006 年版,第 91—92 页。

［58］杨豹:《当代西方德性伦理视野中的德性教化及其启示》,《伦理学研究》2010 年第 3 期。

［59］马国川:《中国在历史的转折点:当代十贤访谈录》,中信出版社 2013 年版,第 15 页。

［60］陈襄民等:《五经四书全译(四)》,中州古籍出版社 2000 年版,第 3253 页。

［61］[英]亨利·梅因:《古代法》,沈景一译,商务印书馆 1984 年版,第 97 页。

［62］夏雪:《对诚信谈道德不如建制度》,《山西日报》2012 年 7 月 5 日。

［63］胡立彪:《建立人人敬畏的监管制度》,《农民日报》2005 年 7 月 26 日。

［64］[美]英格尔斯等:《人的现代化》,殷陆君编译,四川人民出版社 1985 年版,第 3 页。

# 第三章
# 当代中国商务诚信价值观培育的成效与难题

　　经由当代中国商务诚信价值观培育的历时审视我们不难发现,长期以来我国十分重视商务诚信价值观培育,积极倡导买卖公平、货真价实、遵守诺言、按时履约、童叟无欺等诚实守信价值观,这对于加强商务失信问题治理、促进经济主体诚信经商起到推动作用。但就目前来说,我国商务诚信价值观培育究竟取得了哪些成效,还存在哪些未能解决的难题,仍然需要我们进一步分析。为全面、深入了解当前我国商务诚信现状,本书依托国家社科基金重大招标项目"推进政务诚信、商务诚信、社会诚信和司法公信建设研究"课题组在全国范围内的调研数据进行深入分析。调研数据根据科学、合理的抽样,课题组在全国东部、中部和西部的 31 个省、自治区、直辖市进行问卷调查,其中针对以商贸流通行业为重点企业投放问卷 600 份,回收 586 份,有效率为 97.7%,针对公众投放问卷 2 500 份,回收问卷 2 336 份,有效率为 93.4%,并将采集的数据录入 SPSS 软件进行统计分析。同时,笔者还跟随课题组到多地工商局、征信办(文明办)、征信公司、商贸流通企业等实地调研,通过考察、座谈会获取许多第一手资料,为深入研究提供了数据和材料支撑。

# 第一节　当代中国商务诚信价值观
## 培育的现实成效

随着社会主义市场经济发展,我国越来越重视商务诚信价值观培育,并积极采取多种方式促进经济主体诚信经商,营造良好的商务交往风气。从整体来看,我国商务诚信价值观培育取得了一定成效。

## 一、多数商务活动者对诚信经商有正确的价值认知

从日常经济交往视角看,人们对某种价值观念的认知通常是指其有何效用,即它具有怎样的功效和作用。商务活动主体对诚信的价值认知意味着他们怎样判断和衡量诚信价值观的功效和作用。商务活动主体如何认识、看待诚实守信的价值可以在一定程度上反映出商务诚信价值观培育的效果。如果大部分商务活动主体认同诚信经商的价值,认为它对于经济交往具有正向意义和作用,说明我国商务诚信价值观培育取得了一定成效。反之,假如大部分商务活动主体不认同诚信经商的价值,认为它对于经济交往并无多大意义和作用,甚至妨碍人们获取利益,则说明我国商务诚信价值观培育的效果不佳。

课题组调查数据表明,商务活动主体对诚信经商的价值认知不只限于以往的伦理道德层面,而且更加认识到诚信经商具有"获取信任、塑造企业形象、积累良好信誉"等价值。例如,在被问到"商业活动中坚持诚信经营可能得到的结果(限选 3 项)"时,55.5%的人选择"可能赚钱少,但无愧于良心",这本质上是强调伦理道德层面,但 62.8%的人认为诚信经营可以"塑造企业良好形象",71.0%的人认为诚信经营可以"获得信任,带来经济效益"(参见图 3-1)。[1]我们在浙江省余姚市实地调研"道德银行"建设时,

通过与当地工商局及其中小企业代表人员访谈了解到，现在大多数商务活动者不但把诚信经商视为一种"做人的美德"，而且更加注重它对自身信誉的影响，因为诚实守信、童叟无欺的企业信誉好，并借此获得市场认可、政府政策和资金扶持。这种观点也在我们的调查问卷中得到反映，一项对于"浙江余姚'道德银行'所倡导的信誉高的企业可以多贷款"的问题，76.1％的人赞成、支持这项活动[2]，说明商务活动主体对商务诚信的经济价值有较高的认知。

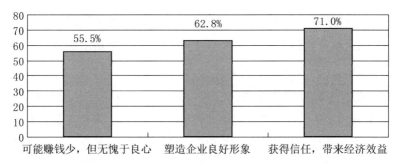

**图 3-1　商务活动中坚持诚信经营可能得到的结果**

　　特别是随着经济社会发展，经济主体逐渐认识到市场经济也是诚信经济。在当前市场经济深入发展时代，商务活动者更加深刻认识到，诚实守信应该作为企业经营的核心理念，因为它能够降低交易成本，提高经济效益。因而，多数商务活动主体对诚信价值观有理性的认知，认为坚持诚信经商能够给人们带来经济效益，并对顺畅开展经济活动具有重要意义。国家社科基金重大招标项目课题组调查数据表明，在被问到"您认为企业在追求盈利的今天，强调诚信意义大吗"时，74.7％的商务活动者认为诚信经营具有重要价值和意义，能够为企业带来利益，有助于企业的生存与发展；15.7％的商务活动者质疑诚信经营的价值和意义，认为坚持诚信价值观未必能给企业带来利益；2.9％的商务活动者则否认诚信经营的价值和意义，认为在市场交易中坚持诚信反而可能使企业遭受损失；1.1％的商务活动者完全否定诚信经营的价值和意义，指出讲诚信绝对会损害企业利益；5.6％的商务活动者没有给出确定性选择，认为"企业讲诚信能否带来利益"这样的问题很难说清楚。可以看到，超过七成的商务活动者认为诚信可以带来经济效益。从中不难发现，多数商务活动者还是认为诚信能够带来好处，特别是对于获取经济效益、塑造企业形象具有正向作用。

## 二、大部分商务活动者对失信问题持理性批判态度

在经济社会转型过程中，一些人丢弃理应坚持的诚实守信精神，通过坑蒙拐骗手段获取不正当利益，从而产生诸多商务失信行为或现象。商务领域中的失信行为主要表现为假冒伪劣、以次充好、缺斤少两、虚假承诺、夸大宣传、随意违约等形式。从后果来看，商务领域中失信行为不仅损害其他经济主体利益，而且扰乱公平有序的竞争秩序，导致交易成本上升，市场交往环境恶化。商务活动者能否以正确态度看待这些失信行为，直接反映出我国商务诚信价值观培育效果的好坏。因为商务诚信价值观培育的重要目的，就是让商务活动主体对失信行为有正确的批判态度，褒扬诚实守信行为，反对和抵制商务诚信缺失现象。如果商务活动主体对市场交往中所出现的诚信缺失行为秉持"无所谓""不在乎"，甚至是"默认""支持"的态度，那么至少说明我国商务诚信价值观培育未达到应然目标。

从商务活动主体对失信行为的反应看，大多数经济主体能够秉持正确的批判态度。每当在餐饮、住宿、中介、电子商务、广告宣传、招标投标等行业出现诚信缺失问题时，特别是对他人、社会和国家造成严重损害时，多数商务活动主体还是能够从诚信经商立场来批判失信行为，痛斥这些商务领域的价值失范现象。例如，有的餐饮企业为牟取私利，将劣质或有问题的原材料也掺入其中销售，甚至明明知道有些食材会对人体健康带来危害，却仍然"睁一只眼闭一只眼"，"福喜问题肉"就是典型的例子。又如，商品销售

中的"虚假宣传行为",有的企业在销售产品时为获取其他交易主体或消费者信任,宣传时故意冠以诸如"非转基因""不含任何添加剂""纳米技术"等,而实质上却并非如此。再如,网购中"虚假承诺"行为,一些电商为了吸引人们浏览自己网站,抛出所谓"大减价""1元起""天天特价",但人们真正购买时会发现这些商品要么"缺货",要么是"捆绑销售"。针对诸如此类的失信行为,大多数经济主体会谴责这些失信行为,强调要对无良商家进行惩罚,维护良好的市场秩序。笔者所在的国家社科基金重大招标项目课题组的调查数据显示,当被问到"您如何看待企业的虚假广告宣传"时,选择"非常反感此类行为,欺骗其他经济主体"的占47.1%,选择"比较反感、不会效仿这样行为"的占35.9%,选择"不太反感,能够理解"的占12.1%,选择"不反感,企业都这么做"的占4.9%,可见超过八成的受访者反感此类现象(参见表3-1)。同样,在被问到"对于市场上时常出现的'缺斤少两''以次充好'的现象,您怎么看"时,选择"很不正常,应该谴责"的占37.1%,选择"不正常,有损形象"的占20.7%,选择"不太正常,可能迫于生存压力"的占21.3%,选择"很正常,行业潜规则"的仅占17.9%,选择"不好说"的仅占3.0%。可见,近八成的受访者对于"缺斤少两""以次充好"的行为持反对态度(参见表3-1)。[3]实际上,商务领域的诚信缺失问题损害大部分经济主体的利益,它增加了交易成本,阻碍了经济交往顺畅进行,势必会引起公众愤慨,谴责失信行为。

表3-1 商务活动者对企业虚假宣传现象或行为的态度状况

| 问 题 | 选 项 | 选择率 |
|---|---|---|
| 您如何看待企业的虚假广告宣传? | 非常反感,欺骗消费者 | 47.1% |
| | 比较反感,不效仿 | 35.9% |
| | 不太反感,能够理解 | 12.1% |
| | 不反感,企业都这么做 | 4.9% |

续表

| 问　题 | 选　项 | 选择率 |
|---|---|---|
| 对于市场上时常出现的"缺斤少两""以次充好"现象,您怎么看? | 很不正常,应该谴责 | 37.1% |
| | 不正常,有损形象 | 20.7% |
| | 不太正常,可能迫于生存压力 | 21.3% |
| | 很正常,行业潜规则 | 17.9% |
| | 不好说 | 3.0% |

## 三、经济主体对商务诚信状况的总体感知积极乐观

从调查研究视角而言,人们对某种对象的总体感知是一种整体的心理感触状况,它通常是通过人们在日常活动中的观察、听闻、接触、刺激等而获得的切身感受,并形成的主观印象、估计和评价。无论是质性研究还是量化研究,总体感知状况是研究者经常用到的分析方法。同样,在经济交往过程中,人们对商务诚信的总体感知状况也是反映和衡量商务诚信价值观培育效果的重要指标,它并不是对商务领域某一现象或行为的看法,而是人们对整个商务领域的诚信状况所形成的认知、判断和社会心理。

以商贸流通行业为主体的企业是商务活动的主要参与者、接触者和推动者,他们在与其他经济主体进行商品交换、信息交流、资本流通、金融服务、履约践诺等过程中对商务诚信情况有着切身体会和心理感触,因而他们的态度和评价能够在一定程度上反映商务诚信价值观的培育效果。笔者通过对上海、浙江、河北等地工商局、征信公司、商贸流通企业的走访、座谈后发现[4],虽然商务活动主体对诸如食品领域、药品领域、中介服务领域、企业广告宣传领域等部分行业的商务诚信状况表示担忧,但他们对商务诚信的总体感知还是积极的,并认为已有的商务诚信价值观培育措施起到一定作用,这反映出商务活动者对我国商务诚信价值观培育效果还是持正面评价态度。课题组在商务诚信调查问卷中也设计

了商务活动主体对诚信缺失涉及领域、相应表现以及交易信任总体感知状况选项。数据显示,参与问卷调查的商务活动者认为商务诚信缺失较为严重的行业前三项分别是"食品、药品"(78.3%)、"医疗服务"(38.2%)、"化妆品"(28.7%),表明商务失信比较严重的主要集中于"食品药品、医疗服务及化妆品"行业。同时,商务活动者认为商务不诚信行为表现的前三项分别是"宣传或广告不真实"(68.2%)、"商品和服务质量不真实"(56.1%)、"售后服务不诚信"(47.3%)。不可否认,某些领域或某些行业的诚信缺失问题的确令人焦虑和担忧,但这是否说明商务活动者对市场交易中总体诚信感知状况较差呢?一项"作为商家,您如何评价市场交易中的信任状况"的调查表明,认为"很不信任"的仅占 1.2%,"不太信任"仅占 14.6%,而"基本信任"(45.4%)、"比较信任"(29.6%)、"很信任"(9.0%)三项之和占 84%。[5] 由此可见,尽管商务活动主体认为一些行业的失信问题较为严重,他们对商务领域的总体诚信感知还是基本满意的。事实上,类似于"地沟油""福喜问题肉"等典型事件,因其曝光度高、危害性大,往往容易在商务领域产生"心理放大效应",使一些人误认为当前商务诚信状况特别差,但实际情况并非如此。因为长期以来,我国比较重视商务诚信价值观培育,尽管仍然存在许多失信问题,不过市场交往主体之间已经建立基本的信任关系。

我国商务诚信价值观培育效果如何,还可以从社会公众对商务诚信的总体感知状况得到反映。在社会主义市场经济条件下,普通社会公众作为消费者也融入商务交往活动过程,从而也对商务诚信状况有着切身体会。我们在商务诚信调查问卷中也设计了社会公众对诚信缺失涉及领域、后果影响以及商务诚信总体感知状况问题。2 336 份针对社会公众的商务诚信调查问卷数据显示,虽然参与调查的社会公众认为商务诚信缺失较为严重的行业前三项和上述商务活动者的感受基本一致,分别是"食品、药品"

(66.4％)、"化妆品、洗涤用品"(43.4％)、"医院服务"(38.6％),而且在社会公众看来,商务领域中这些行业失信问题对自身带来的主要影响表现是,37.2％的公众认为"不安全感增加,总害怕上当受骗",32.0％的公众"产生对商家的不信任感",但社会公众对商业活动的诚信感知在总体上还是处于基本满意状态。在被问到"您认为目前商务交往活动的诚信度如何"时,认为"很不诚信"仅占 3.0％,"不太诚信"仅占 16.1％,而认为"一般诚信"占 63.3％,"比较诚信"占 16.2％,"非常诚信"占 1.2％。[6]虽然"比较诚信"与"非常诚信"的占比仍然不高,但作为消费者的公众认为目前商务活动诚信度还是处于中等偏上状态,而且对未来预期也积极乐观。一项"世界价值观调查(1981—2014)"数据也显示,改革开放后,受经济社会转型影响,整个社会的信任程度呈现降低趋势,但是近年来,随着我国推进诚信社会建设,特别是对经济领域的突出道德问题进行治理,积极培育诚实守信价值观,包括经济主体在内的广大民众认为,当前中国诚信状况正在逐渐恢复,人们也慢慢认识到失信本身的危害,对诚信建设显示出积极、乐观的态度(参见图 3-2)。由此可见,虽然社会公众认为,当前经济社会转型过程中,仍然存

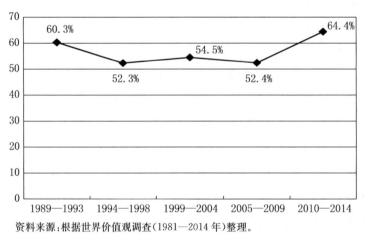

资料来源:根据世界价值观调查(1981—2014 年)整理。

**图 3-2 我国转型期信任状况变化趋势**

在诸多失信行为或现象，一些商务诚信缺失问题带来负面影响，但他们对商务诚信价值观培育效果有一定认可，对当前商务诚信总体感知还是比较乐观的。

## 第二节　当代中国商务诚信价值观<br>培育的现存难题

从现实情况看，尽管我国商务诚信价值观培育取得一定成效，但也出现诸多亟须解决的问题。特别是在我国市场经济快速发展及改革日益走向"深水区"的背景下，社会深度转型所衍生的利益冲突、阶层分化、价值焦虑等问题给商务诚信价值观培育过程带来干扰，产生不少挑战。

### 一、商务主体诚信价值观难以稳固

在经济社会加速转型时期，我们不遗余力地加强商务诚信建设，目的是让参与商务交往活动的主体能够自觉树立诚信意识，坚守诚信精神，使诚信价值观扎根于经济主体心中。但反观现实，一个令人困惑与尴尬的问题是：表面上看，经过培育后很多商务活动主体认识到诚信价值观的重要性和迫切性，可实际上他们并未真正内化与认同，并在对待诚信的态度也"摇晃不定"，甚至出现"此时遵从而彼时违背"的嬗变现象。

其一，一些中小企业经营活动者难以坚守诚信经商价值观，在利益诱惑面前容易产生价值迷失问题。如果经济主体形成了稳固的诚信价值观，就理应在商务交往实践活动中以诚待人、以信为用，坚持诚信经营、平等交换、一诺千金等价值要求。不过，由于商务活动主体置身于市场经济环境里，面对着利益诱惑、竞争压力、多元价值等现实情况，从而让其内在的诚信价值认知也容易发生嬗变,判断是非、善恶、美丑的标准发生扭曲,出现价值观紊乱现象。在面对经济利益与诚实守信冲突时候,一些中小商务活动主体还是会将诚信原则置于次要位置;有的经济主体或许赞同每个商务活动者都应践行诚信理念,但看到其他经济主体通过"投机取巧、以次充好、虚假促销、以假乱真、背信弃义、恶意欺诈"手段获取不当利益时,也难以再坚守原有的"诚信经商定力",进而随波逐流。例如,很多网店本来依靠诚信经营开展业务,但看到其他商家通过"虚假刷好评"而获利时,也"雇人"刷好评,企图呈现良好的销售量及评价。同时,笔者在调研中发现,我们可能较为重视规模较大、经营状况良好企业的诚信价值观培育,却往往忽视了对中小商贸企业、个体经营者等商务活动主体的诚信价值观引导。据统计,2014 年涉及批发零售、住宿餐饮、商务服务、仓储物流等行业的中小商贸流通企业占全国商贸流通企业总数的 99.8%,占全国中小企业总数(含个体工商户)的 78.5%,从业人数达到 1 亿多人。[7]到 2021 年年末,我国批发和零售业法人单位超过 930 万家,零售业吸纳就业约 5 760 万人,占全国就业人口的 7.7%。[8]因此,更应该关注这部分主体的诚信价值观培育状况。例如,湖北荆门市商业联合会的一项调查表明,虽然该市中小商贸流通企业对经济发展功不可没,但一些企业容易产生价值迷失,为追逐利益而出现很多失信问题,需要引起足够重视,加强对其商务诚信价值观培育力度。[9]

其二,一些知名企业不爱惜日积月累的诚信形象,透支"自身信誉"逐利。法国社会学家布迪厄(Pierre Bourdieu)曾提出"象征资本"概念,指出它建立在人们认同的基础上,表现为无形的声誉、好名声、威望、品质等。[10]在此意义上,商务诚信也可被视为一种"象征资本",它主要是商贸流通企业通过诚信经营而逐渐累积起的公信力。在对商务活动主体进行诚信价值观培育过程中,令人不解的现象是:一些规模较大、经营状况良好的经济主体依靠苦心经营、诚实守信积累了良好的信誉，赢得民众交口称赞。他们本应该坚持诚信经营，起到良好的示范带头作用，却并未精心维护这种诚信荣誉，反而"滥用信任"，利用人们的信任来获取不正当利益，通过诸如以假乱真、以次充好、虚假承诺、变相违约等方式逐利，难以坚守诚信经商理念，从而给商务诚信价值观培育带来不小阻力。因为知名企业、大型企业都不坚守商务诚信价值观，不珍惜自身良好形象，试图通过投机取巧、假冒伪劣、坑蒙拐骗等方式获利，会对商务诚信价值观培育产生明显的负面影响，使得经济主体难以认可、认同诚信价值。特别让人扼腕慨叹的是，一些"老字号店""百年老店""名牌公司""免检企业"也禁不住利益诱惑，不珍惜来之不易的诚信形象和荣誉，在市场竞争浪潮中迷失自我、丢弃长期遵从的诚信原则，甚至致使长期积累的信誉毁于一旦。比较典型的例子是南京老字号"冠生园"事件。这家知名老字号一直对外宣称将诚信作为经营和发展理念，经过许多年打拼积累了良好信誉，获得了市场认可。然而，2001 年该食品企业被揭露用"陈馅（甚至发霉变质）"翻炒后再制成月饼进行销售，而且此事件曝光后，"冠生园"不仅没有承认错误、及时改进，反而企图掩盖失信行为，将"陈馅翻炒制月饼"说成是行业通行做法，最终导致"冠生园"破产重组。从"冠生园"事件中我们发现，诚信价值观并未扎根于商务经营者心中，还是浮在表面，因而容易出现嬗变问题。同时，这种消费和透支"自身信誉"的失信行为，也反映出商务领域失信问题异常复杂，仍需要不断加强商务诚信价值观培育。

其三，商务诚信本身的价值被"过度工具化"。在市场经济发展进程中，有些经济主体将诚信本身视为一种牟利工具，当作一种可以换来更大收益的"资本"。平心而论，"诚信资本说"在某种程度上有益于培育经济主体诚信价值观，也对调节社会关系、维护经济秩序具有重要的规范功能。但问题是，由于我国尚未建立起成熟的市场经济机制，过于强调诚信的资本意义，容易催生出诚信功利化现象,这可能使诚信本身沦为"增值与牟利的工具"。于是,有些商务活动主体不是将诚信作为商务交往活动的道德底线,相反视其为逐利的"灵活工具",甚至单纯以利益为衡量标准,遵从所谓"资本逻辑",根据"利益需要"践行诚信价值观。这样一来,诚信价值观就不再是商务经营主体内在的情感需要与道德信念,而是异化为一种营利工具,需要时"出场",不需要时"缺场"。也即是说,是否遵从诚实守信原则取决于预期收益——如果有利可图,诚信便成为"牺牲品",反之则冠冕堂皇地倡导诚信价值观。在商务交往活动中,一些企业的"见利忘义、背信弃义"现象就是商务诚信被"过度工具化"的外在表征。例如,有些商贸企业采取所谓"灵活的商务交往法则",在面对信誉好、要求严、懂门道的经济主体时尚能诚实守信,却在面对诸如与外行者交易等情况时丢弃诚信原则。又如,有些经济主体在面对"差评"时,为了让其不至于影响自身"信誉",通过不正当手段"消除不良记录""删掉差评",只留下所谓"好评"来图财牟利。[11]

## 二、价值观"知行脱节"问题突出

"在最一般的意义上,'知'与'行'的统一构成了诚信道德的基本结构。"[12]在商务领域,"知"是商务活动主体对诚信关系及其理论、范式、规则的认知和理解,并由此形成一定的商务诚信观。而"行"则是在商务诚信认知与情感支配下应该表现出的行为,它是商务诚信观的外在表征。所谓商务诚信"知行脱节"问题,主要是指经济主体内在诚信观念与外在行为的分离、割裂,从而致使商务诚信"知"的环节与"行"的环节转换受阻、衔接错位,以致出现虚假宣传、弄虚作假、不守承诺、偷工减料等令人痛心的问题。近年来诸如"地沟油""缺斤少两""虚标价格"等商务失信现象频频发生就是"知行脱节"问题的典型表现。从知—行互动视角看,上述"知行脱节"现象不仅意味着商务活动主体的行为缺少道德指导与约束,而且也深层反映出诚信价值观还缺少落实的现实土壤,这就无疑造成商务诚信价值观培育实效性不足。就当前而言,商务诚信价值观培育所面临的"知行脱节"困境有两个棘手的问题需要解决。

其一,"知而不愿行"。这是由于商务活动者主观意愿而造成的"知行脱节"问题。如果说在社会主义市场经济建设初期,由于缺少足够的有关商务诚信方面的教育、制度,商务活动主体难免有失信行为的话,那么当前他们已经认识到诚信意义时,为何明明懂得失信行为害人害己,却依然"我行我素"、做出失信举动呢? 事实上,很多时候一些商务活动者并不是不知道"诚信经营""货真价实""一诺千金""明码标价""童叟无欺""公平买卖"的重要意义,却"明知故犯、知而不行""知而错行"。例如,三亚工商局对当地一个农贸市场检查时发现,一部分水果经销商明明知道应该坚持诚信经营,却在水果整箱包装时故意填塞劣质水果或杂物,以次充好、掺杂使假。[13]又如,当前拍卖行业乱象丛生,扰乱艺术品市场秩序,一些拍卖行明知拍品是"赝品",但为了牟取暴利铤而走险。[14]更令人痛心和焦虑的是,有些经济主体秉持"阳奉阴违"态度,表面上接受或认可诚信价值,却"停留于口头或流于形式",认为商务诚信不过是"营销手段"或"面子工程","说起来重要、做起来可以不要"。还有些商务活动主体在谈起"随意爽约""金融诈骗""夸大宣传""拖欠贷款""价格欺诈"等失信事件时深恶痛绝、情绪激昂,但在实际市场交往中又不愿诚信经营,当有利可图时便钻空子、占便宜、耍手段,赚"不义之财"。例如,作为国际知名品牌的上海福喜食品公司一直以来都宣称重视食品安全,拥有先进检测技术,注重每个流通环节,倡导诚信经营,但暗地里实行"双重标准",用"劣质肉""过期肉"生产加工食品,"随意更改保质期标印",并将之卖给麦当劳、必胜客、汉堡王等连锁企业。在商务领域,诸如此类的"知行脱节"现象反映出商务诚信价值观培育没有使商务活动者真正认同诚信经商价值观念,还需要我们从诚信价值观"知行"衔接与互动方面有效推进。

其二,"知而不能行"。这是由于客观存在的复杂商务交往环境造成的"知行脱节"问题。在市场经济环境下,由于商务风气、交往氛围、行业规则、权力经济等因素影响而客观上造成商务失信现象时有发生。很多时候,恰是受到这些"外在制约性"因素影响,经济主体难以真正遵从诚信经商要求来从事交往活动。特别是诸如欺行霸市、商业潜规则、约定俗成的交易方式、政府违规采购等问题,使置身其中的商务活动主体很难选择,有时不得不以含糊、暧昧、无奈的态度进行市场交往。笔者在湖北武汉电动车批发零售行业调研中发现,一些企业人员一脸无奈地说道:"有时不是企业不讲诚信,你们也经常看到,比如说政府采购,他们明明购得几十万元的物品,可能有人想增加预算或者想中饱私囊,非让你开超过这个数额的发票。"一个耐人寻味的问题是,如果有经济主体看不惯或是抵制行业内存在的失信"潜规则",往往会"得罪"众多商家,成为行业"异类"。例如,皇明太阳能有限公司就屡次曝光本行业内很多商家为了节省成本、牟取不正当利益而使用"劣质配件",如太阳能热水器上下管、淋浴阀门的铜配件存在"重金属超标"问题,容易给人们身体健康带来危害,正是因为该公司暴露出行业内的潜规则,它遭到许多企业排斥、抵制,甚至成为行业"公敌"[15]。事实上,恰恰是由于现实中存在的不良风气、潜在规则等使得商务诚信价值观培育活动效果不佳,公平交易、平等交换、货真价实、童叟无欺等价值理念也难以落实到实践之中。另一个典型案例是涉及经济主体与政府部门的交易,一些企业明明知道很多行为违背诚信规范,却默认或怂恿一些不当行为,出现"知行脱节"现象,从而消解商务诚信价值观培育效果。调查数据显示,在被问到"如果政府向企业采购时违反了合同,您认为企业会采取什么态度"时,选择"坚决追究政府责任"仅占 25.8%,选择"损失不大不追究,损失大的要追究"占 35.1％,选择"忍气吞声,自认倒霉"占 22.4％,选择"不追究责任,还向政府示好"占 9.5％,选择"不知道怎么办"占7.2％(参见图 3-3)。[16]由此可见,在市场经济制度规则不完善时期,由于政商之间存在复杂、微妙的关系,商务诚信基本要求有时还难以落到实处。虽然商务诚信"知而不能行"问题涉及经济领域的潜规则、习俗、惯例、制度等可归诸"外在限制性"因素,但这对商务诚信价值观培育效果的消解作用却不容小觑,它可能让人们质疑诚信本身的经济意义,进而阻碍商务诚信价值观"落地生根"。

如果政府向企业采购时违反了合同,您认为企业会采取什么态度

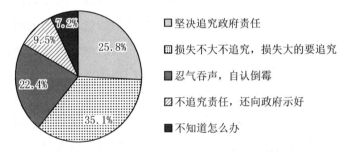

- ☐ 坚决追究政府责任
- ⊞ 损失不大不追究,损失大的要追究
- ■ 忍气吞声,自认倒霉
- ▨ 不追究责任,还向政府示好
- ■ 不知道怎么办

图 3-3　商务活动者对政府采购时失信行为的态度

## 三、道德培育乏力与制度培育悬置

从我国商务诚信价值观培育方式来看,"道德培育"和"制度培育"无疑发挥着至关重要的作用。近年来,尽管我国较为重视"道德""制度"在商务诚信价值观培育中的作用,然而从实际情况看,"道德培育"与"制度培育"本身存在不少问题。

其一,"道德培育"方式显得力不从心。"道德培育"主要是运用有关诚信教育、诚信活动、诚信宣传等方式让商务活动主体对诚信道德有较高的认知,产生认同情感和自律意识,进而自觉遵守商务诚信价值要求。毋庸置疑,"道德培育"对于商务活动主体诚信

道德品性的养成具有重要作用,也是商务诚信价值观有效培育的重要方式。不过,当前"道德培育"最大的不足可能在于"强制灌输"或"生硬教化"的思维定势,仅仅止步于经济主体诚信价值观认知层面,而无法对诚信价值观有深刻的情感共鸣和心理认同。从市场交往现实情况看,商务诚信道德培育手段表现出乏力倾向,主要表现为两点:一是商务诚信"入眼入耳"容易但"入脑入心"困难。当前,虽然"商务诚信讲堂""商务诚信人物或事迹宣传""商务诚信图片展""商务诚信知识竞赛""商务诚信教育沙龙"等道德培育活动搞得如火如荼,但大多还是一种诚信价值观感性的、表象的培育方式。而且,这些活动也多呈现出"运动式""扎堆式""分散式""口号化"倾向,"重场面而轻日常""重理论而轻体验""重说教而轻浸润",甚至走形式、摆样子、搞噱头,希冀凭借一些声势浩大的专项行动就能达到诚信道德教育目的。这样一来,商务活动主体很可能被动接受诚信价值观,为敷衍监督部门而举办或配合诚信教育活动,但很难养成诚信品质,形成诚信自律意识。笔者走访了上海、杭州、武汉、邯郸、襄阳等地区的一些批发零售企业,他们表示,当前见到最多的商务诚信价值观培育方式就是"标语""口号""横幅""图片展",且都是集中于诚信主题宣传活动期间,平时开展得较少。2013年,《新民晚报》报道,尽管上海早在"十一五"期间就已经制定诚信体系发展规划,比较重视商务诚信宣传教育,各种主题活动每年都开展得红红火火,但餐饮业等行业却一再发生诚信缺失事件,特别是"美林阁四平路分店"竟然使用非法改装的"遥控作弊秤"欺骗消费者,让人质疑商务宣传活动的效果。[17]究其原因,一个重要方面就是"运动式""抽象性""口号化"的商务诚信教育活动没有使诚信经商价值观深入人心。二是商务诚信道德培育中的"自反性"[18]困境。很多时候,一些诚信口号、诚信教育培训、诚信活动原本是用以提高经济主体道德水平的,然而却遭受某些人的揶揄、嘲讽,认为诚信教育或活动苍白无力,只是一种"道德理想主义说教"。这意味着,商务诚信教育或活动不仅起不到应有的培育效果,反而催生出"道德乌托邦"思想。我们在调研中也发现,一些经济主体认为商务诚信宣传教育可有可无,甚至将诚信经商者视为"伪君子""虚伪的人"。

其二,"制度培育"的实效性尚未有效发挥。"制度培育"则是通过"外在性"的法律、准则、惯例、规章等形式来规约或引导商务活动主体树立诚信价值观,形成诚信经商的理念。近些年,"制度转向"成为商务诚信价值观培育中的讨论焦点。在很多学者看来,商务诚信价值观培育困境的主要症结在于相关诚信制度缺失。不可否认,"诚信制度安排或制度供给"固然重要,但我们更需关注它们的具体落实问题。实际上,我国关于商务诚信的制度并不少,比如商务诚信档案制度、企业信息公开制度、产品质量保障制度、企业失信惩罚制度、价格法中的价格合理规定等。问题是相关的诚信制度并不是都能在现实的社会环境下有效运行,它们可能只是"'浮在'表面,出现'执行不力、难以实施'等现象"[19],成为写在纸上、挂在嘴上、贴在墙上的"摆设",甚至在市场潜规则影响下商务诚信制度的执行还可能"走样""变味""背离原初目标"。例如,食药品领域的"失信黑名单"制度一直被寄予厚望,但有媒体报道,上海食药监部门曾对 13 个批次不合格水产品进行下架、召回,并录入"黑名单",然而有些企业期期榜上有名,却并未影响其继续营业,还源源不断向其他企业供应产品,背后的问题乃是"失信黑名单"制度缺少详细的、可操作的惩罚措施,因而被录入"黑名单"企业也就对其视而不见。[20]又如,2015 年 10 月份发生的青岛"天价虾"宰客事件中,游客吃饭前明明确认过的 38 元一份的大虾,结账时却变成 38 元一只。虽然该店经曝光后,这种失信行为受到制度惩罚,维护了市场秩序,但事实上,涉事店铺在此之前已经因"宰客"、误导宣传、价格欺诈被举报多次,而市场监管并未跟上,失信惩戒制度也就成为摆设,只是此次被媒体报道后才引起广泛关注[21],这样一来,制度力量就难以在商务诚信价值观培育中发挥应有作用。如果硬性制度约束不足或者难以落到实处,那么商务诚信价值观培育便会缺失他律保障,预定的"培育"目标恐怕也难以实现。同时,从法律制度层面看,尽管《合同法》《反不正当竞争法》《专利权法》《商标法》《食品安全法》等法律制度都有关于"诚信经商"的内容,但对诸如掺杂使假、坑蒙拐骗、虚假宣传、恶意违约等失信行为的界定以及处罚过于笼统,可操作性不强,难以对经济主体商务诚信价值观培育产生直接作用,需要进一步细化。

## 四、商务诚信遭遇"污名化"危机

美国社会学家欧文·戈夫曼(Erving Goffman)较早对"污名"(stigma)现象进行系统研究[22],他指出:"污名是一种社会特征,该特征使其拥有者在日常交往和社会互动中身份、社会信誉或社会价值受损。"[23]从现实交往过程来看,商务领域中的"污名化"倾向阻碍着我国商务诚信价值观培育的有效推进,主要表现为两方面:

其一,"无商不奸"。在商务经营活动中,"奸"通常是指权变、狡诈、虚伪、欺骗、巧言令色、投机取巧。[24]当前,很多人对商贸流通领域中的经济主体形成一种不言而喻的"刻板印象",似乎一提起商务交往人员或企业等经济主体就有意无意联想到"狡诈""虚伪""功利""算计"等形象,甚至认为他们的本性就是"唯利是图",为逐利而"不讲规则""惯于欺骗""投机取巧""愚弄对手""善于钻营""虚假交易"等。笔者所在国家社科基金重大招标项目课题组的调查数据显示,在被问到"有的经济主体用'无商不奸'来解释自己失信行为,您的态度是",商务活动者选择"非常理解""比较理解""一般理解"三个选项之和竟然达到59.8%,而表示"很不理解"的仅为14.8%,表示"不太理解"的为25.1%。针对社会公众的2 336份商务诚信调查问卷也显示,在被问到"您同意'无商不奸'、'为富不仁'这种观点吗"时,"完全同意"和"比较同意"的分别占

10.8％和 46.7％,二者之和为 57.5％,而"完全不同意"的仅占 4.9％,"不太同意"的占 37.4％,二者之和为 42.3％。[25]事实上,一旦商务活动主体被贴上这样的"污名化"标签,就会给商务诚信价值观培育带来很大阻力。对于作为"受污者"的商务活动主体来说,作为诚信"污名化"表征的"无商不奸"看法给其从事诚信商务活动带来压力,致使诚信价值观培育变得举步维艰。因为一些商务活动主体"举办诚信活动""接受诚信教育""宣扬诚信精神""参与诚信建设"等行为,往往容易被"施污者"质疑、讥讽,甚至称其为"搞噱头""商业秀""自我包装"。更让人担忧的是,"无商不奸"的标签可能使从事商务交往的人员或企业产生"污名认同",有意无意顺从这种说法,"破罐子破摔",从而导致"自我评价偏低",甚至"自我贬损",并排斥诚信道德。典型表现就是,一些经济主体在"无商不奸"意识下,可能认为他们应该以逐利为目的,必要时可以牺牲诚信来换取利益,或将"以次充好、缺斤少两、随意毁约、夸大宣传、掩盖真相"等失信行为投射到所有商务活动主体身上,认为这是商务交往的"通用"手段,只不过"大家心照不宣"罢了。尤其一些小作坊、微小企业、个体经营者等在创业初期或亟须积累资本时,可能默认、效仿"无商不奸"的说法,从而消解商务诚信价值观培育效果。

其二,"诚信吃亏"。商务诚信遭受"污名化"危机的另一个表现是,很多人宣扬所谓"诚信者受欺负、失信者得利益"的观点。一些经济主体在现实交往中不仅不能遵从诚信原则、践行诚信精神,反而"绑架诚信",认为在商务领域不可能真正做到"诚实守信",例如,"第一桶金都是黑色的","你讲诚信,但人家不讲诚信,自身利益就得不到保障",因而他们嘲讽倡导诚信的商务活动主体不过是"装高尚",给其贴上"另类"标签,并将政府或企业等组织的商务诚信教育视为"自欺欺人的道德表演"。上海社会科学院的一项调查显示,90.2％的受访者认为"忠厚老实""诚实守信"可能会带来损害[26];"凤凰财经"也针对经济领域中的诚信道德问题进行调查,数据表明,高达65％的受访者认为"财富有原罪,只有道德败坏的人才可能巨富"[27]。秉持"诚信吃亏"理念的经济主体往往会贬低诚信价值,以"道德洼地"来消解"道德崇高",为弄虚作假者辩护,迎合经济交往中的"失信潜规则",对诸如"掺杂作假""以次充好""尔虞我诈""虚假促销"等失信行为态度暧昧,甚至还委屈地表示"这实属无奈之举"。例如,当前书画古玩市场就存在"诚信吃亏"观念,"不骗挣不到钱"竟然被一些拍卖行视为行业潜规则,为了牟利故意将假的东西拍卖。[28]在商务领域,先入为主的"诚信吃亏"观念使一些经济主体难以认同、坚守诚信价值观,反而认为诚信规范限制了人们获利,导致"见利忘义、不讲诚信占便宜"等歪风邪气盛行。从诚信价值观培育角度看,商务领域中"诚信吃亏"论调严重消解了"诚信兴商"意识,给市场交往秩序带来危害,特别是影响商务诚信文化建设,致使商务领域"守信光荣、失信可耻"的"正气"难以得到弘扬。

## 五、电子商务领域中诚信主体虚化

在现代商贸流通体系建设过程中,电子商务占据重要地位。当前,我国电子商务市场年交易规模超过47万亿元。值得肯定的是,电子商务商业模式的迅猛发展给人们生产生活带来极大便利,促进了经济交易的顺畅进行。然而,电子商务领域诚信缺失现象也令人担忧,网络欺诈、竞价排名、虚假交易、黑公关、图片与实物不符、质量低劣、泄露信息等问题层出不穷,2016年"3·15晚会"曝光的14个领域失信问题中,有8个涉及互联网企业。

从现实情况中我们不难发现,当前应该积极推进电子商务领域诚信价值观培育,引导经济主体诚信经商。不过,电子商务领域诚信价值观培育的困境在于诚信主体虚化,它主要表现为:一是网络空间商务交易门槛降低,诚信价值观培育的对象更加难以把控。与传统商务交易模式不同,电子商务不再是直接的"面对面"交易,经济主体之间的交往活动可以在任何时间、任何地点进行,不再局限于特定时空内,这无疑增加了商务诚信价值观培育的难度,很难对"确定性"的经济主体开展诚实守信教育。尤其是微商(包括B2C和C2C)从业者更是人数众多,而且较为隐蔽,甚至是"零门槛准入",这显然给商务诚信价值观培育带来挑战。例如,一些人利用网络特点,通过虚假注册身份参与商务交易活动,人们甚至不知道这些人"身在何地",也就难以开展诚信价值观培育活动。又如,有些电商存在恶意竞争、无序竞争行为,为了击垮竞争对手,雇用所谓"职业差评师"诋毁其他企业信誉,通过"给差评"手段获得畸形竞争优势,由于这种"雇佣关系"是在网络上暗中进行的,"职业差评师"也是虚拟形式存在的主体,所以也很难把控培育对象。二是虚拟空间经济主体更容易产生诚信"知行"脱节问题,导致商务诚信价值观培育效果不佳。近年来,随着电子商务失信问题增多,政府职能部门、行业协会等也开始注重对注册电商企业进行商务诚信价值观培育,开展诸如典型示范评选、诚信经商讲座、商务诚信知识竞赛等活动,取得一定效果。然而,笔者调研发现,一些经济主体可能在参与商务诚信价值观培育活动时很积极,一旦回到虚拟的网络交易中,由于利益刺激、缺少监督而松懈对自我的要求,依然会以失信行为获取不正当利益。实际上,电子商务的虚拟特质容易使人的道德价值结构产生分化,致使经济主体在诚信认知与诚信行为上发生脱节问题,从而消解商务诚信价值观培育效果。

## 第三节　当代中国商务诚信价值观
## 培育难题的逻辑追因

从发生逻辑看,当代中国商务诚信价值观培育难题牵涉多方面因素。有些学者认为是"经济环境问题",有些学者指认是"诚信道德缺失问题",有些学者指出是"制度走样问题",还有些学者则诉诸"人心畸变问题",等等。应该说,不论哪种解析,都在一定程度上揭示出现存难题的某些侧面。然而,从归因视角来说,当代中国商务诚信价值观培育难题的成因探赜,应当寻觅系统性的因果联系,这样才能切中肯綮,从而有助于我们看清问题的直接诱因。

## 一、转型中经济主体价值观的混乱与迷惘

"所谓'转型',即事物的'型'发生转变或转化,从一种'型式'或状态向另一种转化或过渡。"[29]自十一届三中全会以来,我国一直处在不断转型之中,当前经济结构及其市场意识层面的改革也日益走向"深水区",并逐渐触及深层次矛盾和问题。马克斯·舍勒(Max Scheler)指出,经济社会深度转型变革往往涉及方方面面、各个领域,例如"社会环境""制度规则""人的生存方式和灵魂精神""伦理规范""价值评判标准"等都会存在某些变动,乃至结构性、系统性转变。[30]在此背景下,商务活动主体也深受结构转换、机制转轨、利益调整的影响,并在如下两种因素影响下致使经济主体诚信价值观念的嬗变与动摇。

其一,商务领域多元价值观并置风险。随着社会转型日益深入以及市场经济不断发展,商务领域内价值观念也逐渐呈现多元化、动态化趋势。尽管传统商务道德中的诚信经营、童叟无欺、信守承诺、公平交易等价值理念仍被视为不可或缺的商务交往规范,但因市场机制不完善而衍生的功利主义、实用主义、自私主义等思潮也纷至沓来。从商务领域价值观的存在形态看,诚实与欺骗、公正与偏私、守信与违约、敦厚与奸诈等经济价值观念交织存在,从而致使价值判断尺度多元而混乱。表面上看,"增进诚信"和"引诱失信"的价值观共生并存,似乎正邪有别,但在以追求利益为核心的市场领域,参与商务交往活动的主体面对功利主义、自私主义等价值观冲击时也难免受其负面影响。正如涂尔干(Durkheim)所

言,经济社会转型使"原初社会关系"发生嬗变,人们容易在"新价值理念"冲击下产生迷乱现象。一些经济主体通过"钻空子""耍手段"方式制假售假、以次充好、搭售劣品、促销欺诈、欺生优熟,当他们不但没有受到应有的法律制裁或道德谴责,反而收益不菲时,其他经济主体容易陷入"价值排序"上的彷徨:追逐利益与诚信经商,到底何者为先? 究竟孰轻孰重,孰先孰后? 进一步延伸,一些商务活动主体可能在诚信价值看法上产生误解,对商务领域中的算计、投机、虚伪、欺骗等现象持暧昧态度,从而导致价值标准的多元化与评价相对主义流行。例如,有学者指出,诸如"蜂胶行业70%产品由树胶冒充"问题、"地沟油"屡禁不止问题、"强生医疗器材公司商业贿赂"案等商务领域失信现象折射出经济社会转型过程中的价值迷失、信仰缺失问题,一些企业不以失信为耻,反以失信为荣[31],由此而带来的问题是,经济主体在价值多元化环境下,难以坚守商务诚信价值观,甚至将"利益最大化"作为唯一经营目标。

其二,商务领域中"劣币驱逐良币"[32]现象诱导。"劣币驱逐良币"原为经济学问题,它在商务领域的典型表现是:不守诚信者往往受益获利,坚守诚信者却遭到排挤,获利空间被挤压。事实上,一些经济主体原本也想在交往活动中恪守诚信交往原则,使自身商务行为符合市场道德规范。然而,如果他人借助假冒伪劣、掺假造假、变相涨价、缺斤少两、坑蒙拐骗等方式参与商务活动、获取商务利益时,其结果不仅相对压缩了守信者的获利空间,而且也动摇着守信者的诚信信念,从而让秉持商务诚信的主体陷入价值迷惘。这样一来,一旦经济主体自身经营难以为继或放松自我约束时,就可能在参与商务活动中丧失诚信交往的动力,也逐渐失去诚信交往的意愿。笔者曾在河北省邯郸市广平县一家从事"蔬菜水果销售"的小企业进行相关调研,聊起"人们为何不能诚信经营问题"时,店主说:"刚开始干都想老老实实,可干了一段时间就够下本,赚不了多少。后来知道其他店会在(电子)秤上、水果名称上动点手脚,这样可以价(钱)低点,吸引顾客。没办法,我们也想了办法,挣钱嘛。"如果经济主体不能从诚信中受益,将之转化为经济效益,那么久而久之,坚守商务诚信者反而会被市场"淘汰",人们对诚信价值观本身也会产生质疑,这势必会阻碍商务诚信价值观培育活动有效开展。

## 二、现实生活中商务活动参与者的交往体验

"体验"(erlebnis)"在德文中源于动词 erleben,有亲身经历、亲眼所见之义,其词干为 leben,即生命或生活"[33],从中我们可以看出,体验与人们的生产生活、日常经历密切相关。施密特则从后果论视角阐释了体验的内涵,他说:"体验是遭遇或经历某件事后产生的结果。"[34]从情感视角看,这种"结果"是"主体对客体的一种情感性的感受、体察和体悟"[35]。在现实生活中,切身性的商务交往体验对诚信价值观的培育起着至关重要的作用。如果经济主体所见、所闻、所感的是童叟无欺、公平竞争、诚实买卖的体验,那么会在内心产生一种愉快的诚信体验,从而认同商务诚信价值观,进而在具体的商务交往实践活动中践行诚信价值观。

然而,当前商务活动主体遭遇或经历的很多事件并非都是愉快的诚信体验,相反常常存在一些无奈、痛苦的失信经历,比如"缺斤少两""以次充好""假冒伪劣""金融诈骗""违规促销""随意违约""虚假宣传"等问题时不时发生。当经济主体所见、所闻、所感是失信的体验时,他们不仅会遭受一定的经济损失,而且可能对商务诚信价值观本身持怀疑态度,从而致使他们的"本体性安全感"[36]降低。一些商务活动者为了避免利益受损,可能也会不遵守诚信规范,通过不正当手段获取利益。正如有学者说,人们在经济社会生活中遭遇的"失信"体验或经历,往往会产生焦虑情绪,不敢轻易相信别人,更为重要的是,这种负面的体验和经历还可能让人们降低对自我要求,做出不诚信行为。[37]

商务诚信要求与现实交往体验之间的落差可能使商务交往活动主体对诚信价值观失去情感上的共鸣。这样一来,没有情感的激发作用,诚信道德培育就可能无法得到经济主体的认同。于是,当社会所倡导的诚信道德价值取向与"外在的现实体验"不一致时,一些经济主体可能会对诚信价值观本身产生质疑,从而也在情感上产生疏离感。因为经济主体的认识既受理性因素(如是否获利、善恶之分)等影响,又与非理性的情感因素关系密切。因而,尽管我们一直不遗余力地宣传商务诚信价值观,深刻分析诚信经商的长远效益,但在"耳听为虚、眼见为实"的商务交往体验影响下,一系列失信体验事件的积累超过了商务活动主体价值承受临界值,解构着被灌输的商务诚信观念,他们很可能对诚信的价值意义存疑,从而也难以形成稳定的道德情感,诚信价值观也就会受到质疑或排斥,难以产生自觉的践行动力。尤其是近年来,诸如骗子中介、地沟油、电信诈骗、网购假货等触目惊心的失信事件让经济主体形成了一种"创伤性体验"——不单是感受到商务失信现象频频发生,甚至尝到"付出信任却屡屡被骗"的痛楚。在这样的交往体验中,一些商务活动主体恐怕会对诚信价值观培育持"抗拒""麻木""冷漠"的态度,尽管他们也认识到诚信至关重要,反感商务领域的不诚信现象,但为避免自身利益受损,会有所保留地接受或践行商务诚信价值观,乃至认为"大家都不诚信,就只能以不诚信去对待不诚信"[38]。

## 三、市场经济发展中的"利益至上性"逻辑诱导

我国社会主义市场经济发展不仅激发了人们参与商务交往活动的热情,而且以其高效配置资源的现代性力量推动了经济社会的迅猛发展。商务交往活动主体的"经济人"(homooeconomicus)属性从市场主体的总体属性中抽离出来,并得到前所未有的彰显,释放出巨大的市场力量,从而使这种属性自身获得很多经济主体的

推崇和认可。然而,恰是由于市场中"经济人"属性的过度僭越而衍生的"利益至上性"逻辑,成为妨碍我国商务诚信价值观有效培育的掣肘因素。事实上,如果商务活动主体过于注重经济利益,认为经商就是为了追逐利益,那么他们很可能为了牟利而无视诚信价值规范,产生"守信者受损、失信者得利"的畸形后果。从当前我国商务诚信价值观培育难题来看,无论是商务诚信价值观的"畸变"现象,还是商务诚信的"污名化"危机,抑或是商务诚信的"知行脱节"困境,都是这种"利益至上性"逻辑的外在表征。

作为市场参与者,经济主体在交往活动中追求利益无可厚非。但问题是,一些经济主体却将"逐利"视为商务活动的"唯一目标",遵从所谓"利益最大化原则"。不难发现,如果循着这样的"利益至上性"逻辑,商务活动主体在从事具体交往活动时就会陷入功利性的价值判断,进而妨碍商务诚信价值观培育过程的顺畅进行。

其一,"谋利"是进行商务活动的核心价值,而"商务诚信"则被置于边缘位置。这意味着,一些商务活动主体将经济效益置于最高位置,而所谓诚信原则可能只被视为辅助性、临时性手段,乃至被异化为"道德限制"。实际上,这种论断暗含了一种割裂式的价值排序问题:经济效益与诚信价值观培育不仅是相互分离的,而且隐含着利益为先、诚信为后的排序逻辑。按照这样的逐利"序列性"思维,我们不难理解,为何很多经济主体难以坚守诚信价值观,在遇到利益与诚信冲突时单纯强调"竞争压力、成本太高、赚钱不易、无商不奸",进而为商业欺诈、以次充好、虚假宣传等失信行为辩护,通过嘲讽诚信、佯装诚实、规避监督、践踏信用制度等方式消解商务诚信价值观培育效果。

其二,追求商务利益本身客观上会产生"道德利他"后果,因而诚信价值观不必过多介入商务活动过程。这种看法又包含着两种价值预设:一是参与商务活动的主体是"理性的经济人",能在追求利益的同时自觉遵守诚信原则,催生诚信经商动力。二是追求利益

与商务诚信具有异质性的目的逻辑,前者强调"获利""索取",后者
注重"德性""正义"。然而,囿于市场经济限制与现实环境的不确
定性,商务活动主体的"理性"并非"完全理性",而是一种西蒙所说
的"有限理性"(bounded rationality),即他们并不总能在追求利益
最大化的市场竞争中作出合理的价值选择,从而可能出现商务失
信问题。同时,当前商务诚信总体上是一种"弱约束",而商务利益
却是一种"强刺激",于是在缺乏抑制或牵制情况下,商务诚信道德
约束很难发挥自身效用。因而,一些参与商务活动的主体对有关
诚信教育、诚信宣传、诚信规则等持有"本能的抗拒"姿态,要么继
续为商务逐利行为辩解、以牺牲诚信来换取利益,要么倡导道德贬
值论调、对商务诚信价值观培育不屑一顾。即使有些经济主体认
识到诚信价值观的重要意义和必要作用,也将之视为"陪衬或暧
昧"角色,看重其工具性价值,表面上赞成遵从商务诚信原则,而在
行动中却仍以利益为先。

其三,商务诚信建设需要"成本投入",这可能妨碍"经济收
益"。商务活动主体在具体的经济交往活动中会对自身行为进行
经济学上的"成本—收益"分析,即只有当遵守商务诚信的"预期收
益≥预期成本(即 R≥C)"[39]时,他们才更愿意诚信经商。从现
实商务交往过程看,经济主体面临着诚信与失信的双重选择。如
果选择诚信经商,就意味着在经济意义上排除另一种选择所能带
来的最大收益,这样便会产生"机会成本"(opportunity cost)[40]。
一般而言,商务活动主体选择"童叟无欺、诚信经商",需要在诸如
原料配置、加工生产、运输配送、商品说明等方面增加更多的成本
投入,从而相对压缩利润空间,却会长期受益。但问题的复杂性在
于,由于受"潜规则"影响、制度约束缺失、信息不对称等因素影响,
商务经营主体选择虚假宣传、缺斤少两、隐性消费、捆绑销售、话语
欺骗等"巧伪"方式,不仅不用付出更多成本,而且还能迅速获得经
济收益。更重要的是,由于市场机制本身不完备,对失信者的惩罚

存在"时滞",出现暂时难以识别、难以约束的诚信缺失现象,于是失信主体就有了可乘之机,即使存在商务失信行为他们也得不到及时惩戒[41],甚至有的经济主体还因失信行为而长期"受益"。正因为对"成本—收益"的利弊权衡,一些经济主体以失信手段获取不正当利益,难以真正认同公平交易、平等交换、货真价实、童叟无欺、诚实守信等价值观。例如,味千拉面一直以来着力宣传一碗"纯猪骨熬制汤"的钙质含量较高,但 2011 年媒体曝光所谓"汤底"是由"浓缩液兑制而成",且其中钙含量只有其宣传承诺的几十分之一。随后,快餐巨头肯德基也被曝出,它所极力推荐的高价鲜豆浆不是"现场磨制的",而是由"粉剂"勾兑而成。这些皆是为了降低所谓"成本"、牟取暴利而发生的失信行为,而且诸如此类行为甚至成为一些行业潜规则。[42]这样一来,以自身"利益唯上"的商务活动主体自然会在"计算和衡量"后对商务诚信价值观持暧昧、抵触态度,甚至采取"阳奉阴违"的做法应付商务诚信价值观培育活动,从而难以真正接受和认同诚信经商价值要求,催生价值迷失或知行脱节问题。

## 四、商务诚信教育与商务诚信制度本身的问题

在当前商务领域突出问题治理中,诚信教育和诚信制度约束被人们视为培育经济主体公平交易、诚实待客、货真价实、童叟无欺、仁义经商、守诺践约、不欺不诈等诚实信用价值观最为重要的两种方式。就前者来说,它实质是一种"道德培育"路向,意指依靠道德宣传、道德教育、道德滋养等方式培养商务经营活动者诚信经商的意识与自觉。就后者来说,它是与现代市场经济相适应的"制度培育"路向,意指依靠诸如法律、规章、政令、条例、协议、纪律、准则等形式规约经济主体的言行举止,促使他们接受并践行诚信经商观念。应该说,在商务诚信价值观培育过程中,商务诚信教育与商务诚信制度都是不可或缺的路向,但商务诚信价值观培育过程

中二者本身存在诸多问题。

其一,商务诚信价值观的"道德培育"方式至少涉及两个不容回避的问题:谁来培育(即培育主体问题)?通过什么方法来培育(即培育途径问题)?反观现实,囿于在此问题上的认识误区,造成商务诚信价值观培育中的"道德培育"乏力现象。

从商务诚信价值观的培育主体看,当前大力推进商务诚信宣传、教育的角色主要集中于各级商务部门、各级工商局、各级征信办、各级宣传部、各级文明办、各级发改委等政府性质的部门和单位。例如,商务部、中宣部等 18 个部门和单位启动的"2014 年诚信兴商宣传月"活动[43],以及各省市工商部门、发改委部门等组织开展的商务诚信教育活动,等等。不可否认,政府部门或机构是推动和引导商务诚信价值观培育的第一主体,发挥着不可替代的作用,但其效能发挥也有一定范围和限度,不可能触及方方面面。更为重要的是,单纯依靠政府部门或单位这个"单一化"培育主体,容易忽视诸如企业协会、工人联合会、消费者协会、民间商业研究组织、企业自身[44]等非政府主体在商务诚信价值观培育中的角色地位,从而难以发挥多元培育主体协同作用。尤其是政府部门或单位若将商务诚信价值观培育视为一种"自上而下的任务时",其"包办性""工具性""标准化"的特点便会悄然彰显,于是商务诚信价值观培育过程也难免会落入运动化、形式化、模式化窠臼。其结果是,尽管作为培育主体的政府部门或单位勤勤恳恳、疲于奔波,却未必得到作为培育对象的经济主体的配合。这不仅让政府部门或单位背上"培育包袱",耗散精力,也难以调动其他培育主体的积极性、主动性和创造性,而且每当出现商务失信现象时,政府部门或单位又被推上舆论的风口浪尖。

从商务诚信价值观教育路径看,当前的问题是显性宣教"超载"而隐性宣教"不足"。笔者跟随课题组走访上海、杭州、武汉、宁波、邯郸等城市的商圈后发现,有关商务诚信价值观培育的理论讲座、竞赛活动、图片展览等显性宣教很多，大部分商务经营主体认为其效果并不是很好，甚至还产生反感情绪，对宣传教育视而不见、听而不闻，而以活动性、趣味性、感染性、情感性为主要表现形式的隐性商务诚信教育明显不足。这就带来三个问题：一是商务诚信价值观培育过程中过多的文字、图画、讲座等显性的灌输容易让经济主体产生"话语疲劳症""审美疲劳症""宣传恐惧症"等现象。特别是当有关商务诚信的显性宣教蜕化为表面化、简单化的道德说教时，培育主体可能会出现"言说危机""宣教乏力"问题，难以激起商务活动主体的认可和共鸣，消解诚信价值观培育的效果。二是虽然有关商务诚信宣教做到了"入眼入耳"，让广大商务活动主体通过"看""听""说"对诚信经商产生一定的认知，但具有针对性、趣味性的隐性宣教不足使得商务诚信价值观培育缺乏活力和生气，难以调动经济主体情感，致使商务诚信价值观培育活动缺乏吸引力和渗透力。三是商务诚信价值观培育中缺少隐性宣教的配合，只靠显性宣教的"单打独斗"，不但无法实现商务诚信价值观宣教的全覆盖，而且也难以让显性宣教与隐性宣教形成合力。

其二，商务诚信制度在培育经济主体诚信经商价值观过程中为何会出现"悬置""走样""失灵"等问题，从而导致"制度培育"效果不佳？

当前我国商务领域中有关诚信经商的法规、条例、规则、准则等制度形式并不少，而且还在继续制订和完善之中。例如，"消费者权益保护法""企业诚信黑名单制度""产品质量保障制度""失信惩罚制度"，以及形式多样的企业诚信经营准则，等等。如果这些商务诚信制度能够有效执行，落实到具体的商务活动中，那么会对经济主体诚实守信价值观的有效培育产生重要作用。因为商务诚信制度本身蕴含着价值规范，能够对经济主体诚实守信、童叟无欺、货真价实、买卖公平、按时履约等产生塑造和培育功能。然而，尽管有很多商务诚信制度，却并未真正落实，存在悬置、走样甚至形同虚设等问题,从而难以对诸如缺斤少两、以次充好、假冒伪劣、价格欺诈、虚假承诺、随意违约等失信行为进行约束和制裁,也就很难对经济主体的诚信经商价值观产生应有的塑造与培育作用。具体而言,一是商务活动过程中实际存在的人情关系、亲疏惯例、钱权交易等隐性、潜在规则消解了商务诚信制度对诚信经商价值观的培育效果。在现代市场经济生活中,约束商务交往行为的不只是以正式形式为表征的法律、条例、规则、准则等正式制度,同时还有许多不成文、非正式的习俗、惯例、通例、规范等,如果这二者之间存在冲突或是矛盾,特别是后者成为隐而不彰的实际运行规则,那么正式形式的商务诚信制度就可能会被变通执行、选择执行、替代执行,以致成为"摆设""稻草人""纸老虎"。这样一来,成文和正式的商务诚信制度就无法得到有效执行和落实,难以发挥其自身应有的价值规约与价值引导功能。西方新制度经济学代表人物道格拉斯·C.诺思(旧译为诺斯)将制度视为约束人类言行举止的规则,它通常由"正式规则(成文法、普通法、规章)、非正式规则(习俗、行为、规则和自我约束的行为规范)"[45]构成。在他看来,人类的行为选择不仅受到"正式规则"约束,而且也受到"非正式规则"约束[46],只有二者协同起作用时,才能对人的行为产生有效的约束功能。否则,如果这二者之间相互排斥、彼此分离,那么正式规则往往会形同虚设,或者在执行过程中出现"悬置""走样""变形"等问题。[47]商务诚信制度执行困境的一个重要原因,就是商务领域中的人伦或人情的规范[48]、亲疏有别的习俗、注重关系的惯例、上有政策下有对策的价值意识等非正式制度与成文的、明确的、强制性的正式制度存在背离之处,二者不再是相辅相成的关系,反而异化为"冲突与抵触"关系,从而使正式的商务诚信制度生存空间受到挤压,削弱诸如商务诚信档案制度、商务诚信公开制度、商务诚信惩罚制度等的作用力、威慑力。于是,不仅正式的商务诚信制度难以产生良好的价值培育效果,无法对公平竞争、仁义经商、货真价实、童叟无欺、守诺践约等诚实信用价值观产生应有的制度规约与引导作用,那些非正式的规范、习俗、惯例、潜规则等反而成为"维护失信价值观念"的推手。例如,国家针对诸如汽车维修、驾校学车、影楼拍照、餐饮娱乐服务等行业都有关于诚信经营的规章制度,然而 2012 年广东省通过调查发现,这些领域往往存在修车时夸大故障、驾校加钱考照、影楼二次消费、餐饮娱乐服务场所收取高额"开瓶费""茶位费"等潜规则。在 187 个调查样本中,收取"开瓶费"和"茶位费"遭遇占 16.8%,"网店伪造信用信息误导消费者"占 13.22%。[49]这样一来,由于商务交往中存在的"潜规则",正式制度反而很难有效执行,也就无法对商务诚信价值观培育产生作用。

二是一些商务诚信制度的设计、执行往往"带有地方或部门利益色彩",造成不同空间中的制度正义失衡。很多时候,出于私利原因,一些地方或部门故意在有关商务诚信制度的制定、实施中"观照自身需要""留一手""选择性执法",虽然有诸如"黑名单制度""征信制度"等,但在落实中出现"软化""走样"等问题,甚至还有地方或部门为商务活动主体的失信行为提供"保护伞",这使得商务诚信制度难以起到价值培育效果。例如,笔者所在的国家社科基金重大招标项目"推进政务诚信、商务诚信、社会诚信和司法公信建设研究"课题组在"浙江省信用中心"调研时,参与座谈的工作人员介绍说,浙江省比较重视企业诚信制度建设,对诸如以次充好、缺斤少两、价格欺诈、坑蒙拐骗、恶性竞争、随意违约等惩罚力度较大,建立起比较完善的征信信息平台及相应制度措施,但带来的问题是"有时也约束了企业发展",因为其他地方商务诚信建设相对松懈或是对失信企业"有所照顾"。这样一来,商务诚信制度的作用空间具有地域区别,那些不注重企业诚信制度建设地区的商务诚信意识明显较弱,也不重视商务诚信价值观培育。又如,有媒体报道,某些地方的政府部门有意无意充当企业的"保护伞",比

如对假冒套牌种子流入农村市场"睁一只眼闭一只眼";还对恶意
拖欠农民工工资企业"网开一面",理由竟是这些企业能给地方带
来丰厚税收[50],这种做法实质上是权力僭越于商务诚信制度之
上,造成"制度失灵"问题。由于不同空间(不同地方或部门)中有
关商务诚信制度的顶层设计、执行力度存在"异化"现象,这显然会
使商务诚信制度效果大打折扣,从而也难以起到培育商务诚信价
值意识的作用。

## 五、商务领域"庇护失信"的认知与风气影响

所谓"庇护失信"的认知与风气,实质是商务领域中存在的一
种"将失信合理化"现象,它是指有些人为商务交往活动中的失信
问题或行为辩解,赋予其"合理性和正当性",认为诸如以假乱真、
以次充好、缺斤少两、虚假宣传等失信手段不过是经商的手段,并
将之投射到其经济主体身上,由此而产生庇护商务失信现象或行
为的扭曲认知与不良风气。商务活动主体的交易行为不可能脱离
一定的社会关系和经济环境,这是一种嵌入人的生产和生活中的
客观存在状态。在这种"客观状态"中,已有的"前见"认识与现存
的"社会风气"不可避免地对身处其中的经济主体产生潜移默化的
规训作用。在商务领域,"庇护失信"倾向便是一种值得关注和警
惕的存在状态。从后果看,将商务失信行为或现象"合理化"的"庇
护失信"认知与风气使得一些经济主体难以真正认同"诚信经商"
的价值观,停留于对商务诚信的肤浅理解,并以"在商言商""无商
不奸""诚信吃亏"的借口来嘲讽、贬低诚信价值观,对守信者进行
"污名化",进而致使商务诚信价值观培育陷入困境。具体而言,表
现为以下两方面。

其一,商务领域已有经商认知对"庇护失信"行为或现象的建
构作用。在商务交往过程中,经济主体通常会受到以往商人形象、
经济伦理意识等因素影响,人们自觉或不自觉的将之转化为自身

行为。已有的经商认知往往作为一种"前见"而影响当下经济主体的行为。何谓"前见"？海德格尔认为："把某某东西解释为某某东西,本质上是通过先行具有(fore-having)、先行视见(fore-sihgt)、先行掌握(fore-conception)来起作用的。"[51]伽达默尔把这种"前理解"中的"先行视见"视为"前见",即"先在因素"。虽然我国社会主义市场经济建设已经取得长足进步,但是历史与现实中已有的经商"前见"仍然对当下的经济主体产生着潜移默化作用,进而消解商务诚信价值观培育效果。从历时态的传统文化因素看,按照社会地位划分,士、农、工、商的阶层观念深入人心,"崇本抑末、崇农贱商"的意识广为流传。更为关键的是,囿于受到传统"重义轻利"思想影响,经商者通常被塑造成"逐利""巧诈"的形象,所以才有"无商不奸""为富不仁""唯利是图"等说法。如此一来,一些经济主体容易受到这种"前见"的消极影响,产生认知偏差与刻板印象,甚至认为商务交易原本就是单纯追求利益的过程,似乎不需要"善良""公正""无欺""诚心"等价值要求,从而对买卖公平、童叟无欺、货真价实、诚实守信产生怀疑或误解,不利于培育商务诚信价值观。从我国经济社会转型过程看,人们在克服"重义轻利"倾向的同时,却又陷入"过度逐利"歧途,社会主义市场经济建设初期一些商务经营活动者禁不住利益诱惑,以投机取巧、假冒伪劣、坑蒙拐骗、玩弄伎俩等失信方式获得不正当利益,甚至有很多人由此而积累不菲财富。于是,在商务领域,诸如"现钱不抓,不是行家""老实人吃亏"等消极观念对经济主体的价值认知产生扭曲性影响。这种影响具有价值预设功能,使得一些商务经营活动者为自己的失信行为辩解,秉持先入之见,一开始就将以次充好、缺斤少两、掺杂使假、虚假承诺等视为经商的"金科玉律",所谓商务诚信道德、商务诚信规范只不过是虚假标榜的逐利工具。

其二,商务领域"庇护失信"的不良商风仍然存在,且被默认为行业通行做法。风气指"某些现象在生活中不但很普遍,而且拥有强势的影响力"[52]。诚信之所以被一部分人嘲讽、解构,遭受"污名化"危机,很大程度上与社会风气相关。有调查显示,在被问到"不诚信现象的主要原因是什么"时,有 82％的受访者选择"社会风气不正",占比最高。[53]在商务交往领域,很多学者虽然认识到不良风气的惯性和势能侵蚀了经济主体思想,但他们未对这种侵蚀机制作更深入的分析。我们需要进一步追问的是,在倡导商务诚信建设的今天,失信的坏风气为何仍有市场? 一些商务主体为何不接受诚信价值观? 其中一个重要原因是,一些以次充好、虚假宣传、隐性提价等商务失信现象不被视为"坏"风气,反而被很多经济主体默认为市场通行的规则和做法,"不诚信的受害者,也常常是不诚信的参与者甚至制造者"[54],久而久之一些原本属于商务失信的行为也就自然被人们贴上"合理"标签,成为"集体的无意识",最终演变为潜在的、流行的商务风气。笔者对上海、杭州、唐山、邯郸等地企业人员访谈时发现,一些商务活动主体认为,"促销打折无非是先提价后降价"、"广告宣传都有夸大成分"(如长时间的"清仓大处理")、"电子秤上做点手脚"是商务领域的"常规手段",一名经营服装生意的老板直言不讳地说:"行业内节日的亏本销售呀、低成本甩卖呀,大部分是为了吸引消费者来买东西,其实怎么可能亏本呢? 同行也是这么做的,这真不见怪。"《安徽日报》报道的一个例子更能说明不良风气的熏染作用:"一家企业存在以假充真的欺骗行为。非但不以为耻,反而到处叫冤,认为这是行业'潜规则',凭什么只曝光他们? '大家都这么做',这竟然成为一些人失信的堂皇理由"[55]。这样貌似合理的商务失信风气显然起着潜移默化的规训作用,从而对商务诚信价值观起到消解作用,让一些商务活动主体不以失信为耻,反而认为失信是一种商界"通行做法",不必大惊小怪。正是这样的"庇护失信"风气,消解商务诚信价值观培育效果。也即是说,只要这种风气存在,诚信经商的要求和原则就可能浮于表面,难以深入经济主体的内心。

## 六、网络市场交易秩序的规范力度尚需加强

随着互联网信息技术的迅猛发展,现代电子商务活动的从业主体、交易空间、经商模式呈现出新变化、新情况。与传统商务交易活动相比,电子商务最大的特质在于其虚拟性,商务活动者的交易活动不再受到时空限制,经济主体甚至处于一种"遮蔽"状态。这种诚信主体虚化情况之所以给商务诚信价值观培育带来挑战,主要是因为电子商务快速发展过程中人们还没有意识到诚信价值观培育的重要性,相应规范措施也未及时跟进,各种漏洞和盲区较多。

具体来说:一是相关部门对电子商务领域经济主体诚信价值观培育不够重视。电子商务是一种虚拟空间中的商业交往模式,是一种新的商业生态,经济主体处于"虚化"或"隐匿"状态,更需要加强商务诚信价值观培育,以期规范他们的经商行为,使其按照童叟无欺、货真价实、公平竞争等准则行事。不过,由于电子商务发展非常迅猛,有关部门还未充分认识到虚拟商务经营活动者诚信教育的迫切性,缺乏互联网治理思维,还没有意识到电子商务领域诚信规范亟待推进。例如,笔者对北京、武汉、上海、邯郸等地的电商企业访谈时,他们说国家比较重视规模较大电商企业的诚信价值观培育,但针对规模较小电商企业的诚信教育、诚信宣传还远远不够多。二是电子商务领域商务活动从业者的法律主体地位仍需进一步明确。在电子商务领域,诚信价值观培育难题的症结在于经济主体的虚拟状态,一些商务活动从业者甚至可以自由进出电子商务领域,从而难以对其开展诚信教育活动。究其原因,主要是没有明确这些从业者的法律主体地位,缺乏相应的"登记备案手续""准入资质"或"实名登记",因而难以掌控他们的身份信息,也就无法进行商务诚信价值观培育。以微商 C2C 为例,经济主体进入门槛非常低,当前还缺少完善的行业标准和规范,甚至人人可以

随意出入这个行业，企业化、程序化、平台化建设仍然任重道远，因而很难对确定性的对象进行诚信价值观培育，导致诸如"杀熟""假冒伪劣""晒虚假订单""传销式经营"等问题层出不穷。三是不善于运用新媒体技术规范网络交易市场行为。解决电子商务领域诚信价值观培育难题，需要"线下规范"与"线上规范"的充分结合。当前，虚拟空间经济主体之所以更容易产生诚信"知行"脱节问题，是因为我们往往比较重视电商从业者的线下诚信经商规范，传递诚信理念、宣传诚信典型等。但基于新媒体技术的线上诚信教育与规范还有待加强，特别是"互联网诚信创业教育""微商平台营销教育""电子商务征信平台建设"等仍要加强，从而更好地规范电商从业者的行为。

## 第四节　当代中国商务诚信价值观 培育难题的深层反思

对我国商务诚信价值观培育难题的逻辑追因，旨在以直观、归因方式探寻商务领域诚信价值观培育问题的因由。不过，这只是对现实问题的表象反思，难以让我们探赜商务诚信价值观培育困境产生的"原始状况"。若要进一步剖析这种困境发生的内在逻辑，达至"问题的上游"，还需要我们从更深层次追问商务诚信价值观培育难题产生的背后症结。

### 一、道德价值认同危机与"培育难题"

商务活动主体的经济行为往往牵涉价值问题，当一种道德规范无法得到个体或社会认同时，它自身可能会陷入危机。"所谓道德价值认同危机即个体在道德价值自我认同方面出现自我在时空中一致性和连续性的断裂，自我统一性解构和自我人格分裂，自我成了非稳定性的、破碎的东西,在社会认同方面社会缺乏可以共享的信念或价值系统。"[56]从本质上看,有关商务诚信的道德价值认同危机,也主要涉及商务领域诚信本身在"自我"与"社会"双重维度上出现意义认同问题,一些经济主体对商务诚信价值观缺乏应有的"敏感度与亲和度"[57],丧失追求和践行商务诚信的动力。在商务诚信价值的自我认同上,这种危机表现为,商业化浪潮使商务经营活动者对买卖公平、诚实待人、货真价实、童叟无欺等商务诚信价值观的认知和理解发生了嬗变,也即在趋利避害经济环境中一些经济主体对商务诚信价值的效用产生质疑乃至否定态度。特别是面对追逐利益还是坚守诚信双重选择时,很多商务经营活动个体陷入价值纠葛与心理焦虑中。这反映出诚信还未深入商务活动个体的价值观层面,也没有在其内心深处扎根。在商务诚信价值观的社会认同上,这种危机表现为商务领域中诚信兴商的价值一致性根基受到冲击,商务诚信的防线一再被冲破、底线一再被击穿,"守信光荣、失信可耻"的"正气"还未得到广大经济主体的广泛认同,而诸如"造假欺诈、虚假宣传、见利忘义、以假乱真"等歪风邪气仍有不断蔓延之势。

随之而来的问题是,商务领域中的诚信道德价值认同危机对我国商务诚信价值观培育带来何种影响?它究竟是如何导致商务诚信价值观培育难题的?

一方面,商务诚信价值认同危机阻碍诚信经商价值观的个体内化,影响商务诚信价值观培育效果。在商务交易过程中,经济活动者个体对公平竞争、买卖合理、货真价实、诚实待人、童叟无欺、践诺守约等道德价值观念是否认同,直接决定着商务诚信价值观培育效果的好坏。如果商务活动经营者不能从内心真正认同诚信经商价值观,那么就很难将其内化为指导自身行为的"道德律"。在实地调研中发现,很多中小企业经营者谈起诚信时,常常表现出"无奈""鄙夷""嘲讽"的语气,甚至觉得可有可无,由此而带来的后果是,他们对诸如商务诚信讲堂、诚信经商图片展、百城万店无假货活动、行业诚实信用准则等商务诚信培育内容或路径秉持敷衍、消极配合态度。[58]实质上,这种对商务诚信价值观的道德认同危机使得诚信经商的意义在商务经营活动个体内心中被重新"解构"与"再造",即一些经济主体肢解、拆解乃至歪曲买卖公平、货真价实、童叟无欺、遵守承诺等诚信经商价值观的内在意涵,不是将商务诚信视为经济交往过程中的应然道德要求,而是秉持怀疑、嘲讽、否定等态度,赋予其负面意义。这样一来,商务活动参与者所接受的诚实经商、童叟无欺、平等交易等观念可能被认为是商务活动中的"虚无价值",难以真正应用于具体实践中。特别是当有些经济主体的商务失信行为没有及时受到惩罚且还有所获益时,人们可能将商务诚信价值观进行"重构",譬如将其视为牟利手段、赚钱工具,表面认同,积极配合诚信价值观教育,也自我标榜诚信经营,但并非真正深入个体的认知图式。弗里德曼说:"除了自我之外,没有能够安置人们的意义世界。"[59]如果商务活动个体自我内化的渠道受阻,那么如同经济伦理学家亚当·斯密所说的以"理性、道义、良心"为道德基础的"内心的那个人"[60]就会异化,他们便难以认同商务诚信价值观,甚至耻辱不分,混淆善恶界限,导致信念失守,进而使商务诚信价值观培育的个体内化效果大打折扣。

另一方面,商务诚信价值认同危机消解诚信经商价值共识,降低商务诚信价值观培育过程的有效性。商务诚信的社会认同危机,所折射的是市场经济主体对诚信道德本身的作用和功能缺乏基本一致的认识与理解。麦金太尔指出:"一致性的丧失,是最为深刻和危险的现代性危机。"[61]在商务交往过程中,这种"一致性的丧失"表现为诚信还未成为商务领域的价值共识,很多参与商务交往的主体不仅难以认可诚信的现实经济意义,而且在看到或遇到诸如"制假售假、恶意欺诈、偷工减料、弄虚作假"等失信行为时也表现得麻木不仁、视若无睹。在这种境况下,商务领域中的诚信经商认同根基受到削弱,从而抑制了诚信作为"最大公约数"的建构,并产生一种针对商务诚信宣传、教育的"消解机制",使得有关的主流诚信话语、诚信兴商宣传、失信惩罚制度等培育手段和方式失去应有功效。结果,表面上商务诚信价值观培育活动搞得热火朝天,然而商务领域的道德共识却仍未形成。

## 二、诚信教育方式问题与"培育难题"

在商务领域,失信问题之所以痼疾难消,很大程度上也是缘于诚信这种底线伦理道德的缺失。而重建商务诚信价值观,教育无疑是较为常用和有效的重要方式,而且一直以来备受人们重视。应该承认,我国的商务诚信教育积累了丰富经验,特别是有关商务诚信的"主题活动""道德教育""网络宣传"等广泛开展。但问题是,商务诚信教育方式仍然局囿于简单说教、灌输模式,过于强调商务诚信本身的道德属性,注重"单向"传输过程,忽视了教育对象即商务活动者的积极性、主动性,从而致使商务诚信教育效果不佳。

一是以脱离经济主体切身利益的抽象道德教育方式培育商务诚信价值观。当前一些商务诚信教育方式过于拔高诚信本身的道德意蕴,有关的诚信经商说教、宣传只是着重于塑造经济主体的高尚品质,强调无私奉献,却没有观照他们的切身利益。对于商务经营活动主体来说,经济利益是其从事交易事务的主要目的,撇开利益进行抽象的商务诚信道德教育,难以产生良好效果。不可否认,商务诚信本身固然是一种应然的道德价值规范,但不应隔离它与利益的内在关联。实质上,在市场经济背景下,价值观逐渐由一元到多元,商务活动者的合理利益是商务诚信教育的基础。马克思指出:"正确理解的个人利益是整个道德的基础。"[62]如果忽视商务活动者的切身利益,一味拔高商务诚信的道德要求,单纯以"一成不变"的道德判断标准来衡量现实利益,缺乏对商务活动者利益动机的观照,那么商务诚信教育效果反而适得其反,难以获得市场参与者深度认同。二是对商务诚信价值观培育过程的"长期性""累积性""常态化"特点认识不深,缺少持之以恒的教育方式。这主要表现为,当前商务诚信价值观教育多是"突击式""运动式"的方法,"大呼隆""一阵风""雨过地皮湿"现象凸出,试图通过急功近利、一蹴而就的方式解决培育难题。三是内隐性、启发性、激励性商务诚信教育方式尚待增强。在商务诚信教育过程中,如何"化知识为德性""化知识为价值观"是一门艺术。当前商务诚信教育问题的症结,恰恰在于硬性、直观的宣教、灌输过多,而潜移默化、喜闻乐见、渗透入微、润物无声的教育方式不足。四是有关商务失信的耻感教育、追诉惩罚教育有待加强。这些年来,我国商务诚信价值观培育大多侧重依托先进人物、诚信案例进行正面宣传,发挥其价值引领作用。例如,"诚信鸡蛋哥"任庆河一诺千金赢赞誉、获评"诚信标兵"的新河县仁里乡台家庄村徐新菊开店十几年不卖假货不坑人、圣和烟酒名店经理张孟武以信誉打造品牌等事迹,以及推广诚信商店典型经验、开展诚信兴商月等活动,主要着眼于正面的诚信经商激励教育。诚然,商务诚信正面教育方式不可或缺,它有助于培养和塑造经济主体诚信品质、诚信素养。但是,如果仅仅止步于正面式的商务诚信价值观引领教育,而忽视反面式的失信追诉、失信制裁、欺骗耻辱等惩戒教育,那么这样的教育方式显然是不完善的。而且,商务诚信教育过程中,正反双面的教育方式本来就应该优势互补,一方面依靠诚信经商道德进行有效引领,另一方面又通过惩戒教育来说明失信没有获利空间的道理,唯有如此才能更好完善商务诚信教育方式,发挥教育引导作用。

从本质上看,当前商务诚信教育存在的问题违背了价值观培育的特点、规律,与商务诚信价值观的形成与塑造存在抵牾之处。那么,这种"抵牾"又是怎样影响到我国的商务诚信价值观培育呢?

首先,脱离利益的抽象道德教育方式致使商务诚信价值观培育失去基础和动力,诚信经商的价值导向作用也变弱。商务诚信与经济主体的利益诉求原本具有一致性,表现为一种"共生"关系,二者相互联系、相互促进,正如美国商业伦理学者罗伯特·F.哈特利(Robert F. Hartley)所言:"符合道德标准的做法与日渐增多的利润是一致的。"[63]但问题是,如果商务诚信教育脱离利益因素,以一种"义利"对立的道德结构化解释框架来向商务活动者传递诚信价值观,那么就很难获得教育对象的理解、支持和认同。因为作为市场经济主体,追求利益是商务活动者参与经济交往的重要目的。重视德性层面的商务诚信教育固然十分必要,却不能忽视利益前提,商务诚信道德教育不应被拔到"包治百病、统摄利益"的高度,否则就可能使得自身异化为苍白无力的道德说教,导致效果大打折扣。这也就不难理解,为何当前商务领域所开展的"道德讲堂""诚信宣传"等效果不理想,甚至蜕化为"走过场""走形式",其背后症结乃是这些商务诚信教育方式违背了市场交易规律,缺乏利益观照,从而使其落入单纯说教的窠臼,难以有效发挥诚信经商的价值导向作用。

其次,常态化教育缺失致使商务诚信价值观培育缺乏持久力、感染力,弱化培育效果。商务诚信价值观作为一种内在、深层的思想意识,需要长久的教育宣传才能融入商务活动者的价值观念体系。当前的"突击式""运动式"等急功近利的教育方式显然违背价值观培育规律,它导致商务诚信教育活动时断时续,难以形成持久的影响力。这样一来,商务活动者就会对诚信经商价值观念认识不深、理解不透,缺乏深入认同。由此可见,要开启商务活动者对诚信的需要和认同,常抓不懈、持之以恒的商务诚信教育须臾不可或缺。同时,内隐性、启发性、激励性商务诚信教育方式缺乏带来的后果是,商务活动者以被动接受、走过场的心态接受商务诚信要求,甚至产生反感情绪,诸如硬性灌输、枯燥宣传的教育方式难以真正调动他们的积极性、主动性,也无法激发其情感共鸣。特别是由于没有将商务诚信渗透于日常生活中，没有从小处入手、细处发力，不重视隐性教育方式，使得商务诚信价值观培育难以形成"软环境"，产生"场效应"，从而也影响培育效果。

再次，惩戒教育缺失致使商务诚信教育本身缺乏完整性，从而难以形成"失信可耻、失信受罚"的意识。商务诚信教育不应仅仅局限于正面的典型人物或事迹宣传、诚信经商道德人格塑造等方面，还应该包括道德惩戒、失信追诉、欺骗惩罚等教育方式，后者能够起到"惩恶"作用，有助于商务经营活动者切实认识到失信对自身造成的危害，从而形成规则意识、法律意识。如果缺少这些反面的教育内容，就难以使商务活动者体会到失信带来的后果，也无法产生威慑效果。实际上，商务领域的道德惩戒、失信追诉、欺骗惩罚等教育内容与优胜劣汰的市场经济运行机制相一致。只有让商务活动者认识到市场竞争的后果，让他们理解和明白失信造成的危害，才能强化商务诚信本身的经济意义，给人一种道德责任感。[64]

## 三、市场机制的不完善与"培育难题"

从生产力与生产关系相适应的规律看，市场经济在促进经济社会发展中具有巨大优势。虽然我国市场经济发展过程中出现了诸多失信问题，但我们不能将其原因简单归诸这种经济形态本身。事实上，经济活动中许多诚信失范、道德缺失行为，往往是市场经济"不规范、不发达"的产物。[65] 在商务领域，市场经济的"不规范、不发达"主要表现为市场机制的不完善。如果市场规律得到尊重，各种制度规则比较健全，那么诸如激励与惩罚机制、平等交换机制等就会正常发挥作用，对坚持童叟无欺、货真价实、诚信经营的商家进行鼓励和激励，对出现坑蒙拐骗的商家进行约束和惩罚，从而营造出公平有序的市场环境。商务经营活动主体为了不在竞争中落后或被淘汰，就必须遵循等价交换、公平交易原则，不断提升产品质量、改善服务态度、塑造诚信品牌。如此一来,公平有序的市场竞争环境以其自身合理的优胜劣汰功能促使商务经营活动主体接受和践行诚信兴商理念,反过来又增进了市场经济的良性循环,为商务诚信价值观培育奠定基础。但是,如果市场竞争环境混乱无序,市场规则缺失、市场机制不健全,那么平等交换、公平竞争的原则就容易遭受破坏,一些商务经营活动主体可能不是在产品质量、服务态度、企业信誉上下功夫,而是在逐利动机催动下投机取巧、尔虞我诈、相互欺骗。从后果来看,混乱无序的市场竞争环境同样具有"优胜劣汰"的功能,但它在某种程度上是以悖反的逻辑进行的。也即是说,囿于市场机制不完善,一些商务经营活动主体在逐利动机的催动下,通过非理性、非正当的手段和方式牟利,其结果反而是让那些商务失信者获取不菲利益,而一些商务守信者可能因为利益空间狭小而处于竞争不利地位。久而久之,就会在商务领域造成"劣币驱逐良币"问题、商务失信"潜规则"盛行,并导致恶性循环,进一步破坏市场竞争规则,扰乱经济诚信秩序。从当前来看,市场机制不完善主要表现为三个方面。

一是相应的企业征信制度与机制不完善。自 20 世纪 80 年代以来,我国企业征信在信息的采集、整理、保存、加工等方面已然取得很大进展,特别是《征信管理条例》的出台对企业征信发展起着重要推动作用。但问题是,真正指导、规范企业征信的相关制度与机制并未形成。例如,针对食品质量失信问题,虽然我国许多省市已经建立了"食品企业黑名单"制度,但它在惩罚企业失信行为、培育诚信经商价值观的效果上却不尽如人意,究其原因,是相应的征信制度和机制还不相匹配。尽管一些存在食品质量问题的企业被列入当地"黑名单"上,但由于各省市之间存在"信息孤岛""信息传递受阻""信息无法共享"等问题,从而致使"食品企业黑名单制度"也难以产生协同防范作用。笔者跟随国家社科基金重大项目"推进政务诚信、商务诚信、社会诚信和司法公信建设研究"课题组在上海经信委、上海正信方晟资信评估有限公司、上海资信有限公司、浙江信用中心、宁波工商局等地调研时，受访人员也认为，当前企业征信中的信息来源机制、信息沟通机制、信息对外服务机制等还不适应市场要求，尤其是涉及不同省市、部门的企业失信信息仍然无法在更大范围、更深程度上互通和共享。二是商务活动者的市场准入与退出机制不完善。这突出表现为一些商务活动主体即使不具备相关的参与资质、专业专长、业务能力、道德素质等也可"自由出入"市场，商务领域还缺乏对这类市场主体的考核考察、资质审查、约束惩罚等机制，从而导致商务失信问题层出不穷。例如，当前一些住房装修公司采用"业务外包"方法，将诸如粉墙、贴地板、装窗户、吊顶等工作又承包给其他企业或人员，这无疑增加了系统本身的"复杂性"，一旦其选择的"次级承包商"存在准入资质问题，就可能出现偷工减料、以次充好等商务失信行为。三是商务领域的监管与惩罚机制不完善。随着社会主义市场经济深入发展，应该强调市场在资源配置中的决定性作用，减少行政审批，打破地区封锁与行业垄断，给广大商务活动主体更大的市场空间。然而，这并不意味着可以完全忽视政府相应职能，任由经济主体出入商务领域。实际上，政府职能部门及其工作人员应该在尊重市场经济规律基础上依法履行职权，积极发挥自身作用，对属于自身职责范围内的事务绝不袖手旁观，对不属于自身职责范围内的事务交由市场调节。不过，当前商务交易行为与政府的权限边界仍然存在混乱现象，特别是监管缺失、惩罚不力问题突出。具体而言，政府相应职能部门缺乏切实有效的制裁措施，致使一些行业缺乏市场监管，诚信缺失问题日益严重。例如，有媒体报道，近年来我国保健品市场快速发展，保健品企业多达 2 000 多家，总产值也超过 2 600 亿元，但此行业失信问题非常严重，市场环境令人担忧，诸如制假售假、添加违禁品、夸大功效、价格欺诈等现象随处可见，许多中老年人受到欺骗，其中一个重要原因就是相关部门监管环节薄弱、惩处措施有限,致使保健品市场乱象愈演愈烈。[66]又如,《"双十一"网购综合信用评价报告(2022年度)》显示,尽管多地监管部门已经提前发布消费提示、约谈相关平台,禁止采取虚假打折、虚假标价及不履行价格承诺等违法方式开展促销,但虚标高价、低价引流等问题仍层出不穷,已然是"双十一"乃至网络购物领域最为突出也最为普遍的一种乱象。"双十一"期间共收集有关"商品质量"负面信息751 449条,占"吐槽类"信息总量的13.7%,主要集中于虚假夸大宣传、同款不同质、销售假冒伪劣产品等问题。目前各地政府对"双十一"监管多停留在促销活动前的提醒、约谈等,对"双十一"促销活动事中行为是否规范、价格是否透明等缺乏有效跟踪,对事后失信缺乏有效的监管和惩治手段。在实际执法中,有关部门往往对先涨价再降价问题一罚了之,在价格欺诈带来的巨大利益面前,无异于"罚酒三杯",难以形成强有力的震慑。[67]对此有学者明确指出,其原因在于违法成本过低,监管部门相应"惩处措施较轻,执法力度不够"[68]。

那么,在当前经济社会深度转型背景下,市场经济机制不完善给我国商务诚信价值观培育带来什么后果?它又是怎样造成商务诚信价值观培育难题的呢?

首先,社会主义市场经济背景下,市场机制不完善使得商务诚信价值观培育缺失外在保障。商务诚信价值观培育的核心在于,促使参与市场交往的主体接受并践行诚实买卖、公平竞争、货真价实、童叟无欺的诚信内容。然而,有关商务诚信的教育、宣传、灌输需要附着于一定的市场机制。如果缺少相应的失信曝光机制、市场准入与惩罚机制、监管机制,单凭"苦口婆心"的诚信教育宣传、说教,恐怕难以约束经济主体的以次充好、假冒伪劣、巧伪欺骗、夸大宣传、恶意违约等商务诚信失范行为。事实上,商务领域的失信惩罚机制、曝光机制、监管机制等起到保障作用,能够保证市场运行的良好秩序,降低商务失信风险,约束人性逐利的缺点。在此意义上，忽视商务领域相应市场机制建设，一味重视和强调道德层面的诚信经商意义，则难以适应现代市场经济发展需要。譬如，在二手车交易中，一些企业为获取不菲的"低收高卖"差额利益，而采取隐瞒、欺诈、造假等方式，收车时虚假评估，极力压低旧车价值，卖车时又隐瞒旧车的行驶里程、发动机状况、违章行为、证照不全、安全隐患等问题，并夸大相应性能。针对这种情况，如果缺乏应有的市场监管、失信受罚、违规记录等机制，仅靠单纯的商务诚信教育、宣传，很难起到约束功能，商务诚信培育效果也会不尽如人意。实际上，商务领域的相应机制能够起到"盯着""监视""威慑"作用，假如缺少这种市场机制的作用，参与商务交往活动主体便可能将诚信价值理念视为一种没有外力约束的道德要求，即使不遵守也不会危及自身利益，那么商务诚信价值观自然难以得到他们认同，遑论在实践中践行。

其次，社会主义市场经济背景下，市场机制不完善使得商务诚信价值观培育渠道狭窄。商务诚信价值观培育有多种多样的渠道。从系统结构论视角看，市场机制也理应是商务诚信价值观培育不可或缺的重要渠道之一。就当前来说，有关商务诚信的教育途径、宣传手段的确很多，而且也取得了一定效果，但是，如果市场机制不完善，出现"短板"，那么商务诚信价值观培育就可能仅仅局限于道德系统本身，这样就容易"患上自闭症"，具体到培育渠道上就是仅仅将视野聚焦于文明委、精神文明办、宣传部门等线条内，多以道德讲堂、图片展、悬挂标语、读书会、印发诚信读物等途径和办法来培育商务主体的诚信价值观。也即是说，如果缺少诸如征信机制、市场准入机制、惩罚机制等的配合与介入，商务诚信价值观培育渠道只是停留于道德说教、道德活动方面，那么即使商务诚信价值观培育途径中的道德手段得到较为充分的运用，可还是在自身范围内"打转"，得不到市场机制的外在保障，以至于诚信本身的功效和力量难以被释放出来。

再次,社会主义市场经济背景下,市场机制不完善使得商务诚信价值观培育活动缺乏稳定性。通常来说,机制是协调各个部分关系的具体运行方式,它通过各种制度得以建立及实现,而制度具有规范性、长期性、稳定性特点,能够保证机制持续运行。如果商务诚信价值观培育没有必要的市场机制来保障,它很可能会蜕变为权宜之计。诚如我们所看到的,当前大部分的商务诚信价值观培育过程还多是"临时性"的诚信教育、"短期性"的诚信活动月、"运动式"的突击检查,而且通常是依靠政府部门或单位的重视和推动,缺乏市场机制保障。如此一来,商务诚信价值观培育过程就受制于政策需要、政府部门或单位推动、时间安排、舆论压力等因素。例如,近年来旅游市场中之所以有些旅行社存在诸如"强制购物""服务态度恶劣"等商务失信问题,一个重要原因就是旅游业中相应市场机制不完善。尽管有关部门也采取很多措施进行规范和监督,但不难发现,这些措施往往陷入"失信问题→媒体曝光→舆论关注→教育整顿→平息舆论→教育整顿弱化→失信问题"的恶性循环模式,背后症结就在于,虽然诸如"突击检查""短时教育"等商务诚信价值观培育活动能够在"某段时间""某个空间"内起到立竿见影的效果,但没有相应市场机制调节,随着"短暂性""规模性""阶段性"的相关活动结束,商务诚信价值观培育过程也基本"告一段落",缺乏持续性的催动因素,致使其培育活动效果没有可持续性。

## 四、商务领域的潜规则与"培育难题"

学者吴思通过对中国历史史料和政治事件的考察后,最早提出"潜规则"概念。他发现,社会集团及其内部成员往往通过"利害计算"来调整自己的行为,尽管一些主体公开宣称某些价值规范、道德原则等"显规则",但他们并不总是照此行事,支配社会运转的"还存在一套不便明说的、隐藏在正式规则下面的规则系统"[69],

它是潜在的、默认的规则系统，往往具有很强的约束力，这就是"潜规则"。从本质上看，"潜规则"是利益博弈衍生的产物，因为人们按此规则行事能够比按正式规则行事带来更大利益。

在商务领域，同样存在多种多样、心照不宣的"潜规则"。例如，商场促销中的"先提价后再打折"现象、网购中的"现金换好评"行为、克隆或模仿名牌商品行为、故意安排"托儿"促销手段、违规贴上某种承诺或标签（如产品上冠以"非转基因""环保、纳米"等概念）现象、名不副实的包装或营销行为、行业性的"用而不标"（如奶中添加"复原乳"却不注明）现象，等等。笔者所在国家社科基金重大招标项目"推进政务诚信、商务诚信、社会诚信和司法公信建设研究"课题组的调查数据显示，在被问到"对于高端品牌达芬奇家具公司将普通家具包装成意大利进口家具的行为，您觉得"问题时，有30.8％的商务活动者认为"见怪不怪，很多洋品牌都是这样包装出来的"；针对社会公众的2 336份商务诚信调查问卷也显示，在被问到"对于商场节日里的促销活动，您的看法是"，42.8％的人认为"促销噱头大于让利"，32.0％的人认为"不少是提价之后再打折"。[70]尽管商务领域中的这些"潜规则"有时是隐而不见、约定俗成的不成文规定，常常藏于正式规则背后，却具有无形的力量，能够在特定范围内实际支配人的行为，得到一些人的普遍认可和广泛遵循。[71]商务领域中诸如此类的"潜规则"之所以难以消除，除了因为社会倡导的道德约束、制度规范等"显规则"不足及落实不力外，还在于默认与效仿"潜规则"能够以畸形的市场逻辑"降低"商务成本、"增强"市场竞争力，这样便产生一种滋生"潜规则"的庇护机制。特别是在"法不责众"情况下，经济主体可能"心存侥幸""随波逐流"或"被'潜规则'绑架"，从而使得商务领域中行业性的失信行为难以有效约束。

问题在于，商务领域中的"潜规则"与我国开展的商务诚信价值观培育存在哪些关联呢？前者究竟对后者产生何种影响，这种

"影响"又是怎么造成商务诚信价值观培育困境的呢?

一方面,商务领域中的"潜规则"肢解了商务诚信价值观培育体系的"统一性",将其置换成两套相矛盾的规则系统。原本商务诚信本身的价值意义在于倡导明码标价、货真价实、童叟无欺等交往规则,反对以次充好、虚假营销、暗中掺假等失信行为。然而,商务"潜规则"的存在使得市场参与主体对商务诚信的是非标准、善恶界限的认知和理解产生"模糊""弱化"现象。因为诸如"提价后再降价促销活动""夸大产品性能""用而不标"等"潜规则"被商务主体视为市场中的"通行手段""公开的秘密",因而其行为本身的"正当性"与"合理性"逐渐发生嬗变。于是,商务"潜规则"在市场主体心照不宣的集体效仿、默认遵从中结构化一套与商务诚信价值观相并存的"暗藏规则"。问题是,这套"暗藏规则"消解了商务诚信价值观的本真意义,使人们产生商务规则选择上的纠结与彷徨。这样一来,商务诚信价值观培育就会遭遇显而易见的困难,即我们是在两套规则系统并存的商务环境中培育诚信价值观,主流话语所宣传、灌输的诚信理念与现实商务交往实践所默认、庇护的潜在做法有着某种程度的差异、矛盾。同一种行为(如"提价后再降价促销")在这两套规则中的"正当性""合理性"却大相径庭,这就造成商务诚信价值系统的"分裂"。结果,商务活动主体在市场交往中就会陷入选择的"两难"困境:接受和践行社会所培育的商务诚信价值观,有可能会增加成本,甚至遭受"潜规则"抵制;反之,按照商务"潜规则"行事,则又违背诚信本身价值意义,却会获得更多利润,从而使得商务诚信价值观培育过程充满不确定性。

另一方面,商务领域中的"潜规则"会消解诚信兴商的共识性基础,弱化商务诚信影响力。虽然商务"潜规则"隐藏在正式规则背面,似乎隐而不见,却具有很大的支配力量。有调查显示,"83.4%的受访者认为潜规则比显规则更加有效"[72]。这意味着,一旦商务领域某种"潜规则"获得经济主体"默认",可能成为实际运行的规则,而商务诚信价值培育过程中所强调的"童叟无欺""货真价实""据实宣传"等"显在"共识让位于"行业性通行做法"的"潜在"共识,于是社会所倡导的商务诚信价值观内容很容易流于形式,得不到市场主体认同,难以发挥应有的作用与功能,最终蜕变为一种虚置的正式规则。从内在逻辑看,商务"潜规则"引发了行业性的"搭便车""缄默不语""知而不行"等现象,使得经济主体难以真正认同诚实守信价值观,产生诸如言行不一、阳奉阴违、明褒暗讽等问题,"导致普遍的伪善和虚伪"[73],这会造成商务诚信"作为一种价值规范和导向体系形同虚设"[74],可能使得社会所倡导和宣传的有关诚信兴商的道德、规则异化成为一种悬置形式,经济主体对其认知也停留于表象层面,即要么敷衍认同,要么置之不理,进而致使商务诚信价值观培育效果不佳。

**注释**

[1] 根据国家社科基金重大招标项目"推进政务诚信、商务诚信、社会诚信和司法公信建设研究"课题数据库分析整理。

[2] 同上。

[3] 同上。

[4] 为深入了解商贸流通企业对商务诚信的感知状况,笔者曾跟随国家社科基金重大招标项目"推进政务诚信、商务诚信、社会诚信和司法公信建设研究"课题组到上海、浙江等多地调研。

[5] 根据国家社科基金重大招标项目"推进政务诚信、商务诚信、社会诚信和司法公信建设研究"课题数据库分析整理。

[6] 同上。

[7]《商务部:促进中小商贸流通企业发展　缓解融资难》,《全国商情(经济理论研究)》2014 年第 Z2 期。

[8]《数字经济激发零售业新活力　创新引领新发展》,中国商报网,2022 年 11 月 17 日,https://www.zgswcn.com/cms/mobile_h5/wapArticle-Detail.do?article_id＝202211171707041110&contentType＝article＃。

［9］刘永宁:《关于搞活中小商贸流通企业的调查与研究》,《荆门日报》2013 年 5 月 11 日。

［10］P. Bourdieu, "The Forms of Capital", in J. Richardson, *Handbook of Theory and Research for the Sociology of Education*, Greenwood: Westport, CT, 1986, p.86.

［11］《差评老被删　网购诚信遭质疑》,《广州日报》2012 年 11 月 15 日。

［12］王良:《社会诚信论》,中共中央党校出版社 2003 年版,第 21 页。

［13］侯艳春等:《4 水果摊掺杂使假遭警告或罚款》,《南岛晚报》2014 年 1 月 10 日。

［14］丁辉、吴鲲:《有拍卖行明知是赝品,也拿去拍》,《城市信报》2011 年 3 月 9 日。

［15］颜菊阳:《皇明再揭太阳能热水器行业潜规则》,《中国商报》2013 年 8 月 30 日。

［16］根据国家社科基金重大招标项目"推进政务诚信、商务诚信、社会诚信和司法公信建设研究"课题数据库分析整理。

［17］《商家诚信建设莫走形式》,《新民晚报》2013 年 3 月 22 日。

［18］这里的"自反性"一词是从"现代性理论"中借用而来。贝克、吉登斯等人认为:"现代性的自反性有两个层面:一是自我消解的自反性,一是反思的自反性",其中"自我消解的自反性就是现代化(现代性)自己反对自己、成为自己否定自己的因素"(参见王能东:《"自反性现代性"理论述评》,《国外理论动态》2009 年第 7 期)。本书"自反性"概念取"自我消解、自我否定"之意。

［19］赵丽涛:《社会深度转型中的社会信任困境及其出路》,《东北大学学报(社会科学版)》2015 年第 1 期。

［20］罗志华:《食药品黑名单制度不能成为摆设》,《现代金报》2015 年 1 月 6 日。

［21］陈尚营:《以强有力执法营造良好旅游环境》,《中华工商时报》2015 年 10 月 8 日。

［22］赵丽涛:《我国深度转型中的社会信任困境及其出路》,《东北大学学报(社会科学版)》2015 年第 1 期。

［23］［美］戈夫曼:《污名——受损身份管理札记》,宋立宏译,商务印书馆 2009 年版,第 12 页。

[24] 叶圣利:《中国诚信经济思想研究》,复旦大学博士学位论文 2004 年,第 31 页。

[25] 根据国家社科基金重大招标项目"推进政务诚信、商务诚信、社会诚信和司法公信建设研究"课题数据库分析整理。

[26] 张伟:《如果诚信会吃亏　你怎么选择》,《中国青年报》2011 年 12 月 17 日。

[27]《只有品德败坏的人才可能巨富?》,《深圳都市报》2013 年 6 月 7 日。

[28] 苏晓洲等:《警惕商业诚信的"塔西佗陷阱"》,《瞭望》2013 年第 43 期。

[29] 王洪波:《中国社会深度转型过程中个人与共同体间的关系研究》,《江汉论坛》2014 年第 2 期。

[30] [德]马克斯·舍勒:《资本主义的未来》,罗悌伦译,生活·读书·新知三联书店 1997 年版,第 207 页。

[31] 孙继伟:《商界悲剧迭出,凸显价值迷失》,《企业研究》2011 年第 1 期。

[32] "在经济学中,'劣币驱逐良币'现象又被称作'格雷欣法则'(Gresham's Law),指的是如果市面上同时有两种实际价值不同而名义价值相等的货币流通时,实际价值较高的货币,即'良币',自然被人们收藏、熔铸或输出国外,逐步退出市场,而实际价值较低的货币,及'劣币',则成为市面上流通的主要货币。"参见韩明:《从职称评审看高校"劣币驱逐良币"现象的成因与对策》,《高教探索》2010 年第 3 期。

[33] 邓晓芒:《黑格尔辩证法与体验》,《学术月刊》1992 年第 7 期。

[34] Bernd Schmitt, "Experiential Marketing", *Journal of Marketing Management*, Vol.15, Issue 1—3, 1999, pp.53—67.

[35] 陈望衡:《当代美学原理》,人民出版社 2003 年版,第 107 页。

[36] 在吉登斯看来,"本体性安全感"是"大多数人对其自我认同之连续性以及对他们行动的社会与物质环境之恒常性所具有的信心,这是一种对人与物的可靠性感受"。参见[英]安东尼·吉登斯:《现代性的后果》,田禾译,译林出版社 2000 年版,第 80 页。

[37] 何慧媛等:《不诚信,受害者也是制造者?》,《新华社每日电讯》2014 年 6 月 9 日。

［38］苏晓洲等：《社会诚信退至"贫困线"边缘》，《经济参考报》2012 年 11 月 26 日。

［39］贺卫：《寻租经济学》，中国发展出版社 1999 年版，第 17 页。

［40］"机会成本是指为了得到某种东西而所要放弃另一些东西的最大价值，所关注的是在做出选择时需要放弃那些本可以得到的东西。"参见谢明/张书连：《试论政策评估的焦点及其标准》，《北京行政学院学报》2015 年第 3 期。

［41］刘冰：《失信行为的经济学阐释》，《学习月刊》2001 年第 11 期。

［42］周蕊等：《"骨汤门"复"豆浆门"，洋大牌也不可信了》，《新华每日电讯》2011 年 8 月 3 日。

［43］商务部：《商务部等 18 部门共同开展 2014 年"诚信兴商宣传月活动"》，商务部网站，http://www.mofcom.gov.cn。

［44］从主客体关系上看，商贸流通企业既是商务诚信培育的对象，又可以是商务诚信培育的主体。

［45］［美］道格拉斯·C. 诺斯：《制度、制度变迁与经济绩效》，刘守英译，上海三联书店 1994 年版，第 34 页。

［46］诺思认为，在人们的行为选择的约束中，正式制度只占约束总体的一小部分（尽管是非常重要的一小部分），人们行为选择的大部分空间取决于正式制度约束。参见［美］诺斯：《制度、制度变迁与经济绩效》，上海三联书店 1994 年版，第 46—47 页。

［47］李光宇：《论正式制度与非正式制度的差异与链接》，《法制与社会发展》2009 年第 3 期。

［48］马克斯·韦伯就认为："在中国，一切信任，一切商业关系的基石明显地建立在亲戚关系或亲属式的纯粹个人关系上面。"参见［德］马克斯·韦伯：《新教伦理与资本主义精神》，于晓、陈维刚译，生活·读书·新知三联书店 1987 年版，第 87 页。在学者李光宇看来，传统中国社会具有浓厚义务本位色彩的社会，人伦、人情等日常生活交往规范已经植根于传统社会人际关系而形成，传统文化的演进使得非正式制度扎根于我们的社会结构中，非正式制度在中国仍具有典型性和强大的生命力。参见李光宇：《论正式制度与非正式制度的差异与链接》，《法制与社会发展》2009 年第 3 期。

［49］《消费"潜规则"你遭遇几个？》，《南方日报》2012 年 8 月 9 日。

［50］刘景洋等：《近五年商业不诚信案例透视》，新华网，2014 年 6 月

19 日,http://news.xinhuanet.com/fortune/2014-06/19/c_1111221860.htm。

[51] 潘中伟:《前见与认识论的重建》,《南京社会科学》2003 年第 2 期。

[52] 俞吾金:《"社会风气"应当如何理解》,《探索与争鸣》2012 年第 1 期。

[53] 何慧媛等:《不诚信,受害者也是制造者?》,《新华社每日电讯》2014 年 6 月 9 日。

[54] 同上。

[55] 洪波等:《对失信者大声说"不"——我省构筑共防共治信用体系解读》,《安徽日报》2014 年 7 月 18 日。

[56] 管爱华:《社会转型期的道德价值冲突及其认同危机》,《河海大学学报(哲学社会科学版)》2014 年第 3 期。

[57] 郭建新:《道德价值认同的路径探索》,《光明日报》2008 年 6 月 3 日。

[58] 根据笔者在上海、杭州、苏州、邯郸等地调研资料整理。

[59] [美]弗里德曼:《文化认同与全球性过程》,郭建如译,商务印书馆 2003 年版,第 137 页。

[60] 金民卿:《诚信在社会主义核心价值观建构中的意义》,《前线》2014 年第 11 期。

[61] [美]麦金太尔:《德性之后》,龚群等译,中国社会科学出版社 1995 年版,第 325 页。

[62] 《马克思恩格斯全集》第 2 卷,人民出版社 1957 年版,第 166 页。

[63] [美]罗伯特·F.哈特利:《商业伦理》,胡敏等译,中信出版社 2000 年版,第 6 页。

[64] [美]R. T. 诺兰等:《伦理学与现实生活》,姚新中等译,华夏出版社 1988 年版,第 328 页。

[65] 叶小文:《在市场经济中重建社会信任》,《人民论坛》2011 年第 11 期。

[66] 耿莉萍:《保健品市场乱象多　监管亟待加强》,《中国食品安全报》2012 年 3 月 8 日。

[67] 国家发展改革委营商环境发展促进中心:《"双十一"网购综合信用评价报告(2022 年度)》,《中国信用》2022 年第 11 期。

[68] 薛松:《双十一半数促销品价格先涨后降》,《广州日报》2015 年 12 月 31 日。

［69］胡瑞仲、聂锐：《试论企业潜规则》，《武汉大学学报（哲学社会科学版）》2006 年第 3 期。

［70］根据国家社科基金重大招标项目"推进政务诚信、商务诚信、社会诚信和司法公信建设研究"课题数据库分析整理。

［71］周秀兰、唐志强：《市场潜规则与企业营销道德博弈分析》，《商业研究》2013 年第 12 期。

［72］向楠：《调查发现 78.3%的人承认自己参与过不正当竞争》，《中国青年报》2011 年 1 月 6 日。

［73］包兴荣：《关于潜规则盛行与社会诚信缺失的思考》，《四川行政学院学报》2011 年第 4 期。

［74］李彬：《潜规则下的道德生活解析》，《湖南师范大学社会科学学报》2013 年第 2 期。

# 第四章
# 当代中国商务诚信价值观培育
# 难题的破解理路

　　针对当代中国商务诚信价值观培育过程中一些棘手的难题，上文已经对其成因及其本质进行了深入解析。循此逻辑，要想有效解决我国商务诚信价值观培育难题，培育和形塑货真价实、买卖公平、市价不二、诚实守信、童叟无欺、按时履约等价值观，需要进一步探讨相应破解理路。

## 第一节　当代中国商务诚信价值观
## 培育的目标指向

　　从效果视角而言，商务诚信价值观培育的应然（ought to be）目标在于，将关涉诚信的价值要求"灌输"给经济主体后，使之实现预期目的，达至"应该的样子"。所谓"应该的样子"，也即商务诚信价值观培育在理想上的外在形态，它表现为一种原初意义上的价值期待，是商务交往个体或社会群体在遵循商务交往活动基本规律的基础上，以符合经济主体需要和利益的方式向其传递诚信价值观念，从而扭转我国商务失信的局面，纾解"信任滑坡"所带来的价值焦虑。这意味着，商务诚信价值观培育的实质是实现由失信到诚信的"价值转向"，引导商务交往主体在追求商业利益中保持"诚信道德定力"。商务诚信价值观培育的应然目标是让诚信转化为各类商务交往活动者内在的"道德意识"、成为全社会共同的价值追求,并在此基础上产生商务交往实践中的道德动力,规范市场经济交往秩序。具体来说,它主要表现在如下三个维度。

## 一、个体维度:内化为诚信意识

"内化(internalization)概念最早由法国社会学家杜克海姆(E. Dukheim)提出,意指社会意识向个体意识的转变。"[1]从本质上看,它是主体在实践过程中"同化"和"顺应"社会所倡导的思想观念。由此而言,价值内化也是一个"由外而内"的过程,它基于个体的生活实践,并通过社会有目的、有计划的培育而将一定的价值观念、道德准则、社会规范等融入个体的道德素质。美国心理学家英格利希(H. Englishi)认为,内化意味着人类主体与某种价值意识的有机融合,是将"他者"或社会倡导的观念作为参照标准,规范自身行为。[2]于是,从个体维度来看,商务诚信价值观培育的应然指向首先就表现为"将诚信内化为各个经济主体的道德意识",这主要包含以下两个方面。

第一,将诚信价值观移植于每个商务经营活动主体的道德认知结构中。这是诚信价值观的"入脑"过程,即让每个经济主体对诚信有深刻的认知。这个过程是让经济主体对诚信经商的价值、要求、内容有正确的认识和评判,从而发展诚信道德思维能力[3],它是基于实践基础上学习和选择的结果,在基本形成后就表现为一种认知图式,具有解释和判断功能。我们积极培育商务诚信价值观,就是要让每个参与商务交往活动主体形成这样的认知结构,引导他们树立诚信经商意识,让其"知荣辱、明是非、辨美丑",对诸如"价格欺诈、随意违约、缺斤少两、假冒伪劣、以次充好、夸大宣传"等诚信缺失问题有理性的分析与判断,并真正地体会、理解商务诚信观念,深刻认识到诚信在商务交往活动中的必要性和重要性。唯有在诚信价值观培育中让经济主体认同诚信理念，形成稳定的道德认知图式和思维结构，方能使他们在商务交往活动中按照已有的道德认知方式正确看待失信现象。

第二，将诚信价值观转化为每个经济主体内在的道德基因。这是商务诚信价值观的"入心"过程，即让每个商务经营活动主体形成诚实守信的品格。商务诚信价值观培育的目的就在于将诚信内化为经济主体道德人格的一部分，从而提升其道德情操。这种指向主要体现为三点：一是让商务活动个体对诚信价值观产生强烈的情感需要。"培育"本身就蕴含着"使主体的某种情感得以产生和发展"。同样，商务诚信价值观培育的初衷也是基于商务活动主体对诚信价值观的深刻认知而孕育应有的爱憎好恶的情绪体验和内心感受。尤其是激发出商务活动主体蛰伏或潜在的诚信情感，能够对商务交往活动中的诚实者、守信者产生共鸣，表达赞扬之情，并在自己践行商务诚信理念时表现出自豪感、喜悦感等；在面对或遭遇诸如"注水肉""谎报数据""故意违约"等商务失信现象时不至于"情感冷漠"，而是在自己违背商务诚信精神时表现出羞愧感、焦虑感，从而让经济主体对诚信原则、规范等保持应有的敬畏之心。二是让商务活动个体坚守诚信为本的信念。我们在商务诚信价值观培育过程中孜孜以求的目标是让商务活动个体明白为何要坚守诚信，让其自觉认同诚信的正当性和正义性，并为践履这种价值规范而产生发自内心的责任感、使命感。就当前来说，如何让经济主体形成"诚信受益、失信受损"的信念仍是价值观培育的重中之重。三是让参与商务活动的个体将诚信作为精神追求。经济活动不仅仅是获取物质利益的过程，它还渗透着价值问题。如果作为个体的商务活动者能够真正内化诚信意识，那么就意味着他们将诚信经商视为必须遵守的价值规范，面对商务领域存在的价值失范问题时，也会秉持理性批判态度，不盲目效仿失信行为，而是坚守诚信品质，始终不渝地坚持诚信经商。商务诚信价值观培育的应然指向,也就是让每个商务交往活动人员能够在道德层面不断超越自我,追逐商业利益但不可丢失诚信,乃至面临利益受损时也能以强大意志克服困难,坚持诚信经商原则。

## 二、群体维度:凝聚为诚信共识

在哲学家黑格尔看来,所谓共识乃是"个体独立性和普遍实体性在其中完成的巨大统一的伦理精神"[4]。培育商务交往活动个体的诚信意识固然重要,但如果整个商务领域内缺少最基本的诚信共识、没有良好的诚信风尚,单凭商务活动者自身的高尚品德不仅难以提升群体诚信水平,甚至当他们置身于现实商务交往活动时,还可能主动或被动地适应不正当的"商务潜规则",最终难以坚守商务诚信价值观。因而,商务诚信价值观培育的预期目标还在于从群体维度培育良好的诚信风尚,让诚信成为商务交往活动中的价值共识。

首先,建构"诚信兴商"的共同认识。马克思指出:"人的本质不是单个人所固有的抽象物,在其现实性上,它是一切社会关系的总和。"[5]商务交往活动参与个体不是孤立地进行商业事务,他们是在彼此互动的社会环境中生存和发展的。因而,如何使商务交往活动群体对诚信形成基本一致的价值认识,弄明白诚信兴商的实质内容、价值意义等,就成为商务诚信价值观培育的重要目标。不过,商务领域中的诚信价值共识不会自发形成,也不可能直接存在,它需要人们根据现实环境去宣传、引导,促使广大经济主体自觉追求诚信价值观。因而,我们要积极培育商务诚信价值观,让广大商务活动主体对"童叟无欺、守诺践约、货真价实、诚实交易"等价值观形成基本或根本一致的看法,产生共同的认识和理解。更重要的是,一旦出现诸如"制假售假、恶意欺诈、偷工减料、弄虚作假"等商务失信现象时,他们不应持有暧昧或熟视无睹的态度,而必须谴责并抵制这种现象。实质上,从群体意义上培育商务诚信价值观,旨在塑造一种"诚信经商"的公共价值,形成商务领域"最大公约数"的价值认同,进而让诚信成为经济主体的基本价值追求。

其次,坚守以诚信为底线价值的判断标准。从群体角度来看,各类商务活动主体固然存在多种价值诉求,而且在道德素养上也有先进与落后之别,但商务交往过程中的诚信价值却是一种"最低限度的规范",也即"道德底线"。在这个意义上,商务诚信价值观培育的应然目标是让诚信成为所有经济主体必须遵守的价值规范,成为商务交往活动中公认的评判是非的尺度,并在此基础上获得商务活动参与群体的理解和支持,形成基本一致的价值评价,从而使人们在多元价值选择中寻求以商务诚信为核心的"重叠共识"(overlapping consensus)。尤其是在当前社会深度转型期,如何让商务交往主体在多元价值选择中认识到某种行为的合法性和合理性,扭转"老实人吃亏、无商不奸"的价值取向,并形成"不敢失信、不能失信、不想失信"的氛围,是商务诚信价值观培育应该达至的目标。

再次,倡导"守信光荣、失信可耻"的商务风尚。风尚是社会群体深层价值观的外在反映,它通过某种"流行的风气和习惯"表现出来,并使身在其中的人们"不由自主"地模仿或跟随。我们不遗余力地培育商务诚信价值观,一个重要的预期目标也是要倡导良好的诚信风气,让商务领域充满"守信光荣、失信可耻"的"正气"。说到底,良好的商务诚信风尚实际上形成的是"有社会影响力"的价值倾向,它使经济主体自觉认同诚信规范,共同抵制"质次价高、虚假宣传、见利忘义、以假乱真"等歪风邪气。

## 三、实践维度:外化为诚信行动

从系统视角来看,价值观本身蕴含的看法、态度、评判尺度应该与人们的外在行为具有一致性。如果一种已然形成的价值观没有"指引行为"的作用,那么就意味着相应的价值观培育目标尚未达成。因而,如何促进经济主体内在的诚信价值观转化为外在行为也是价值观培育中的重要环节。在此意义上,"外化为自觉行动"同样是商务诚信价值观培育的题中应有之义。但问题是,由于商务领域涉及"利益纠缠""市场竞争"等因素,因而商务诚信价值观外化于行的应然目标有其自身的特殊性。

一方面,保证商务活动主体内在诚信价值观转化为行动的顺畅性。商务诚信价值观培育的最终归宿在于"介入现实",使商务活动主体内在诚信精神与外在行为有效衔接,从而达至"知行合一"。不过,"商务诚信外化于行"应该观照经济主体的利益诉求。因为只有这样,商务诚信价值观才能真正渗透于外在实践中,避免沦为空洞的"说教",进而保证经济主体践履诚实守信意识的顺畅性。特别在外部监督缺失或面临利益诱惑时,如何促使商务活动主体的经济行为依然立足于诚信价值观之上,是当前商务诚信价值观培育应该实现的目标。

另一方面,增强商务活动主体内在诚信价值观转化为行动的自觉性。从价值实现角度看,商务诚信价值观培育的预期目的在于促使经济主体"潜在的诚信价值"转变为"现实的诚信行为",从而有效引领人们的商务交往活动。尤其我国正处于经济社会深度转型的关键时期,不能忽视商务诚信价值实现过程,而需要让商务活动主体的外在实践服从于内心的诚信原则,形成自觉性的实践理性。在康德看来,外在表现的实践理性建基于其"德性论"基础上,应该具有"自主性"(autokratie)和"自律性"(autonomie)特点,这具象化到"商务诚信外化于行"的预期目标上,就是经过诚信价值观培育使经济主体进行自我约束,主动选择诚信行为,按照商务诚信道德、规则、秩序的基本要求参与商务活动,而不应该非理性盲从社会上的失信行为。

## 第二节　破解商务诚信价值观培育难题的思路

随着我国社会主义市场经济的深入发展,基于"熟人社会"的商务交往活动模式逐渐转变,如果我们在进行商务诚信价值观培育过程中没有观照经济社会转型背景,那么就难以在"陌生人社会"求解商务诚信价值观培育难题。因此,新环境下破解我国商务诚信价值观培育难题,应该注意如下几个方面。

### 一、尊重商务交往活动规律

在社会主义市场经济条件下,商务诚信价值观培育应该坚持诚信受益原则,让诚信者获得利益、让失信者付出代价。从历时态视角来看,在破解商务诚信价值观培育难题上,很多学者常常会陷入重义轻利或重利轻义漩涡,从而致使培育效果不佳。从新中国成立到社会主义市场经济建设初期,由于人们深受传统思想文化影响,认为商务诚信价值观培育应该诉诸道德自觉,提升经济主体的诚信素养,并且以道德标准来衡量商务活动者的经济行为,相对忽视物质利益的重要性,甚至将"义"拔高到完全超越物质利益的位置。不可否认,伦理规范、道德原则对于商务诚信价值观培育至关重要。从本质上看,商务活动主体的道德获得感和道德自觉意识是商务诚信价值观培育的内生基础,它们"强调的是生活在一定道德环境的人对自身道德具有'自知之明'"[6]。商务经营活动主体只有具备应有的道德自觉,认识到商务诚信是一种稀缺资源,将商务活动与诚信道德统一起来,形成彼此促进的共生关系,特别是能够自觉反省自身的言行举止,不断提升个体道德判断力,才能为商务经营活动主体形成内在、深层的诚信价值观提供条件。就我国商务领域的现实情况看,虽然掺杂使假、缺斤少两、虚假宣传、违规促销等失信问题层出不穷,但很多商务经营活动主体也认识到诚信兴商的重要意义,并在一定程度上具有道德自觉意识,这为我们积极培育商务诚信价值观奠定了基础。如果商务经营活动主体缺少应有的道德自觉,追求市场利益最大化,将商务活动与诚信道德对立起来,认为二者具有异质性的目的逻辑,甚至视以次充好、夸大宣传、隐性提价、变相欺诈等为经商手段和伎俩,那么就意味着他们并未真正将诚信内化为自我的道德品质,可能会在商务交往活动中逃脱道德责任。正如鲍曼所说,当"道德责任"从"道德自我"中剥离出来,人们为追求自身利益而弱化伦理规范的约束,一些道德行为也就失去理性评判标准,最终导致道德本身价值虚化[7],这显然不利于商务诚信价值观培育的有效推进。

问题在于,商务诚信价值观培育需要注重"义"层面,但同样不能忽视"利"的层面,应该坚持义利结合。正是在此意义上,亚当·斯密指出,市场参与者既是高尚道德情操的坚守者,也是一个理性经济人,是利他与利己的结合。因为在社会主义市场经济条件下,应对商务诚信价值观培育难题,我们不能忽视这样一个问题:培育过程必须立足经济社会具体情况,保持现实关切。也即是说,我们在治理商务失信现象、形塑经济主体商务诚信价值观时,应该深度契合商务活动规律。在社会主义市场经济背景下,获取正当、合法利益是商务活动者的基本目标,也是他们从事商务交往活动的核心动力。我们可以看到,改革开放以来,经济社会逐渐转型已经成为不争的事实。这不仅表征为人们生产方式、生活方式实现由传统向现代的结构性变革,而且也深深体现在市场参与主体的思想道德、价值观念的转变上。尤其在商务领域,经济社会的深度转型不仅提升了人们参与经商的积极性,而且经济主体从避谈利益到公开宣称追求利益,深层反映出经济社会环境的转变。经济伦理学家阿马蒂亚·森说:"否认人们总是唯一地按照自利的方式做事,并不意味着人们总是不自私地做事,说自利行为在大量的日常决策中不起主要作用肯定是荒诞的。"[8]因此,破解商务诚信价值观培育难题,积极引导经济主体恪守公平交易、货真价实、童叟无欺、按时履约等价值要求,就不能对利益不闻不问,单纯强调至高无上的道义,而应该从利益层面进行引导,坚持"诚信受益、失信受损"原则。这意味着,我们不仅要注重经商的伦理规范和道德原则,使商务活动者因诚信经商而得到褒扬,积累良好信誉,获得人们一致好评,而且还要观照经济主体切身利益,让诚信者获取应得利益,为其坚持并践行公平买卖、诚实守信、童叟无欺、遵诺践约等价值理念提供动力支持。

## 二、灵活运用相应培育范式

在商务领域,培育诚信价值观应该观照经济社会转型的现实逻辑,要求我们对所选择、运用的培育范式进行合理定位、评价,注重与现实环境的匹配,根据现实情况治理商务失信问题,避免所采用的培育范式与现实环境不相适应,从而导致商务诚信价值观培育范式紊乱问题。

一方面,应该穿越商务诚信价值观培育范式固化的壁垒。通常而言,商务诚信价值观培育的范式主要包括道德培育、制度培育、实践培育与舆论培育等。从深层次看,在治理范式上破解商务诚信价值观培育难题的关键在于突破一成不变的解释框架和评判标准。在商务诚信价值观培育范式的选择和运用上要树立适切性思维。各级商务部门及其他主管部门不能仅仅将以次充好、偷工减料、变相涨价、夸大宣传等商务失信问题置于道德缺失的解释框架中或简单视其为"道德滑坡"现象,进而以一种不变的传统标准将视界聚焦于商务活动参与主体的道德人格塑造上。而应该根据现实的商务生活环境来深入探析商务失信问题的发生逻辑,从而有针对性地选择和运用商务诚信价值观培育范式。实际上,商德商誉滋养、企业制度约束、诚信舆论引导、商务风气影响等难以在轻重上进行排序。因而,我们在选择和运用这些商务诚信培育范式过程中不能以固化、对峙态度对待它们,也不能因为其中一种培育范式适合现实情况并有利于培育商务诚信价值观,就难以认同其他培育范式的功效。譬如,我们在商务诚信价值观培育过程中,推崇德性本位的培育范式,注重以诚信品质塑造商务活动参与主体的道德人格,不能忽视社会舆论对商务诚信价值观培育的作用。同样,市场经济背景下,诸如"商务诚信档案制度""商务诚信监督制度""商务诚信惩罚制度"等在促进商务诚信价值观培育过程中发挥着不可替代的作用,但我们不能据此认为,只要选择和运用制度培育范式就能帮助市场参与主体树立诚信兴商意识,而忽视舆论培育、道德培育的作用。以治理商务领域中的违约为例,故意或恶意违约方固然是其自身道德品质问题,应该加强诚信履约意识教育,但在市场经济条件下这也是一种违背契约的问题,更需要我们从制度培育范式来强化人们的诚信经商意识,而不应仅仅停留于道德宣教中。

另一方面,应该避免商务诚信价值观培育范式错位问题。在商务诚信价值观培育过程中,之所以会出现治理范式错位问题,主要是混淆不同培育范式的功用以及缺少对现实商务生活的关注,从而在培育范式选择和运用上陷入混乱。从商务诚信价值观培育范式的作用范围和功能定位看,道德滋养着眼于培养商务活动参与主体的诚信人格,诚信制度约束在于降低不确定性,舆论引导有助于形成诚信兴商共识,诚信实践活动可以让人们体验和感受童叟无欺理念,诚信习俗能够培养人们习焉不察的观念,等等。因而,我们积极培育商务诚信价值观,要依据现实商务交往活动情况采取针对性培育范式,而不能在应该采用商务诚信道德培育方式时却诉诸失信制度惩罚、应该依靠商务诚信制度约束时又迷恋道德说教、应该引导舆论形成诚信兴商共识时还聚焦于个体化引导等。

## 三、推进培育方式协同互动

破解商务诚信价值观培育难题涉及方方面面的因素,需要处理和协调各种关系,所以采取的各项治理方式也应该彼此配合、相互支持,避免顾此失彼、相互割裂,以期形成培育合力。从当前商务领域实际情况看,坚持协同性原则,要以统合[9]思路来积极培育诚信价值观,这需要处理好以下三方面关系。

一是道德与制度并重。从宏观视角来看,尽管学界针对商务诚信价值观培育问题提出诸多颇具启发性的解决方案,但论争的焦点和分歧则集中于"制度"[10]与"道德"。换言之,在破解商务诚信价值观培育难题的思路依赖上,"制度论"与"道德论"相互纠缠、对峙,各自拥护者大都以自我视域(horizon)审视对方,甚至为获得理论合理性、优先性而互相诘难。"道德论"者通常认为"以次充好""坑蒙拐骗""虚假宣传"等商务失信问题更多是一种"道德滑坡"现象,主要表现为商务活动参与者诚信道德信仰的衰落,所以应注重社会舆论、德性习俗、人格修养的积极引导作用。"制度论"者则认为诚信道德理想主义和个人心性修养或许可以起到一定效果,却不能将其确定为商务诚信价值观培育的主导思路。只有建立与社会主义市场经济相适应的诚信制度体系,依靠"硬约束",才能最终在"陌生人社会"中确立商务诚信价值观。在商务诚信价值观培育思路中,"道德论"与"制度论"孰优孰劣、孰主孰次之争反映出人们在此问题上的一种"划界意识",各自拥护者以"两分性"思维批驳对方。实质上,商务诚信价值观培育之关键在于使人们建构起对诚信本身的敬畏之心,也即对商务诚信产生既敬重又畏惧的情感、态度、信念。但不管是"敬而生畏",还是"畏而生敬",都离不开道德建设与制度建构的相互支持,而且这种"支持"是借助二者相互介入、互动互补的方式。一方面,商务诚信道德建设离不开"外在性"的商务诚信制度保障。社会主义市场经济背景下,商务诚信制度能够通过惩罚、威慑等外在规范促使经济主体养成诚信经商品质,避免商务诚信道德本身的脆弱性问题。尤其是直接涉及商务伦理的制度化设计,内蕴着诚信品质和要求,借助制度本身的权威性、规范性、强制性特点得以确证自身存在。另一方面,商务诚信制度也离不开商务诚信道德支撑。因为制度本身不可能是完美无缺的,它的效用发挥还要通过经济主体的切实执行才能实现。只有具备高尚道德觉悟和人格力量的经济主体才可能更好地实施商务诚信制度,避免出现"规避制度""明知故犯""知行脱节"等问题。

二是政商协作。从广义上看,市场经济背景下的政商关系涉及政府与企业、官员与商人两个层面。前一个层面实质上指涉社会主义市场经济深入发展过程中的政府职能转变问题。在当前经济环境下,政府不能固守计划经济时期的职责职能,将自身视为凌驾于企业之上的指挥或控制角色,而要根据时代要求转变职能,更多地塑造服务型角色。这意味着,政府在参与市场调节、治理商务失信过程中要尊重市场规律、科学决策、公开透明,以政企分开的思维规范自身职能,该管的必须及时介入,不该管的交由市场调节,不能以行政权力干预商贸流通企业的市场运行。如果政府与商贸流通企业进行交往中存在行为失范、管理缺位、干预错位问题,那么就可能催生拍脑袋决策、包庇纵容、违规管理、暗箱操作等失信现象。例如,对于一些企业存在的不守承诺、偷工减料、随意爽约、金融诈骗、价格欺诈等失信问题,政府要依法行使权力,加大干预与制裁力度,维护市场秩序。但对于诸如项目投标招标、政府采购等,政府相关部门要让商务经营活动主体公开竞争,不能进行过多干预,以免催生政企勾结、虚开发票、弄虚作假等商务失信现象。由此可见,政府与企业的关系唯有合理、正当,既重视发挥政府的应有作用,又强调市场在资源配置中的决定性作用,使"看得见的手"和"看不见的手"互补共生[11],尤其是不断转变政府职能,发挥它的服务型角色,才能有效治理商务失信问题,促进商务诚信价值观培育。在后一个层面上,官员与商人的关系是否正当也直接影响商务诚信价值观的有效培育。习近平总书记在倡导新型政商关系时指出:"官商之间淡如水,要相敬如宾,不要勾肩搭背。"[12]所谓官商关系要"淡如水""相敬如宾",意指应该破除官商之间存在的隐秘共谋,不能暗中勾结,搞权钱交易,而应该正常交往、坦坦荡荡。在商务领域,如果官员与商人关系异化、不正当,诸如为官者以权谋私、商人行贿拉拢官员,那么官员在面对以次充好、掺杂使假、夸大宣传、变相涨价等商务失信问题时可能因他们之间的暧昧关系而"网开一面"或"睁一只眼闭一只眼",不仅不严格行使自身职权、执行相应制度,反而可能庇护商人的失信行为,使之逃避监管。与此同时,商人也会因为得到官员的"荫蔽"或"照顾"而更加肆无忌惮、有恃无恐,进一步滋生商务失信行为。这样不正当的官商关系显然对积极培育商务诚信价值观起到阻碍作用。因而,官员与商人之间的关系是否融洽和正当,直接影响商务诚信价值观培育效果。只有摆正官商关系,形成融洽、良性的互动关系,才能推进商务诚信价值观有效培育。

三是知行统一。"知""行"关系是中国道德哲学中的特殊问题。"知"通常是指主体的道德认识、思想观念,"行"通常是指主体的道德践履、行为表现。尽管很多思想家对于知行的先后顺序、主次位置、难易程度等存在争论,但大都对知行统一有某种程度的共识。同样,破解商务诚信价值观培育难题,也应该注重知行统一。具体而言,就是要求商务交往活动者既要对平等交易、买卖公平、货真价实、童叟无欺、诚实信用、遵诺践约等价值理念有正确的认知,养成诚信经商的道德品质,又将这些理念应用于实际商务活动中,在道德践履中加深对商务诚信价值观的理解。从本质上看,商务诚信道德认知与商务诚信道德实践彼此相连、互为表里、不可分割。商务诚信价值观本身不仅蕴含着诚信经商理念,而且也必然要求在对象化道德践履中确证自身。也即是说,破解商务诚信价值观培育难题应该坚持知行协同原则,如果经济主体仅仅了解和熟识商务诚信理念,而不去践履、实践,或者在行动时不遵从所认知的诚信经商要求,却践行以次充好、缺斤少两、假冒伪劣、坑蒙拐骗、恶意违约等悖反诚信的价值理念,那么就不能算是"真知",经济主体也会产生相应失信行为。同时,商务活动者也需要在道德践履中验证诚信本身的合理性与正当性,反过来加深对诚信经商的理解。

## 四、倡导商务诚信渗透教育

所谓"渗透",原意"是指自然界两种气体、液体间的混合,或从液体(物体)的空隙透过",后来被"引申为一种事物或势力逐渐进入和深入其他方面,产生影响"[13]。循此语义,商务诚信价值观培育中的教育渗透,也即采取各种柔性的、间接的、隐蔽的方式、手段、途径使公平交易、平等交换、货真价实、童叟无欺、诚实信用、遵诺守约等理念成为商务活动者的基本价值追求,成为商务领域的价值共识。从当前实际情况看,商务诚信价值观培育之所以频频遇到难题,一个重要原因就是依然采用生硬灌输、单向说教、抽象宣传等方式,难以激发经济主体情感,得不到他们的内心认同。实际上,破解商务诚信价值观培育难题应该让诚信经商价值观寓于教育宣传、实践活动、道德涵养中,使之相互融合、相互贯通,达到"润物无声"的效果。从受众角度来看,喜闻乐见的商务诚信培育方式能够更好地实现商务诚信价值观的个体内化和群体认同,使经济主体受到感染和熏陶,在潜移默化中接受、践行诚信价值观念。

从整个商务交往环境来看,坚持商务诚信渗透教育还应善于将诚信价值观融入日常经济生活中,并通过日常活动确证商务诚信价值观本身的正当性,以此使经济主体在耳濡目染中受到感染和熏陶,从而接受、践行诚信经商理念。正如有学者所言:"真正成为社会公共价值的有效部分的东西,一定不仅仅停留在义理的层面,而是经过风俗、习俗深入到心理的层面,成为人们习焉不察的观念。"[14]这意味着,破解商务诚信价值观培育难题,不能只是从抽象理论层面强化诚信经商的价值意义,而要使之融入商务交往生活之中,营造良好的风气。商务诚信价值观只有融入、落实到商务生活领域,才能真正发挥作用。也即是说,商务诚信价值观要与现存的具有正向意义的习俗、风俗、舆论等相互支撑,而不是自相抵牾,从而使商务诚信沉淀为国人的一种道德信仰和文化心理。事实上,商务诚信价值观也只有介入日常经济交往活动,成为市场参与者最基本的价值规范,才能真正得到他们认同。

## 第三节　破解商务诚信价值观培育难题的机理

从学理上看,价值观作为一种思想意识,是主体把握客观存在的一种思维或倾向,它的形成与变化建基于一定经济社会环境之上。这意味着,人们的价值观不是先验存在、主观自生的,它离不开客观对象与社会实践,是在主体现实活动基础上逐步形成和发展的。[15]同样,商务诚信作为市场经济所内蕴的价值观念,其培育过程同样建基于实践上,受多种因素影响,这些因素相互制约、相互联系、相互作用,形成商务诚信价值观培育的机理。在商务诚信价值观培育过程中,虽然影响因素涉及范围较广,但按照其与商务诚信价值观培育的关联程度,主要包括以主体需要为核心的内在因素和以客观条件为核心的外在因素。商务诚信价值观有效培育的机理,就是内外因素相互联系、相互作用而形成具有复杂结构的运行过程。在这之中,虽然以主体需要为核心的内在机制和以客观条件为核心的外在机制表现为不同属性、不同类型,但却相互衔接、整体联动,从而形成商务诚信价值观培育的合力。

## 一、激发以经济主体诚信需要为导向的内在驱动力

马克思指出,"在现实世界中,个人有许多需要","他们的需要即他们的本性"。[16]人本主义心理学家马斯洛提出著名的"需要层次理论"(hierarchy of needs),并根据阶梯式顺序将"生理需要"(physiological needs)、"安全需要"(safety needs)、"爱和归属感"(love and belonging)、"尊重"(esteem)、"自我实现"(self-actualization)视为主体生存和发展的基本需求。在作用和功能指向上,主体的需要是驱动一切行为发生的关键,人们从事某项活动最终是为了满足自身的欲望或要求。商务诚信价值观培育的内在机理,旨在引导和激发商务活动主体的需要,从而促使商务经营活动主体认可、认同和接受诚信经营、诚信兴商的价值观。也即是说,正是在"满足需要"的引导和刺激下,才使得商务经营活动者对诚实守信价值观产生追求的内驱力,从而为商务诚信价值观有效培育奠定基础。为了深入探讨商务诚信价值观培育的内在驱动力,本书不打算对商务经营活动者的每种需要进行面面俱到的分析,而是着重从影响商务活动主体的三大"优势需要"(价值认知、利益认同、情感激发)来阐释商务诚信价值观培育的内在机理。

(一) 价值认知与商务诚信价值观培育

从认识论角度来看,我们要使商务经营活动主体树立和践行货真价实、等价交换、童叟无欺、诚实守信的价值规范,需要让人们认识到诚信经商本身的价值意义,明白诚信在市场交往和竞争中的影响和功能,从而产生价值认知的需要,发挥其价值驱动作用。在市场交往活动中,商务诚信价值观难以培育的症结恰恰在于,人们对商务诚信本身的价值认识模糊,停留于一知半解,甚至在失信"潜规则"影响下反而将诚信经商视为一种"吃亏"的表现,导致商务诚信价值驱动力变弱,乃至失去效用。特别是随着经济的快速发展,整个社会陷入"价值迷失"之中,人们在追求利益过程中缺少

价值追问,甚至对"什么是值得做的、什么是不值得做的"这样的问题缺乏基本的道德考量。一些商务经营活动主体正是在为何要坚持诚信经营的问题上存在认识误区和偏差,不明白商务诚信对个体和社会发展的价值意义,所以只从自身利益得失权衡诚信价值,为逐利不愿意在商务活动中增加诚信成本,不愿意为提升诚信水平提供物质支持和精神支持,反而采取一些狡诈虚伪、投机取巧、欺骗等手段参与市场交易,试图以"小成本"换取"大收益"。在他们的价值认知中,商务诚信与经济收益是对立关系,虽然诚信是一种应然的价值追求,但如果严于律己或不默从失信"潜规则",可能不利于产生"竞争优势"。但这种价值认知却是以增加整个社会交易成本、败坏诚信风气为代价的,进而造成社会资源配置效率低下、社会流通成本增加、市场交易受阻,最终损害私人利益。

商务经营活动主体只有对诚信本身的价值意义有正确认知,从内心认同它是一种"善"或"正当",是市场参与主体应该遵守的价值规范,才能激发人们对其产生强烈需要的原发性动力。从内在逻辑看,这种正确价值认知动力的作用在于,它具有价值导向与引人向善的功能,驱使商务经营活动主体注重产品质量、不断提升服务水平、维护公平竞争秩序、坚持童叟无欺品质。马克思指出:"道德的基础是人类精神的自律。"[17]从本质上讲,商务诚信价值驱动,就是在满足商务经营活动主体需要的基础上让其产生对诚信经商"精神上的自律"意识,并激发和释放出双重力量:一是认同、践行诚信经商的牵引力。因为商务经营活动主体深刻认识到诚信经商的真正价值,所以能够将商务诚信作为参与市场交往的价值追求和前进目标,于是会产生一种价值牵引的力量,使其在市场买卖过程中理性看待商务交往价值规范,自觉遵循诚实守信要求,规范自身言行举止。二是谴责、抵制失信经营的排斥力。意识到商务诚信重要性的商务经营活动者虽然在市场交往过程中也注重获利,但他们不会为了追求短期利益而采用诸如缺斤少两、以次充好、虚假宣传、投机取巧的失信手段,并对商务失信现象进行谴责、反对。特别是不去迎合所谓商务经营"潜规则",揭露它对个人利益和社会发展的危害,引导市场交往主体坚持诚信兴商价值观。

(二)利益诉求与商务诚信价值观培育

在商务诚信价值观培育过程中,利益需要能否成为诚信经商的催动因素,一直存在着质疑声音。从内在逻辑看,这一议题背后折射的是利益需要与道德选择问题。很多学者认为,提升主体诚信品的手段应该聚焦于道德畛域内,如果将利益需要与诚信道德勾连在一起,试图依靠外部刺激手段来实现道德提升目的,那么可能导致手段侵害目的的问题,最终不利于提升人们的诚信水准,所以利益本身并不是一种"合目的"的动力因素。例如,有些人将利益视为"天然的反道德力量",或是认为"道德就是对利益驱动欲望的克制",这种对立思维割裂了道德与利益的内在关联,它符合人们对经济活动参与者的道德期待,将一切追求利益的活动视为"自利""鄙俗""奸诈"的不道德行为,主张将利益排斥在道德之外。归纳而言,他们质疑的理由在于:一是人们是否坚持诚信选择主要靠主体的道德自觉意识。利益需要仅仅是外部刺激,这种刺激能够发挥作用,但必须依赖于主体本身的道德素养。假如主体内心并不认同和赞成诚信规范,利益调节手段就可能形同虚设。最重要的是,道德选择是超功利的,它不需要或尽量减少利益的介入。二是利益需要会产生道德实用主义或道德功利主义问题。在一些学者看来,利益与道德归属于不同的领域,二者具有异质性的目的逻辑。前者会刺激主体的逐利本性,引诱人们产生自私自利的行为;而后者则在于提高主体的人格修养,引人向善。以利益需要来驱动人们的道德选择,产生的结果可能会使道德本身染上"功利"色彩。于是,人们在进行道德选择或付诸道德实践时,首先会考虑和权衡它是否给自身带来利益。如有利可图,人们便会积极认可诚信道德选择并产生相应行为,如无利可图抑或招致损失,人们便会见利忘义,丢弃诚信价值观。更可怕的是,以利益需要来刺激、驱动道德选择,会使有些人为了获利而"利用、玩弄"诚信道德,只是将诚信作为逐利的手段和伎俩,甚至表面上满口仁义道德,而背后却进行失信交易。因而,很多学者认为利益驱动恰恰是道德缺失的罪魁祸首,使得以次充好、虚假宣传、变相提价等失信现象层出不穷。

从防范道德实用主义或道德功利主义视角看,上述质疑有一定合理性。但商务诚信作为一种引人向善的价值规范,不可避免地与利益纠缠在一起。尤其在当前社会主义市场经济深入发展的背景下,商务经营活动主体从事市场交往的一个重要目的在于获取利益,以期满足自身需要。这也意味着,满足商务经营活动主体需要的利益,也能够成为他们遵守商务诚信价值观的重要驱动力。不过,利益本身有正当与不正当之分。不正当利益也可能是促使商务经营活动主体作出诚信选择的动力,却是不可取的。商务经营活动主体的正当利益才是他们遵守诚实守信的重要驱动力。它之所以具有引人向善的功能,是因为商务经营活动主体预期到,如果坚持货真价实、童叟无欺、一诺千金、诚实守信的价值观会获益,那么这种利益刺激会激发他们的诚信兴商意识与行为。需要指出的是,利益驱动不能局限于资金、津贴、业绩、税收优惠、招投标政策倾斜等功利型激励,还应包括颁发荣誉证书、授予诚信品牌、宣传诚信典型等符号型激励。同时,让利益需要成为商务诚信价值观培育的驱动因素,也不能只注重正向激励的引导作用,还应该发挥负向激励的功能,通过对那些存在缺斤少两、以次充好、夸大宣传、故意违约、金融诈骗等问题的商务经营活动主体进行惩罚来倡导诚信价值观。因为诸如交纳罚金、责令整改、吊销执照、限制参与投招标、列入失信"黑名单"等惩处能够让商务失信者遭受利益损失,进而促使他们规约自身行为,接受并践行商务诚信价值规范。

事实上,将利益需要作为商务诚信价值观培育的驱动力,也是现代诚信价值规范的必然要求。改革开放尤其是社会主义市场经济建设以来,市场调节在道德领域发挥着愈来愈大的作用,从而也使利益与道德的关联更加紧密。正是在此背景下,经济与道德日益交织在一起。经济伦理学家阿马蒂亚·森指出,解决伦理道德问题不能局限于这个学科本身,还需要借助经济学中的"方法"与"应用程序",这样才能进行更加有力的阐释和解答。培育商务诚信价值观,同样需要借助作为经济学范畴的利益来增强效果。在市场经济深入发展的情况下,传统的道德约束与人格修养固然还是商务诚信价值观培育的基础,但它已经表现出脆弱性和无力感,将其拔高到不涉及利益的层面,可能只会让商务诚信染上一层"乌托邦"的色彩。现代商务诚信价值规范建基于市场经济基础之上,它虽然仍具有道德"超功利"属性,但这不能成为其拒斥利益驱动的理由。一方面,现代商务诚信价值规范需要物质利益或精神利益的激发、拉升、规约效应,促使人们在竞争中守护诚信价值观,做出正确的价值选择;另一方面,现代商务诚信价值规范也需要契约规约、制度约束、舆论谴责所蕴含的利益调节机制,让守信者受到褒扬,让失信者受到惩罚。当然,利益驱动绝非要把商务诚信规范引向歧途,产生道德实用主义或道德功利主义的风险。我们倡导利益允诺、市场回报,目的是刺激商务经营活动主体在追求合法与合理利益前提下获得诚信经商的动力。

(三)情感激励与商务诚信价值观培育

商务经营活动者是在具体生产关系中从事经济交往活动的,在此过程中他们不仅要遵守一定的交易准则,而且面对的对象也是处于现实中的"活生生的人",这不可避免地涉及情感因素。因为人们在市场交往中总会对"交往准则"和"交往对象"产生积极、愉快或消极、厌恶的体验,即肯定或否定、喜欢或讨厌。而情感体验本身具有特殊的"施动性",正如列宁在阐释情感与真理的关系时指出,"没有人的情感,从来没有也不可能有人对真理的追求"[18],以此说明情感本身的驱动作用。情感的这种"施动性"表现在商务诚信领域,就是积极、愉悦的诚信情感会促使商务经营活动主体为坚持诚信经商而努力,而消极、厌恶的情感体验会让商务经营活动主体敷衍应对商务诚信价值观培育活动。

商务诚信本身就是一种蕴含积极、愉悦情感的道德品质。英国哲学家休谟认为,德性代表着一种令人"感到愉快或赞许"的品质。[19]当经济主体在市场交易中获得一种诚信体验时,他得到的不仅是"商品或服务",还有积极的情感。因而,商务经营活动主体通过诸如诚信事迹感染、诚信氛围熏陶,可能会获得对货真价实、童叟无欺、守诺遵约、公平交易、诚实守信等价值观的积极情感,产生情感上的共鸣与认同,驱使他们自觉趋近诚信价值观,并以坚忍的意志为之付出坚定的行动,从而较为重视商务诚信价值观培育,积极配合商务主管部门、企业协会等组织的各项活动,严格按照商务诚信制度从事市场交往。反之,如果商务经营活动主体对货真价实、童叟无欺、守诺遵约、公平交易、诚实守信等价值观持暧昧、厌恶乃至否定的态度,那么他们可能排斥诚信经商要求,不仅难以遵循商务诚信价值观基本原则,而且还可能嘲讽、利用商务诚信价值观,甚至打着诚信经商的幌子谋取不当利益,也不会积极培育商务诚信价值观。从情感体验生成过程看,积极的诚信情感产生于商务经营活动者与他人交往过程中。之所以要正确发挥情感的驱动作用,原因还在于积极的情感会驱使商务经营活动者将这种获得的愉悦诚信体验"移情"到市场交往的其他对象身上,这显然有益于商务诚信价值观通过人际交往进行传播。

## 二、增强以"宣教—约制—奖惩"为核心的外在驱动力

在商务诚信价值观培育过程中,价值认知、利益诉求、情感激发固然是必不可少的内在运行机理,但只有这些"需求性"影响因

素还不能有效促使商务活动者认同和接受诚信价值观,它仍然需要通过外在机理予以强化,即对商务活动者施加外在约束,从而促使其遵守诚实守信价值要求。具体而言,商务诚信价值观培育的外在机理主要表现为如下几个方面。

(一)宣传教化与商务诚信价值观培育

纵向考察人类价值观教育历史,我们不难发现宣传教化在社会发展过程中起着至关重要的作用。通常来说,宣传教化是指教育者根据社会发展需要和目标,通过一定的措施、手段、途径将道德要求、价值规范、行为准则等转化给教育对象的过程。宣教的核心目的在于,通过宣传、教育和感化而使人之为人。《礼记·经解》中阐述了教化的作用:"故礼之教化也微,其止邪也于未形。"意思是虽然礼仪教化如微风细雨,却对歪风邪气具有潜移默化的抵制作用,《诗·周南·关雎序》所言"美教化,移风俗"也表达了同样的意思。对于商务诚信价值观培育而言,宣教也就是通过理论灌输、价值阐释、舆论宣传、教育引导等方式促使商务活动主体对货真价实、买卖公平、遵约践诺、童叟无欺、诚实守信的价值观接受和认同。

在商务诚信价值观培育中,宣传教化侧重于对人的塑造,也即对商务活动主体进行教育感化,这对于培养什么样的商务活动主体无疑具有重要意义。实际上,宣传教化是推动社会有效运转的重要活动,它是连接主体思维与客观知识的中介与桥梁。以群众喜闻乐见的形式开展宣教活动,有助于传播正确的思想观念、道德准则,引导广大群体接受、践行社会所倡导的价值观。同样,以宣传教育促进商务诚信价值观有效培育,如果能够将诚信经商的要求、内容、规范嵌入商务活动的方方面面,那么就能起到潜移默化、春风化雨的效果,让商务活动者印象深刻,产生共鸣,从而增强童叟无欺、诚实守信、公平交易、恪守信用等商务诚信价值观的说服力和感染力,进而能够促使经济主体辨是非、知荣辱,明白遵守诚信经商原则和要求不仅是对消费者、合作者、竞争者负责任的表现，而且也会因此而受益，最终获得市场的认可和尊重。反之，如果经济主体无视诚信价值规范，以投机取巧、坑蒙拐骗、虚假承诺等失信手段追逐不正当利益，那么他们会因此而被人们唾弃，受到相应惩罚，致使自身信任受损，失去市场竞争力。

（二）规导约制与商务诚信价值观培育

在商务诚信价值观培育过程中，规导约制是指通过规范性、强制性、威慑性手段促使商务活动主体认可、接受和认同诚实守信价值观念，并按照诚信经商的规范行事的过程。商务诚信价值观培育的规导约制可以释放出约束与控制力量，从而给商务经营活动者施加一种外在压力，让其产生敬畏感、焦虑感和紧张感，并迫使他们在商务经营活动中规范自身行为。

一是制度对商务诚信价值观培育的作用。制度是人们针对社会实践活动中的问题而建立的，它本身就蕴含着价值意识，而且能够通过有效的执行、实施而成为一种对象化力量，释放出价值引导力，从而规范社会成员的行为。也即是说，我们不能仅仅将制度视为生硬的"规则""程序"等，实际上它是人的本质力量的外化和表征，也必然内蕴着人的思想意识，能够发挥价值引领功能。因而，作为制度形式的"诚信规范"无疑具有引人向善的作用。但是，制度的"价值引领"作用具有自身的特殊性。商务诚信制度之所以能够对商务经营活动者产生外在压力，首先在于它通过强制性、权威性来表征自身存在，并且划定了明确的界限和准则。在商务诚信价值观培育中，制度所形成的"压力"关键在于它的惩戒效果和象征威慑。柯武刚、史漫飞指出："没有惩罚的制度是无用的。只有运用惩罚，才能使个人的行为变得较为预见。带有惩罚的规则创立起一定程序的秩序，将人类的行为导入合理预期的轨道。"[20]换言之，制度本身具有权威性、强制性、震慑性、惩戒性等特点，能够对人的行为产生约束作用。因而，如果缺少这种以惩罚为基础的控制,所谓"压力"也难以对商务经营活动者产生作用。同时,制度规约对商务诚信价值观培育所具有的"压力"作用,还在于它自身的稳定性与持久性。一般来说,经过科学论证、严格程序而设立的制度能够在较长时期内存在,持续发挥作用,从而可以产生一种稳固的压力。这样一来,商务诚信制度所承载的价值要求也随着其效用发挥而呈现出来,通过"扬善"与"抑恶"作用规范经济主体行为,促使他们按照诚实守信原则参与商务交往活动。久而久之,经由制度的约束和引导,就会使商务诚信理念深入人心,并成为商务经营活动者习焉不察的观念。

二是监督监管对商务诚信价值观培育的作用。在商务诚信价值观培育过程中,监督监管起着不可忽视的作用。有效的监督不仅能够约束商务经营活动者的失信行为,而且也会催逼他们将诚信经商作为自身的经营策略,从而促进商务诚信价值观有效培育。由于监督监管的存在,商务经营活动者会感觉到有无数双眼睛"盯着"他们的言行举止,使其不敢贸然以商务失信行为换取利益。如果他们在商务交往活动中为牟取不合理利益而存在掺杂使假、虚假宣传、恶意违约等商务失信行为,就可能被内部工作人员、商务主管部门、大众传播媒体、企业征信机构等监督监管主体所关注,进而通过合法渠道揭露、曝光其失信情况,使其受到相应惩罚。事实上,公民个人、商务主管部门、大众传媒机构、企业征信机构等监督监管主体的这种"注视"本身就是一种外在"压力"。正是这种监督监管"压力"的存在,商务经营活动者在参与商品买卖过程中会谨慎权衡和评估自身行为所可能产生的预期后果,对诸如虚假宣传、弄虚作假、不守承诺、偷工减料等商务失信问题保持应有的抵制姿态。例如,"商贸流通企业信用信息披露网"允许社会公众、社会组织等对企业诚信经营状况进行监督、举报,一旦发现其存在失信行为,经确认后就及时公示,使之受到相应惩罚。由此看来,监督监管"压力"以"负向驱动"方式迫使商务经营活动者反对、抵制商务失信现象,树立和践行诚实守信的经商理念,从而有利于我国商务诚信价值观培育的积极推进。

三是道德惩戒对商务诚信价值观培育的作用。通常而言,道德惩戒主要是针对经济主体的失信行为进行舆论谴责,让失信者接受道德批判,付出应有代价。在市场经济背景下,道德惩戒的重要特点是通过媒体曝光、道德指责而使失信者信任受损,甚至被市场淘汰。在商务诚信价值观培育过程中,道德本身发挥着双重功能,它除了具有"善"的"引力"作用外,更重要的还在于其通过"惩戒"所形成的"压力"。虽然道德本身是一种"软约束",但它的惩戒作用却不容小觑。这种"道德惩戒"作用的发挥,是以"揭露丑恶、营造舆论"的方式进行的。"揭露丑恶"的目的是让人们知荣辱、辨是非,让人们树立"失信可耻"的理念,对商务经营活动者存在的失信行为进行谴责,从而让"失信者名誉扫地"[21],失去市场竞争力;"营造舆论"的目的是形成"失信可耻"的舆论环境和舆论氛围,将以次充好、缺斤少两、金融诈骗、隐性提价等商务失信行为视为经商的耻辱。从约束方式上看,尽管"道德惩戒"缺少硬性强制力,但它所形成的舆论压力,足以让失信者惧怕。因为商贸流通企业或商务经营活动者一旦因失信行为而被推上道义指责的风口浪尖,很可能陷入舆论谴责"漩涡",甚至被贴上"丑恶、耻辱"的标签,并且影响其"诚信修复"的努力。这样一来,他们就在某种程度上失去"诚信经营的口碑",致使其市场竞争力大打折扣,乃至被市场淘汰。在商务领域,正是由于道德惩戒所具有的规约作用,给商务经营活动者造成"压力",从而可以催逼他们接受并践行童叟无欺、等价交换、诚实守信的经商理念,避免因受到道德舆论谴责而使自身名誉扫地。

(三) 奖励惩罚与商务诚信价值观培育

在社会主义市场经济背景下,奖励与惩罚牵涉经济主体的切身利益,能够引导和促使他们接受、践行商务诚信价值观。在商务领域,奖惩的目的是借助一定的奖赏或责罚措施、手段、方式引导商务交往活动主体自觉按照质量至上、一诺千金、公平交易、明码标价、诚实无欺、以诚相待、童叟无欺、平等交换等规范、要求和原则行事,增强诚信经商价值认同,避免出现诸如制假售假、缺斤少两、价格欺诈、虚假承诺、背信弃约等失信行为或现象。

通常而言,商务领域中的奖励,指嘉奖、表彰、表扬、奖赏等,它往往通过物质奖励和精神奖励来积极培育经济主体商务诚信理念,强化诚信经商的价值认同。所谓物质奖励,是给予诚实守信的商务活动经营者一定的奖金、薪酬、津贴、礼品、购物券、股权、福利等,也包括政策扶持、贷款优惠、政府招投标优先等间接形式,以此激励、鼓励经济主体继续坚守诚信经营行为,不断增强诚信价值认同,同时引导其他经济主体学习、效仿受到奖励的诚信经商者。在当前经济社会环境中,物质奖励依然对商务诚信价值观起着非常重要的引导作用。例如,山东潍坊市近年来不断加强商务诚信建设,从 2009 年就设立"市长质量奖",引导商务活动者坚持诚信经营,先后拿出 1 000 多万元重奖诚实守信企业,起到良好的商务诚信价值观培育效果。[22]安徽省滁州市出台了《关于开展"守合同重信用"企业信用增信贷款(担保)的实施意见》,拥有"诚信招牌"的企业最多可多贷款 20%,让诚信转化为收益,让企业切身感受到诚信经商的重要性。[23]所谓精神奖励,是对商务活动经营者的诚信行为给予荣誉、名声等方面的认可、肯定和表彰,譬如嘉奖、授予荣誉称号、颁发奖章、评先评优等。在商务领域,精神奖励能够使经济主体获得优越感、荣誉感、责任感,满足人们的精神需要,促使其继续坚持商务诚信价值观。同时,精神奖励看似无形,但可以转化为经济价值,产生长期收益,从而有助于培育公平交易、平等交换、以诚待人、信守承诺等价值观。

破解商务诚信价值观培育难题,除了"赏善",还要"罚恶"。商务领域中的惩罚,是指对以次充好、以假乱真、虚假宣传、违背承诺、投机取巧、敲诈勒索等行为或现象进行惩戒、处罚、责罚、贬斥，包括罚款、公示曝光、行业通报、吊销执照、限期整改、勒令停业等方式，它可以对失信企业产生巨大的压力，甚至危及其生存发展，从而促使它们认同、内化、践行商务诚信价值理念。特别是在当前经济社会深度转型时期，"罚恶"依然是治理商务失信问题、培育商务诚信价值观必不可少的方式。诸如掺假售假、金融欺诈、恶意违约等侵害他人利益、扰乱市场秩序的行为不能只是进行道德谴责，还应该注重惩罚，使失信经济主体付出代价。

## 注释

[1] 易小明：《道德内化概念及其问题》，《伦理学研究》2011 年第 9 期。

[2]［美］D. R. 克拉斯诺尔、B. S. 布卢姆：《教育目标分类学》（第二分册 情感领域），施良方、张云高译，华东师范大学出版社 1986 年版，第 28 页。

[3] 王芳：《道德认知的默会维度——基于认知结构的分析》，《学术月刊》2011 年第 7 期。

[4]［德］黑格尔：《法哲学原理》，范扬、张企泰译，商务印书馆 1961 年版，第 43 页。

[5]《马克思恩格斯选集》第 1 卷，人民出版社 1995 年版，第 56 页。

[6] 严志明：《核心价值观培育需要唤醒道德自觉》，《光明日报》2012 年 12 月 29 日。

[7]［英］鲍曼：《生活在碎片之中：论后现代的道德》，郁建兴译，学林出版社 2002 年版，第 109 页。

[8]［印］阿马蒂亚·森：《伦理学与经济学》，王宇等译，商务印书馆 2014 年版，第 24 页。

[9] 余玉花教授提出要以"统合"思路推进诚信建设，在她看来，"统合思路不限于诚信文化建设的目标设计、行动组织的设计，同样也运用于诚信文化建设的方法手段上，在某种意义上，统合也是一种办法"。参见余玉花：《以统合思路推进诚信文化建设》，《光明日报》2013 年 10 月 7 日。

[10] 本部分是在狭义意义上使用"制度"这一范畴的，仅指涉具有强制性、规范性和明确性的正式法律、规章、准则。

［11］邱实、赵晖:《国家治理现代化进程中政商关系的演变和发展》,《人民论坛》2015 年第 2 期。

［12］刘璞等:《总书记和江苏代表许下新约会》,《扬子晚报》2013 年 3 月 9 日。

［13］王昌标:《论思想政治教育的渗透性》,《海南师范学院学报(社会科学版)》2005 年第 6 期。

［14］高瑞泉:《在历史中发现价值》,中国大百科全书出版社 2005 年版,"序言",第 5 页。

［15］许三飞:《价值观培育特点规律探微》,《解放军报》2009 年 5 月 5 日。

［16］《马克思恩格斯全集》第 3 卷,人民出版社 1995 年版,第 326 页。

［17］《马克思恩格斯全集》第 1 卷,人民出版社 1956 年版,第 15 页。

［18］《列宁全集》第 20 卷,人民出版社 1958 年版,第 255 页。

［19］［英］休谟:《道德原则研究》,曾晓平译,商务印书馆 2006 年版,第 13 页。

［20］［德］柯武刚、史漫飞:《制度经济学:社会秩序与公共政策》,韩朝华译,商务印书馆 2000 年版,第 32 页。

［21］王良:《社会诚信论》,中共中央党校出版社 2003 年版,第 239 页。

［22］齐英华:《65 家诚信企业获千万元奖励》,《潍坊晚报》2015 年 9 月 15 日。

［23］罗宝等:《滁州激励企业守合同重信用》,《安徽日报》2015 年 11 月 6 日。

# 第五章
# 推进我国商务诚信价值观的
# 有效培育

美国经济学家曼瑟·奥尔森(Mancur Olson)指出,在经济社会发展过程中人们常常发出"道德太少的感叹",希冀通过彰显道德价值而引人向善,使这种稀缺性资源成为公众的基本遵循。[1]商务诚信作为一种价值规范,也是经济社会深度转型过程中人们不断吁求的稀缺性资源。如果我们深究商务诚信价值观所呈现的稀缺性特点及其背后实质,不难发现它在很大程度上是缘于诚信经商、诚信兴商的观念还未得到经济主体的深刻认同。当然,从价值观培育规律和特点视角来看,商务诚信建设是一项基础性、长期性的工作,需要我们常抓不懈。特别是应该勇于揭露和抵制诸如掺杂使假、以次充好、价格欺诈、变相涨价、虚假宣传、随意违约等价值嬗变、价值扭曲现象,积极倡导诚实守信价值观。

## 第一节　提升认同:我国商务诚信
## 价值观培育的文化涵养

从本质上看,文化"是一套蕴含意义和承载价值的符号系统"[2]。涵养则"具有充实、滋养,使之发育成长的意思",其主要特点是"根据对象的特性和需要而提供有益的帮助"[3]。商务诚信价值观培育的文化涵养主要是指以一定的文化符号系统充实、滋养诚信经商价值要求,以使商务活动主体对诚信价值观产生深刻认知,并"变非认同为认同,变弱认同为强认同"[4]。

## 一、传统商务诚信文化的"传承"与"活化"

### (一)继"往"开"来":从"祛魅"到"返魅"

中国古代思想家在过去时代境遇中苦苦思索人之为人的道德标准,追问"诚"与"信"的实然困惑与应然解答,积累了丰厚的诚信文化遗产。[5]这些"文化遗产"是古代哲人、先辈在直面诚信问题和破解诚信危机过程中形成的智慧结晶,是需要我们承扬的宝贵资源。[6]丹尼尔·贝尔(Daniel Bell)指出:"对一种文化的生命力来说,传统变得至关重要,因为它提供了记忆的连续性,这些记忆告诉我们,前辈在面临相同生存困境时是如何应对的。"[7]这意味着,我们解决当今的商务失信问题,进而在构建商务诚信价值认同过程中,也应该汲取传统文化中的诚信智慧。

但问题是,我们恰是在继"往"开"来"以及处理"破"与"立"关系的过程中造成了传统商务诚信文化的"祛魅"。这在于,改革开放以来我国的社会主义市场经济发展表现为一种"压缩的现代化"(compressed modernization)过程,经济社会急剧变革的触角延伸到方方面面,利益成为衡量传统文化的标准。注重和强调"德性""心性""人格""自律"的传统商务诚信文化似乎失去了它应有的合理性,被人们视为与利益相抵牾的"过去文化"。这样一来,就容易造成传统诚信文化与现代诚信文化之间的"断裂"问题,让市场经济主体错以为我们所传承的诚信兴商文化仅仅是一种外在的道德限制,难以适应市场经济的需要。同时,我们在传承与转化传统商务诚信文化过程中,也陷入了简单移植、削足适履的窠臼,往往"继往"有余,而"开来"不足,使得包含着等级、宗法等弊端的观念成为现代诚信文化建设的桎梏,从而致使传统商务诚信文化中的敦厚老实、诚信无欺、言而有信等内容遭受嘲讽、揶揄，甚至排斥，难以让它在现时代中立足。因而，传统商务诚信文化的"返魅"诉求，应该是通过"取其精华、去其糟粕"的方式挖掘传统文化中的有益因素，使之与现代诚信文化有机融合。这实际是一个传统商务诚信文化现代转化的过程，借助传统智慧纾解当下的诚信缺失困境，实现文化的传承与创新功能。尤其在对待传统商务诚信文化中的流弊时，不能简单地"破"，还应在"破"的基础上"立"起适应时代要求的现代商务诚信文化。

（二）激活传统：以优秀传统商务诚信文化涵育诚信经商价值观

维特根斯坦说："早期文化将变成一堆瓦砾，最后变成一堆尘土。可是，精神将浮游于尘土之上。"[8] 对于传统商务诚信文化来说，如何让这种"浮游于尘土之上"的诚信精神实现"返魅"，并使之转化为经济主体的"个体认同"与社会层面的"集体记忆"变得至关重要。唯有如此，才能使优秀传统商务诚信文化保持持久的生命力，从而为现代诚信文化提供文化支撑，增强经济主体对诚信价值观的认同。就当前而言，以传统商务诚信文化滋养商务诚信价值观，至少应该在如下几个方面下功夫。

一是激活传统商务诚信文化，即挖掘传统商务诚信文化中的"活元素"，并使之成为构建现代诚信文化的基础。我国传统商务诚信文化中有许多值得继承的有益因素，需要我们全面、深入地梳理和挖掘。无论是那些仍具有时代特色的商务诚信格言，还是聚焦正能量的商务诚信文化内容，抑或是感人至深的商务诚信典故，都可以作为"可传承"的有益因素而融入现代诚信文化中。譬如，荀子倡导的"商贾敦悫"、晋商的"笃守信用"、徽商的"人宁贸诈、吾宁贸信"，以及诸如"宁叫赔折腰，不让客吃亏""售货无诀窍，信誉第一条""君子爱财，取之于道""业无信而衰""信义服人""诚招天下客"等古代谚语或典故，是先辈在面临诚信困境时的应对智慧，需要我们传承与创新。我们不能让其"陈列在历史的博物馆"中，而是应该变为构建现代商务诚信文化的重要积淀，致力于传承和发扬，让商务经营活动主体受到传统诚信文化的感召和熏陶，树立诚信经商的价值观念。二是再造传统商务诚信文化的意义系统，即通过对传统商务诚信文化本质的窥探，剥离出糟粕因素，并赋予精华因素以新的价值。传统不是先天注定、一成不变的，它是在实践中不断形成和发展着的。[9] 由于"传统"与"现代"存在着"间隔与距离"，我们不能采取"拿来主义"态度对待传统商务诚信文化，而是必须剔除等级、宗法、封建之流弊。阿尔温·托夫勒（Alvin Toffler）说，要突破过往的"陈规惯例""保守程式"[10]，因为它们是传统中的"糟粕"因素，不能直接融入现代文化。这意味着，我们要通过创新解读机制、探索转化机制使得传统商务诚信文化中有益成分得到广泛传扬。三是注重传统商务诚信文化的熏陶作用，即彰显先辈在商务交往活动中表现出的诚信智慧，以此增强市场经济主体对诚信兴商的感召力和认同感。传承、发扬传统文化中"公平买卖""市价不二""信誉至上""一诺千金""货真价实"的诚信经商精神，在社会主义市场经济环境下构建起承载民族自信的"集体记忆"，让人们从中体味先贤先辈的商务交往道德智慧，进而以此为模范、标杆来规范自身行为。

## 二、积极培育和践行以诚信为基础的核心价值观

诚信是社会主义核心价值观体系中的重要组成部分，反映出党和国家对失信问题的重视。近年来，我们国家倡导积极培育与践行诚信价值规范，并从微观视角提出要深入开展道德领域突出问题专项教育和治理，加强商务诚信建设。这种从"顶层设计"上重视社会失信问题以及加强诚信核心价值观建设，可以扩大诚信的宣传范围，并以一种"自上而下"的方式推动诚信价值观贯穿到各个领域，从而为商务诚信建设奠定基础。同时，积极培育和践行

诚信核心价值观也有利于深化人们对诚信本质的深刻理解,告诉人们什么是诚实守信、为什么要坚守诚信以及怎样践行诚信,这对于我国构建商务诚信价值认同具有重要作用。在商务领域,我们应该从如下几个方面积极培育和践行诚信核心价值观。

对商务活动人员来说,要注重诚信核心价值观的个体内化。积极培育诚信核心价值观,首先应该让每个商务交往活动参与者都能认同"忠厚老实""一诺千金""遵守诺言""诚实待人"的理念,促进诚信价值观的个体内化,这样才能将经济活动中的每个成员紧密联系在一起。[11]在商务领域培育和践行诚信核心价值观,就是要让诚信价值规范成为商务经营活动参与个体的重要遵循,将社会所倡导的主流价值观念内化到每个商务活动参与者的价值意识中。诚信核心价值观个体内化的前提是个体认同,但问题是个体认同(identity)不是自发形成的,它需要个体的主观努力与积极建构[12],这就需要我们增强诚信核心价值观教育的主动性、权威性,从而避免"个体自身建构"的盲目性。因而,应该及时向商务活动参与个体宣传"童叟无欺、守诺践约、货真价实、诚实交易"等核心价值理念,让他们养成诚信经商品质,形成价值自觉。就当前来说,促进诚信核心价值观的个体内化,关键要使抽象性主流话语"接地气",避免草根性民间话语的"庸俗化",通过诚信核心价值观话语体系上的互动和对接,从而实现诚信核心价值理念在学术话语与大众话语、政治话语与生活话语之间相互转化和提升,让商务经营活动参与个体深刻理解和认同诚信价值观念,进而增强诚信核心价值观的说服力。

从企业经营层面来看,要注重诚信核心价值观的导向作用。在社会主义市场经济环境中,企业是从事商务经营活动的主体,培育和践行诚信核心价值观不能忽视对企业的诚信价值观构建。要引导企业将诚信视为一种无形资产,从而在市场竞争中获得良好的信誉,提升自身市场竞争力。尽管作为无形资产的诚信价值理念不可触摸,也没有感性的形式,它却客观存在,发挥着潜在的"魔力"。必须让企业明白,如果在商务活动中遵守和践行诚实守信理念,那么可以为企业积累诚信信誉,有利于提升其资源配置效率、保证市场交换顺利进行,从而长期受益;反之,假如企业在商务活动中投机取巧、见利忘义、尔虞我诈、违背承诺、坑蒙拐骗,以所谓缺斤少两、假冒伪劣、隐性欺骗等手段谋取不正当利益,并认为商务活动具有"无伦理"(nonethical)[13]特征,那么不但会让企业以往积累的诚信信誉瞬间化为乌有,而且企业自身很可能会被市场淘汰。可以毫不夸张地说,诚信理念关乎企业的生死存亡。在商务领域培育和践行诚信核心价值观,就是要企业重视商务诚信建设,深刻认同诚信经营的重要性,不断积累良好的诚信信誉,从而为企业发展提供动力。

从商务领域共识层面来看,要注重诚信核心价值观的社会认同。在构建商务诚信认同过程中,"一致性的丧失"是最为棘手的问题。如果商务活动主体对诚信的认识和态度参差不齐,甚至那些投机取巧、嘲讽诚信的人能获取不义利益,那么就会造成诚信共识的撕裂。因而,治理商务失信危机不能忽视诚信核心价值观的社会认同。法国学者涂尔干将社会认同视为一种"集体意识"或"共同意识"[14],我们构建商务诚信认同也即是要让诚信兴商成为经济主体的集体意识和共同意识,形成"守信光荣、失信可耻"的良好风尚。但需要注意的是,某种价值观念只有体现公众利益,满足人们的合理需要,才可能得到群众的认可与赞同,成为一种价值共识。[15]这意味着,推进诚信核心价值观的社会认同应该突出利益的调节功能,使那些明码标价、质量上乘、遵守承诺的企业获取相应的政策、资金、业务支持,并向全社会宣传其诚信形象。同时,也要加大对诸如以次充好、变相涨价、违背承诺、违规促销等商务失信现象的治理,及时惩罚失信者,从而引导人们自觉坚持诚信经营,维护良好的诚信兴商环境。

### 三、以现代诚信文化充实和滋养商务诚信价值观

在文化属性上,传统商务诚信观归属于道德范畴,是一种含有伦理导向的价值观念。从作用方式和约束机制上看,道德规范意义上的传统商务诚信文化具有一定局限性。传统商务诚信道德规范之所以能够在以往时代行之有效,一个重要缘由是它建立在自给自足的自然经济基础上,经济主体所面对的也是一个以血缘、宗法为核心的熟人社会。在熟人社会中,经济关系简单、交往范围有限、人们价值观念单一,所以基于道德自律的商务诚信能够有效运行,产生良好效果。然而,随着社会分工发展、交往范围扩大以及人际流动加速,经济主体面对的是一个"陌生人社会",单纯依靠传统商务诚信文化中的道德自律、人格修养就不足以应对现实情况。

不过,在当前经济社会条件下,传统商务诚信文化仍然不可或缺,它的优势在于强调"内在之诚",注重人格修养和道德自律,从而能够解决经济主体的"内心秩序问题",使其保持应有的"道德敬畏",坚持诚信经商。毋庸置疑,现代诚信文化理应包含传统诚信观所内蕴的道德内容,是其不可缺少的构成部分。但问题是,如果仅仅从道德规范上理解和阐释现代诚信文化,则窄化了诚信的内涵,单纯以此培育买卖公平、货真价实、童叟无欺、恪守诺言、按时履约的商务诚信价值观,可能难以得到商务活动主体认同。因而,要以现代诚信文化充实和滋养商务诚信价值观,应该突破道德规范意义上的诚信意涵,更加注重其经济意义、法律意义及制度意义层面。

首先,将诚信视为一种客观存在的经济运行规律,促使商务活动主体认同诚信经商市场理念。在现代诚信文化中,诚信本身已经不再局限于道德规范范畴,它首先表现为一种经济规律。恩格斯最早从经济规律视角审视商务诚信本质,他曾鲜明指出现代政治经济学的规律之一是,随着资本主义社会发展,以往那种坑蒙拐

骗、违背市场规律的伎俩逐渐成为生产力发展的羁绊。虽然恩格斯是对资本主义市场经济作出的论断,它却在一般意义上适用所有类型的市场经济。也即是说,随着社会主义市场经济发展,诚信在经济活动中日益显现出客观经济规律的特性,它要求商务活动者遵守诚实守信规则,坚持诚信经营,从而赢得市场认可,增强核心竞争力,获取良好经济效益。但是,如果违背这种经济规律,试图以坑蒙拐骗、尔虞我诈、巧伪欺诈等手段和伎俩参与经济活动,最终会被市场无情淘汰。这意味着,在现代诚信文化视域中诚信经商是市场经济规律的必然要求,舍此便会阻碍市场经济发展。

其次,弘扬契约精神,增强商务活动主体的诚实信用法律意识。契约精神以及由此而衍生的诚实信用法律原则是现代诚信文化的重要构件。在现代市场经济环境中,应该以现代契约精神浸润商务诚信价值观,促使商务活动主体遵从诚实守信要求,培育诚信经商价值观。从契约的功效看,它能减少"不确定性",规避信用风险,从而可以提高经济主体的心理预期。有学者一针见血地指出,契约精神的真谛在于,它蕴含着公平竞争、平等交换、诚实守信、遵诺践约、童叟无欺等价值规范,给经济主体市场交易提供外在保障,有助于人们形成一种积极预期。从本质上看,契约精神体现出一种"自由交往""利益本位"和"权责对等"的文化。[16]我们弘扬契约精神,就是在确保经济主体利益的基础上保证市场交易顺畅进行,倡导自由交往和等价交换,要求人们平等参与市场竞争,推崇"有约必践,有害必偿,有罪必罚"[17]的原则,从而促进契约观念深入人心,让商务活动主体规范自身行为。同时,在现代诚信文化中诚实信用还是一种"法律原则",它源于"罗马法中的'诚信契约'和'诚信诉讼'"[18],其所倡导的"善意"原则和"恪守信用"要求对《法国民法典》《德国民法典》《瑞士民法典》以及后世的法律规范产生深远影响。事实上,我国的《民法通则》《公司法》《合同法》《反不正当竞争法》《保险法》《消费者权益保护法》《产品质量法》《证券法》等都将诚实信用原则作为一条重要的法律规范,倡导在市场交易中要诚实守信、恪守诺言,反对巧伪欺诈。因此,我国商务诚信价值观培育也要增强商务活动主体的诚实信用法律意识,将这种"帝王条款"精神融入人们的日常生活中,特别是强化法律规则意识,让"诚信者得其利、失信者受惩罚",从而使诚实信用的法律原则得以贯彻,成为经济主体参与市场交往的基本遵循。

再次,强化商务诚信的制度文化意义,倡导规则意识。在现代诚信文化内涵里,诚信本身还表现为一种制度规范形式,它意味着人们能够做什么、不能做什么都有明确的规则界限。回顾历史我们不难发现,在市场经济发展过程中,囿于诚信道德教化只有"软约束"效果,难以对失信者产生震慑作用,故而逐渐认识到诚信制度不可或缺,并通过硬性制度约束经济主体的逐利本性,向经济主体传递诚信经商理念,引导他们诚信经营。同样地,在商务领域积极培育诚信价值观,也要强调商务诚信本身的制度文化意义,让商务活动主体明白诸如货真价实、买卖公平、童叟无欺、价格公道、恪守信用、遵守约定等不仅是一种道德规范,而且更是社会制度所要求的相应责任,如果违背诚信制度规范,那么就会受到惩戒。

## 第二节　增强实效:我国商务诚信价值观培育的教育引导

诚信核心价值观落地生根的前提是获得主体的内心认同,产生积极的价值体认,进而让诚信成为指导人们行为的信念。在商务领域倡导诚信兴商,积极培育商务诚信价值观,同样需要商务经营活动主体的内心体认。而要达到这种效果,商务诚信教育引导是一个非常重要的途径。

## 一、从"义利相结合"视角增强商务诚信价值观教育实效性

习近平在谈到培育社会主义核心价值观时指出:"道不可坐论,德不能空谈。"[19]商务诚信作为一种价值规范,在教育过程中也不能进行简单、抽象的灌输、宣传和教化,甚至陷入"道德乌托邦"的窠臼。相反,商务诚信价值观教育应该注重"义利结合",不仅让商务经营活动主体自觉追求和践行诚信规范,养成诚信兴商的品格,而且又要观照现实环境和利益,以此增强其实效性。

通常而言,经济主体的价值观念、相应行为与他们所处的社会环境紧密相连。这意味着,我们倡导某种价值观念,也不能忽视围绕在人们身边的经济和社会环境,应该观照特定时空背景因素,以相适应、相匹配的形式引导商务活动主体树立正确价值观。商务诚信本身作为一种市场参与主体应该遵守的价值观念和经济行为,在教育过程中也不能忽视和脱离现实经济生活环境。社会主义市场经济背景下的商务诚信教育,更要将"义利"结合起来,引导商务经营活动主体树立诚信兴商意识及践行诚实守信观念,以期提高教育效果。所以,要结合现实利益调动商务经营活动主体守护诚信价值观的积极性。在商务诚信价值观教育过程中,如果将现实利益排除在外,试图单纯依靠道德说教或灌输就让经济主体接受并践行诚信理念,可能难以取得较好效果,甚至会使自身失去合理性。拉罗什福科指出:"人们的所谓德性,常常是某些行为和各种利益的结合。"[20]我们在商务领域进行诚信教育,不能忽视经济主体的现实利益,而要从他们利益的获取与损失关系中激励、促进其内化商务诚信价值观。

尤其要通过商务失信惩罚教育、商务失信追诉教育等让商务经营活动主体明白商务诚信与企业利益紧密相关,从而使其对诚信价值观怀有敬畏之心。"'敬畏'既是一种情感、态度,亦是一种信念、德性。"[21]我们进行商务诚信价值观教育,也就是让商务活

动参与主体对童叟无欺、诚实守信的道德品质怀有一种自觉接受和乐于遵循的情感、态度和信念，将其作为自身行为的价值准则和精神追求。要使商务活动者明白，如果不遵守诚信经商价值要求，缺乏辨别是非、耻辱、美丑的能力，那么就会遭受经济损失，失去市场竞争力，最终被市场淘汰。

## 二、从"价值观形成"视角增强商务诚信价值观教育实效性

价值观形成有其自身的规律和特点，它通常需要持久性、常态化、隐蔽性的教育方式来影响教育客体，从而有效塑造人们的价值观念。商务诚信价值观教育是在商务领域传授诚信知识、培养诚信情感、锤炼道德意志的重要手段和途径，它是一定社会机构为使商务活动参与主体接受和践行童叟无欺、诚实守信的原则和规范，有目的、有计划、有组织地对其施加系统的商务诚信道德影响的活动，以使经济主体接受诚信经商的价值或规范，并内化为相应的品质和信念，进而影响他们的行为。同样地，商务诚信价值观教育也要按照价值观形成规律和特点来进行商德、商誉教育，以期增强实效性。

其一，商务诚信价值观教育的主体应该"多元化"，倡导多方参与。加强商务诚信教育固然需要发挥诸如商务委、征信办、文明办、经信委等政府职能部门的牵头或指导作用，但也不能忽视企业协会、消协、高校、新闻媒体、社会培训机构等培育主体的积极作用。实际上，后者在职业培训、道德讲解、思想改造、课程设置、宣传典型等方面更具灵活性。通过多元培育主体的加入与施教，形成商务诚信教育合力，从而宣传童叟无欺理念，培养诚信经商情感，增强扬善抑恶的信念。

其二，商务诚信价值观教育应该是一个"常态化"过程。在商务领域倡导诚信价值观，不可能一蹴而就，它需要诚信教育活动长期跟进。如果只是开展阶段性、运动式的"商务诚信大讲堂""诚信

事迹报告会"等活动或许可以在短期内起到一定的宣传效果,但由于缺乏连续性而可能致使失信风气沉渣泛起,最终使得商务诚信价值观培育效果不佳。常态化、长效性的商务诚信教育重在形成一个能够持续发力的机制系统,不仅克服诸如"商务诚信大讲堂""诚信经商宣讲会"等活动的"短暂性""运动化"弊端,而且促进商务诚信教育以动态性、过程性的方式开展。具体而言:一是要将商务诚信教育视为一项重要任务。各部门和单位应该积极配合,从组织架构、人员配备、场地设备、经费支持等多方面保障商务诚信教育可以长期开展。二是要定期开展形式多样的主题式商务诚信教育活动。各级商务部门应该通盘考虑、整体规划,根据预定时间安排开展理论宣讲、知识竞赛、诚信评比等系列性或巡回性诚信实践育人活动,让商务活动参与主体感受到经常性、过程性诚信精神熏陶,从而使其在潜移默化中接受诚信价值观。

其三,商务诚信价值观教育应该"接地气",贴近实际。这意味着,我们在进行商务诚信教育时,不能"搞花架子""做表面文章",甚至空谈商务诚信道德,单纯以说教方式灌输诚信经商理念。所选取的典型事例或典型人物不能追求"高大全",与现实生活相去甚远,而应该符合实际,既有正面诚信经商榜样的激励,又有反面失信受罚榜样的警醒。著名教育家陶行知曾指出,"生活即教育"。商务诚信教育要想深入人心,起到良好的育人效果,就必须落地生根,贴近现实生活,破除形式主义弊端。要从商务领域亟待解决的诚信缺位现象和问题着手,以真实、可信、形象、感人的实践活动内容将商务诚信理念表达出来,烘托出良好的氛围,从而激起商务经营活动参与者的情感共鸣,使他们接受诚信价值观,并在具体实践中切实践行。

其四,商务诚信价值观教育应该注重"隐性"渗透,达到"春风化雨、润物无声"的效果。当前,显性商务诚信教育的特点是说教、灌输,主要采用诚信讲堂、悬挂条幅、张贴标语、图片展览等形式。

虽然它比较直接、正面，但容易陷入"我说你听""入眼入耳却未入脑入心"的窠臼，甚至引起人们反感。而隐性的商务诚信教育，是指各个培育主体自觉把童叟无欺、诚实守信的商务交往核心价值理念、内容等渗透到教育活动中，善于运用生动活泼、喜闻乐见的教育方式使商务活动参与者潜移默化地接受诚信兴商价值观。这种教育方式的优点是间接、内隐，可以通过施教者的人格魅力、有感染力的诚信经商事迹、守信者的现身说法等方式寓教于境或寓教于情，从而更易于传授知识、调动情感、激发共鸣。

## 三、从"具象化活动"视角增强商务诚信价值观教育实效性

促进商务活动主体内化诚实守信价值观，旨在推进道德实践活动，外化为诚信经商行为，并通过这种道德践履反过来增强商务诚信意识。如果脱离了实践活动，知行相悖，那么商务活动主体接受的诚信价值观是不稳固的，甚至催生"口是心非""知行脱节"问题。也正是在此意义上，我们常说"身教重于言教"。亚里士多德谈到德性养成时也指出，"我们先运用它们而后才获得它们"，"一个人的实现活动怎样，他的品质也就怎样"。[22]因而，推进商务诚信价值观培育，需要加强商务诚信教育活动，发挥实践育人功能。

商务诚信教育活动不应是笼统的、抽象的，而要呈现"具象化"特点。所谓商务诚信教育"具象化"活动，就是对商务活动参与者进行诚信实践育人过程中，摒弃"高冷"态度和"抽象"方式，通过更实、更细、更深入人心的实践活动将高度凝练、晦涩抽象、难以触摸的诚信价值观具体化，以期经由可感知、可接触、可体味的方式激发商务经营活动参与者的情感共鸣，为商务诚信价值观培育提供兼具熏陶性与感染性的现实环境。那么，应该怎样推进商务诚信"具象化"教育活动以更好培育诚信价值观呢？

首先，商务诚信"具象化"教育活动要渗透在参与主体的点滴行动中。实践育人的核心运作逻辑在于，通过人们一言一行、点滴

实践的参与来使内化的价值理念转化为具体行为,养成"合伦理"的习惯,进而反过来增进人们的道德品质。在商务领域,商务部门、工商部门、宣传部门、行业协会、商贸流通企业自身等也应该注重引导商务活动参与者以身作则,从最基本、最起码、最细小的诚信实践做起,通过市场参与主体具体的产品宣传、服务态度、营销话语、质量介绍、承诺保证等诚信行动,践行和落实道德要求,并在这种参与、体验中培育和巩固商务诚信价值观。

其次,商务诚信"具象化"教育活动要形成聚合力量。在商务领域,"具象化"诚信实践要着眼于落实、落细、落小,离不开诸如诚信讲堂、知识竞赛、故事征集等具体活动的开展。但这些活动不应该是孤立的、割裂的、缺乏内在联系的单个个体。反过来说,如果各个商务诚信"具象化"实践活动是分散式主题或碎片化内容,甚至表现为一种割裂关系,彼此之间缺少相互支撑,那么这些以单个形式呈现的实践活动就难以实现"关联协同"效应,从而消解商务诚信价值观培育效果。从系统论视角来看,各种"具象化"商务诚信实践活动之间应该是一种"耦合关系",以使它们有效对接与互动,进而形成立体式、网络化的聚合力量。但我们需要追问的是,如何使之产生"关联协同"效应,形成聚合力量呢?一是要对商务领域"具象化"实践活动本身进行"价值预估",也即前置审视。其必要性在于,诸如诚信宣讲、诚信经营评比等活动各有侧重,我们要预先评估它们各自效果,交互运用,不可无意义地重复,以避免浪费资源和分散力量。同时,这种"前置审视"的目的还在于,可以根据当前商务失信不良倾向设置相应活动,从而提升实践活动的针对性和实效性。二是善于依托商业街或商圈协调,有序开展诚信"具象化"实践活动,以期在"小区域"或"小圈子"增强商务诚信价值观培育效果。商业街或商圈是批发、餐饮、住宿、零售、电子商务等企业聚集的地方,很多经济主体存在"上下游"交往关系,商贸流通的范围广、速度快,本身就具有一定关联度。以此为依托开展形式多样的理论宣讲、知识竞赛等"具象化"诚信实践活动,不仅有利于活动方的组织和协调,而且也使这些活动的聚合力得以提升,让参与商务交往的"上下游"企业以一种彼此关联方式接受诚信经商价值观。例如,上海徐家汇商圈就依托自身优势,通过协调开展"诚信活动周"、"诚信服务月"、"百城万店无假货"、"3·15 咨询服务"、"快乐购物节,诚信徐家汇"、与商户签订"诚信公约"等活动,产生良好诚信价值观培育效果。[23]

再次,商务诚信"具象化"教育活动要借助切实可行的诚信行为准则来落实。在商务经营活动中,诚信行为准则内蕴着"是非善恶"标准,具有较强的规范性和可操作性,让商务活动主体有章可循、有章必循。因为它通过明确、具体、细微的准则告诉商务活动参与主体要诚信经营、童叟无欺,在生产、交换、服务等过程中应该注重言谈举止,做到诚信经营,守住诚信底线。如果商务活动主体存在诸如缺斤短两、以次充好、虚假宣传、态度恶劣等违背商务诚信准则的行为,那么就可能受到相应惩戒。例如,很多商贸流通企业都制定了严格的诚信行为准则,如若员工存在欺骗消费者、服务态度恶劣、虚假承诺等行为,会影响他们的业绩考核或工资待遇。

## 第三节　建规立则:我国商务诚信
## 价值观培育的制度保障

制度具有强制性、长期性和稳定性特点,是商务诚信价值观培育的外在保障。尤其在当前经济社会深入转型背景下,逐利动机、私欲膨胀、工具理性泛滥等侵蚀性因素已经让诸如缺斤少两、隐性消费、捆绑销售、营销欺骗等商务失信问题愈演愈烈,它在很大程度上超越了道德层面,更多需要相应制度机制予以应对。制度本身是价值观的外在体现和表征形式,它彰显着价值理念、传递着价值要求、凝聚着价值精神,从而能够对价值观培育产生形塑、催化作用。同样地,有关商务诚信的制度本身蕴含着诚信经商价值观,具有指引、评价和导向作用。

## 一、制度建设的伦理追问与价值关怀

社会有效运行之所以离不开制度和机制建设,主要是因为它能够建立起"扬善抑恶"的外在保障,通过赏罚分明的约束方式规范人们行为,塑造良好的市场秩序。因而,培育商务诚信价值观,必须要重视制度建设。但在商务诚信价值观培育过程中,我们不仅要从"威慑与惩罚"视角审视制度,更要注重制度本身的伦理追问与价值关怀。也即是说,我国商务诚信价值观培育的制度推进应该具有双重功能:一是商务诚信制度能够治理唯利是图、价格欺诈、掺杂使假、坑蒙拐骗、违规促销等失信问题,规范商务活动主体的行为。商务诚信制度的制定、完善及有效执行之所以能够促进诚信建设,主要在于它使诚信价值观制度化,以惩罚、监督等方式设定"底线",增强了商务诚信的引导力,让商务活动参与者通过感触到的价值准则而心生敬畏。法国学者保罗·里克尔指出:"经由害怕而不是经由爱,人类才进入伦理世界。"[24]"外在性"的制度约束恰是克服了诚信本身脆弱性以及理想化弊端,有效克制商务活动主体的自私欲望,从而让人们敬畏商务诚信价值观,并自觉规范自身行为,抵制以次充好、假冒伪劣、虚假宣传等不正之风。道格拉斯·诺思指出,制度本身提供一种外在约束,它可以降低"不确定性"[25],从而保障经济交易顺畅进行。商务诚信制度的存在和良性运行起到限制和约束作用,它明确规定商务经营活动主体可以做什么、禁止做什么,如果诚信经营,会得到制度的保护和鼓励,而一旦出现"越轨"行为,就会受到严厉惩罚。这样一来,就增加了商务活动主体交往时的确定性,促使人们形成诚信经营的共识。二是通过制度设计和安排使其本身所蕴含的诚信价值取向成为商务活动主体必须遵循的规范,从制度伦理方面塑造商务活动主体的诚信品质。"制度承载着价值,传递着理念。"[26]邓小平就曾深刻阐释制度正义问题,他指出制度本身的"好""坏"直接影响人们的行为后果。如果制度设计合理,可以有效执行,那么就能阻止"坏人做坏事",反之,如果制度设计不合理,"好人"也难以"充分做好事",甚至出现"好人做坏事"的情况。[27]这意味着,我们在设计制度的价值目标时就应该融入诚信规范,使商务诚信制度本身具有"善恶""耻辱"的评判功能,尤其是通过诚信激励与失信惩罚的约束作用促进商务活动主体养成诚信经商的品质。

强调制度在商务诚信价值观培育中的作用和功能,并不是一味强调"制度转向",企图依靠"制度培育"而一劳永逸地解决商务失信问题,确立商务诚信价值观。尤其是近年来诸如"瘦肉精""地沟油""金融诈骗""恶意违约"等商务失信事件频频发生,培育商务诚信价值观的"制度转向"论题备受推崇。从人性假设看,"制度论者"的观点主张"人性本恶",指出市场经济条件下诚信道德力量有限,主体自律、内省等道德调控方式的威慑力不够,表现出脆弱性特点,但诚信制度可以起到立竿见影的效果,能够约束商务活动参与者自私欲望,治理失信危机。问题在于,这种"两分性"(dichotomy)思维折射出制度约束与道德支撑的"划界"意识,却忽视了人的道德素养对商务诚信制度执行的重要性。英国学者卡尔·波普尔指出,"人"是制度设计与执行的主体,其本身素养如何直接影响制度的功用,[28]假如执行制度的人缺少应有的道德素养,那么再好的制度也可能形同虚设。不可否认,诚信制度能够给商务活动参与者行为设定限制,告诉他们"应该做什么、禁止做什么",否则就会受到惩罚。然而,如果执行、实施商务诚信制度的人缺少相应的道德品质、人格素养,没有建立起对制度应有的敬畏之心,那么制度本身可能浮于表面,悬置起来,难以落到实处。而且,商务诚信制度的调控范围有限,不可能涉及方方面面,其本身也不可能是完美无缺的,难免存在瑕疵,这就需要人的道德自律进行调节和导向。商务活动参与者只有对童叟无欺、货真价实、信守承诺、诚实交易的价值产生情感认同,具备相应道德觉悟和人格力量,知荣辱、明是非、辨美丑,才可能在制定和执行诚信制度时进行"伦理考虑"(ethical consideration)[29],头顶上悬着道德"达摩克利斯之剑",让人们崇敬和畏惧,进而规范自身行为。例如,北京市朝阳区一家栗子店老板因销售栗子存在质量问题,虽然逃避了相应制度规范,但由于心存愧疚,才写下"罪己书",对欺人行为深感不安,故自行停业整顿,被网友称为"业界良心"[30]。因而,无论是诚信制度制定本身的"正义问题",还是解决"规避制度、钻空子、制度失灵"等问题,都需要道德自律的支撑。

## 二、优化我国商务诚信法律制度体系

社会主义市场经济,也是法治经济,需要依靠一系列的法律制度来促使商务经营活动者诚信经商。特别是在我国经济社会深度转型时期,一些经济主体为了牟取不正当利益而抛弃应有的诚信价值观,很多质次价高、缺斤少两、金融诈骗、假冒伪劣、恶意违约等现象实质是违法行为,仅仅依靠道德或舆论谴责难以有效治理这些失范问题。法治是商务诚信价值观培育的重要方式,也是全面推进依法治国方略的基本要求。法治的核心在于,通过法律制度的权威约束经济主体行为,该做什么、不该做什么,提倡什么、禁止什么,都以硬性约束和控制进行调节。这样一来,法律制度就为商务诚信价值观培育提供了保障,能够催逼商务经营活动者在经商过程中遵守货真价实、诚实守信的价值要求,并对试图依靠以次充好、缺斤少两、投机取巧、背约弃诺等来获利的行为予以惩罚。

需要指出的是,尽管我国一直比较重视商务诚信法律制度建设,制定和实施的《合同法》《公司法》《商标法》《反不正当竞争法》《消费者权益保护法》等强调商务交往活动应该遵守"诚实信用"原则,但问题是这些法律制度对商务诚信的规定大都是笼统的、间接的,需要进一步细化,增强可操作性。特别是在经济社会发展过程中,诸如"炒作信用度"[31]"电子卖场失信""微商偷税漏税""网店虚假宣传""官商暗中勾结""证券期货失信"等行为超出了有关法律法规的约束范围,一些经济主体通过"钻空子"方式获得非法利益,阻碍了我国商务诚信价值观培育的有效推进。虽然各个地方或相应政府职能部门制定了有关的政策、规章,但缺少国家层面的专门法律制度支撑。为此,我们应该根据商务失信的现实情况,完善商务诚信法律制度体系,促进经济交易顺畅进行。特别是对当前金融领域、中介服务领域、价格领域、政府采购领域、电子商务领域等存在的失信问题进行重点治理,尽快制定相应法律制度,积极培育商务诚信价值观。譬如,严格执行《电子商务法》、完善《电子签名法》,研究有关"政商关系"法律制度,构建政商关系新常态,探索以"商务诚信"为内容的法律法规,为商务交往活动奠定法律基础。

## 三、重点推进征信·奖惩·督查·政商协作制度建设

从制度视角促进我国商务诚信价值观培育的关键是,既要建立相关的商务诚信制度,又要保证它的有效运转。习近平指出:"各项制度制定了,就要立说立行、严格执行,不能说在嘴上,挂在墙上,写在纸上,把制度当'稻草人'摆设,而应该落实到实际行动上,体现在具体工作中。"[32]就当前而言,推进商务诚信价值观培育,亟须建立和完善较为细化、具有可操作性的制度,增强其执行力度。

(一) 建立和完善"商务诚信征信"制度

市场经济是信用经济,因而培育商务诚信价值观也需要加强信用制度建设。就当前而言,有关商贸流通企业信用制度机制建设的关键在于,政府及相关职能部门要建立和完善"征信平台",通

过信用信息的征集、记录、共享、评价、公开等机制促进商务诚信建设。为了保证信用信息的互联互动,银行、工商、税务、物价、海关、交通、司法、质检、食药监、证监等职能部门要将有关商贸流通企业的社会信誉、考核结论、合同履约、行政处罚、失信情况等数据和信息彼此交换、共享、汇聚,可以借助计算机网络技术建立跨区域、跨部门、跨行业的商务诚信信息平台或商务诚信数据库,及时向社会公布商贸流通企业的信用信息情况,尤其是通过"黑名单"形式曝光企业存在的合同违约、销售伪劣商品(以次充好、掺杂使假)、价格欺诈、虚假宣传、违规促销等失信信息。例如,浙江省信用中心就建立了"企业信息公示制度",可以查询省内企业信用状况;上海市也在"商务诚信网"上开辟"诚信档案"栏目,企业的信用评价、所获荣誉、消费者反映问题等信息透明可查[33];南通市建立"南通信用网",围绕工程建设、涉诉商事、不良贷款、拖欠工资、环境污染、消费投诉、偷税漏税等开通信息公开和信用信息共享专栏[34]。又如,国家旅游局也印发、实施《旅游经营服务不良信息管理办法(试行)》,建立旅游企业"黑名单"制度,如果有企业出现失信行为,将被记录其不良信息;并不断畅通信息采集渠道,完善公示平台,惩治不法商家。值得一提的是,应该注重发挥独立"第三方"征信公司或机构的作用,依靠它们对商贸流通企业信用信息的采集、信用状况的评级等增强征信制度的客观性、权威性,促进该制度有效实施。

(二)建立和完善"商务诚信奖惩"制度

促使商务活动主体树立诚信经商意识,培育和践行商务诚信价值观,离不开"奖惩"制度的规约和引导作用。对诚信经营的商务活动主体进行奖励,能够起到激励、示范效果,不仅有助于其坚守诚信价值观,而且可以带动其他人遵守商务诚信规则。对失信经营的商务活动主体进行惩罚,能够起到制裁、遏制效果,既让失信者付出了代价,也对潜在的失信者起到震慑作用。

一方面,商务诚信奖励制度应该对信誉好、诚信经商的企业或相关人员进行褒扬,并建立守信激励机制,在政策扶持、资金资助、税收优惠、贷款额度、评先评优、政府采购、工程招标等方面进行适当支持,让守信者受益。尤其是对因诚信经营反而遭受损失的企业,可以进行"功利型激励"(比如利益奖励)或"符号型激励"(比如授予诚信荣誉称号、颁发奖状等),从而消除商务活动主体诚信经商的风险,自觉将诚实守信价值观作为商务活动准则。例如,大连市就制定了商务诚信奖励制度,被评为诚信经营的商贸企业可以获得国内贸易信用险 50%的补贴[35];河南省信阳市印发《关于建立诚信"红黑榜"奖惩制度的通知》,对于诚实守信企业和个人在诸如"政策扶持""资金补助""申请项目""挂牌上市""发行债券"时开辟"绿色通道",倡导"善有善报",对全市商务诚信价值观培育起到良好效果。[36]又如,余姚市开展"道德银行"建设,根据经济主体的日常诚信表现评定"道德积分",达到相应积分者可以将"诚信作抵押",获取"用于创业致富的小额免担保信用贷款"(如图 5-1)。这项诚信激励制度机制不仅解决了小微企业的资金短缺问题,而且对培育商务诚信价值观起到极大的促进作用。经过不断探索和改进,截至 2020 年 12 月底,"道德银行"累计发放

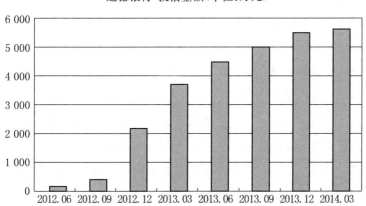

"道德银行"授信金额(单位:万元)

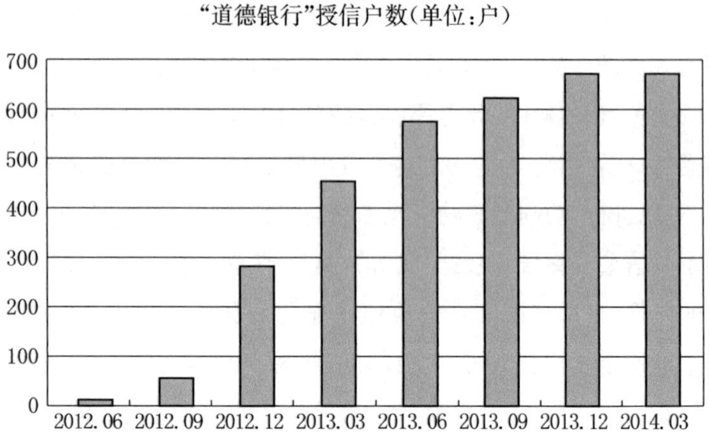

"道德银行"授信户数（单位：户）

图 5-1 余姚"道德银行"的授信金额及户数(http://zjyy.wenming.cn)

信用贷款 3.26 万户,贷款金额 34.82 亿元,覆盖全市 21 个乡镇、街道,303 个行政村(社区),已完成评议家庭户数 20.39 万户,评议人数达 52.99 万人。[37]

另一方面,商务诚信惩罚制度应该对信誉差、投机失信的企业或相关人员给予揭露和贬斥,让其名誉扫地,打击"假恶丑",并建构惩罚机制,通过法律制裁(如民事责任:经济赔偿、交违约金、赔礼道歉等;刑事责任:诸如销售伪劣产品罪、伪造经营许可证罪、假冒专利罪、虚假广告罪等)、行政处罚(如吊销执照、责令道歉、责令整改、取消评先评优等)以及其他限制(如在工商年检、银行贷款、招商引资、工程招标、政府采购等方面予以限制或禁入)等加大惩处力度,特别是形成"一处失信、处处受限"的约束机制,提高失信成本,使商务活动主体不敢失信、不能失信、不想失信。例如,重庆市就初步建立起严厉的商务失信惩罚制度,通过加快开发建设商务诚信信息平台系统,一旦发现有企业或商家存在不诚信经营行为,除了要求其作出相应赔偿外,还会在诚信档案上记录信用"污点",并在网上"公示",而且还将那些不配合整改以及严重失信的企业录入"黑名单",从而影响其行政许可审批、项目支持、资金补助以及表彰奖励等。[38]南通市对于"不服从行政管理、不履行合同义务，欺诈、骗取交易等违法经营行为"进行严厉处罚，取得良好的效果。[39]国家发改委、国家工商总局印发实施的《失信企业协同监管和联合惩戒合作备忘录》，加强对"旅行社经营""食药品经营""互联网上网服务经营""娱乐场所"等 30 多个重点领域企业失信行为的惩戒力度，通过协同监管和联合惩治等机制积极培育商务诚信价值观。[40]河北省工商局实施"企业经营异常名录制度"，限制那些存在"公示信息隐瞒、欺骗、弄虚作假"的企业参加著名商标认定、参与政府购买服务、获取银行贷款、参加"双十一"促销活动等，以此积极培育商务诚信价值观。[41]

（三）建立和完善"商务诚信督查"制度

在商务活动过程中，诚信督查制度是指对商贸流通企业及其相关工作人员进行检查和督导，防止出现以次充好、掺杂使假、虚假宣传等行为，通过"监管""规约"等方式引导他们坚持诚信经营。因而，积极培育商务诚信价值观，需要建立系统化、立体式的督查制度体系，包括内、外两个方面。

一是要建立和完善行之有效的内部督查制度。商贸流通企业是商务活动的直接参与主体，它自身应该建立和完善"自检自查自纠"机制，强化自我监督。特别是一些规模较大的商贸流通企业，公司领导更要注重内部的检查、排查、督导，可以通过协调诸如产品质量部、销售部定期展开巡查、不定期抽查，或是通过设立服务点、开通微博微信等新媒体接受客户意见、投诉，从而对商品质量、销售手段、服务态度、履约情况、交易过程等层层督导，并将检查结果以考核打分的形式与员工的业绩或工资挂钩，以期及时发现、制止、纠正诸如掺假售假、假冒伪劣、违规促销、虚假承诺等问题。

二是要建立和完善行之有效的外部督查制度。工商、公安、质检、物价、食药监等政府职能部门以及行业协会、新闻媒体等社会力量可以在商务部门的牵头和引导下建立联动监管机制，通过定期交流、强化沟通、密切合作来加大对商务流通企业的督导力度。例如，以明察、暗访等形式通力合作，对零售、批发、餐饮、家政、电子商务等重点流通行业检查和监督，特别是建立规范化的商务诚信举报监督制度，通过企业内部人员或群众的积极举报来治理商务失信问题，督促商务活动主体树立诚信兴商意识，践行诚实守信价值观。

### （四）构建"新型政商关系"的制度化基础

政商关系是否融洽、合理直接影响商务诚信价值观培育效果。在商务领域，之所以出现诸如"官商勾结谋私利""坑蒙拐骗屡禁不止""失信潜规则盛行"等现象，一个重要原因是政商关系扭曲。[42]习近平谈及新型政商关系时指出："官商交往要有道，相敬如宾，而不要勾肩搭背、不分彼此，要划出公私分明的界限。"[43]而官商交往要想"有道"，构建新型政商关系，需要一系列的制度和机制建构，既把权力关进笼子里，也规范商务经营活动主体行为。

一是建立和完善权力制约与监督制度机制。塑造良好的政商关系，不仅应该规范政府职能部门及其工作人员的行为，而且也需要对商务活动者的市场行为进行有效监督。为此，要从制度层面规范政府职能部门权限，让它们依法行政、执法必严，依照科学、合法、合理的程序和手段监管经济主体行为。也即是说，通过权力制约与监督制度建设，规范职能部门及其内部官员行为，该管的要管、不该管的不管，尤其是注重"权力清单、责任清单、负面清单"制度建设，以明确规定政府部门的权限，保证市场公平竞争，维护诚信经营秩序。同时，避免官商勾结、越界干预、权力寻租以及商人行贿等问题发生，从而治理欺行霸市、虚开发票、隐性提价、虚假宣传、工程招标造假等商务失信问题，培育商务诚信价值观。例如，广东省中山市颁布《关于加大行贿犯罪档案查询系统应用力度建立廉洁市场准入机制的意见》，从 2014 年 1 月 1 日起就在当地公共资源交易市场全面建立廉洁准入机制，不但依法追究涉及商务交易的有关部门及其工作人员的失职渎职行为,而且更是对诸如在政府采购、工程招投标、医药购销、设备采购、产权交易等公共资源市场交易活动中存在商务失信问题的企业或个人进行监督与惩罚,采取定期限制准入、取消投标资格、降低信誉分或资质以及终止业务关系等措施,促使企业诚信经商,积极培育商务诚信价值观。[44]

二是建立和完善政商协作机制建设。倡导诚信兴商,弘扬商务诚信价值观,也需要构建政商密切合作机制。如果政商关系恶化、扭曲,彼此不相信对方,甚至相互诘难、指责,那么在治理商务失信问题时也很难发挥二者的协同作用。因而,政商之间应该建立沟通机制、协作机制,相互交换对诸如失信治理难点、商务"潜规则"、诚信价值观培育途径等问题的看法,共同维护良好的市场秩序,增强政府对商务流通领域的监管职能和治理职责,强化商务诚信建设。

## 第四节　构筑环境:我国商务诚信价值观培育的风气治理

商务领域道德风气的好坏,直接影响到商务诚信价值观培育效果。崇尚诚信的商务风气能够引人向善,促使商贸流通企业坚持童叟无欺、诚实守信的经营理念,有效遏制商务失信现象的蔓延。反之,如果商务风气不正,人们对诸如掺杂使假、投机取巧、以次充好、变相涨价、隐性消费等"坏"的习气见怪不怪,"睁一只眼闭一只眼",甚至迎合这种风气,那么不但容易引人向恶,而且也严重消解商务诚信建设的效果。因而,推进商务诚信价值观培育就应该营造良好的诚信经商氛围,加强对商务失信风气的治理,以期净化商务领域的不正之风,让"好"的商务交往风气扩散开来。

## 一、在"荣辱"争辩中营造诚信兴商的舆论环境

商务失信风气之所以呈现不断蔓延趋势,一个重要原因是横亘于"荣"和"辱"之间的界限被不断消解。也即是说,一些商务经营活动参与者对商务诚信缺失现象的认知和态度暧昧不清,甚至麻木不仁,患上"道德冷漠症",从而致使应有的商务诚信价值理念遭受质疑,最终使商务交往风气受到"污染"。因而,净化商务风气必须要让商务活动主体树立正确的荣辱观,使诚信经营的风气获得普遍认可。

(一)直面商务失信问题,引导舆论讨论和走向

商务失信行为本该是一种千夫所指、令人痛恨的现象,然而它却能在市场参与者的缄默中悄然流行。其背后隐含的逻辑是,虽然很多经济主体也反感掺假售假、缺斤短两、变相涨价等失范行为,但在触及自身利益时又心照不宣地迎合,不愿直面问题,并将这种失信行为"合理化"为市场规则。因而,培育商务诚信价值观,要勇于把潜在的商务失信现象公之于众,让人们揭露这种失范行为的危害和弊端,不能为了私利而最终相互品尝失信的苦果。整个社会不能回避商务失信问题,以所谓"鸵鸟心态"[45]来为"无商不奸"辩护,更不能盲目跟随诸如"先提价后再打折""仿制名牌商品""虚假宣传"等现象。商务活动参与者在遭遇诚信缺失行为时,不能抱着自认倒霉、忍气吞声、置身事外的态度,而应该将这种不道德的行为揭发出来,针对这种价值失范现象进行舆论谴责。正所谓"理不辩不清、事不说不明",通过人们的争辩而使得商务活动参与者明白什么样的商务行为值得提倡、什么样的商务行为遭人唾弃,从而让诚信兴商的观念深入人心。这意味着,培育商务诚信价值观,我们不能只是进行简单的"单向价值灌输"和"枯燥的诚信宣传",而是应该让受众积极参与论辩,通过耻辱观的交流、对比,深刻反刍自身行为,从而自觉接受商务诚信价值观。特别需要指

明的是,直面商务失信问题旨在让价值失范行为浮上水面,为众人所批判,并让商务活动参与者树立正确的荣辱观,理性看待商务诚信缺失问题,从而塑造良好的诚信兴商环境。

(二)各级商务部门要积极介入"荣辱"争辩,阻止失信风气的肆意弥漫

在有关商务诚信的"荣辱"争辩中,各级商务部门不能袖手旁观,任由失信价值观肆意传播,而是应该及时引导舆论,宣扬诚信兴商主旋律,营造"守信光荣、失信可耻"的良好商务活动环境。一是各级商务部门要加强对商务风气的监测,全面分析和研判人们对诚信缺失行为的意见和态度。通过观察和分析人们对商务失信现象的看法、观点,理性判断商务活动参与者的荣辱观,对人们在商务活动中的关注焦点、迷惑点以及失信风气走向等深入调查研究,追问其发生、发展的内在逻辑,从而为介入诚信观上的"荣辱"争辩奠定基础。

二是及时进行价值引导,纠正商务失信风气。价值引导旨在将蛰伏的诚信兴商理念彰显出来,避免商务活动参与者受到错误观念误导而走向歧途。但问题的复杂性在于,商务领域中诸如"降价后再提价""夸大宣传""隐性消费"等不良风气的弥漫往往伴随着"集体的无意识",甚至是一种看似合理的"通行做法"或"共谋行为",从而致使一些商务活动参与者混淆"荣辱"之别,淡化了对商务诚信缺失行为的认识。所以,各级商务部门介入"荣辱"争辩的突破点在于,改变这种不良商务风气的"无意识"扩散方式,通过诚信经营内涵的深入阐释、诚信形象的重新定位来避免有些人将"通行做法"结构化为一种商务交往"潜规则"。

(三)发挥大众传媒的引导作用,宣扬诚信经商主旋律

报纸、广播、电视、网络等新闻媒体参与商务诚信"荣辱"争辩,宣扬诚信经商主旋律的路向有两种:一是通过赞扬诚信经商与曝光见利忘义的典型事例,形成强大舆论支持。近些年来,一些新闻

媒体对诚信兴商典型案例进行报道,并通过开辟监督栏目、明察暗访等方式曝光了诸如"瘦肉精""地沟油""福喜问题肉"等失信事件,同时主动设置议程,褒扬诚信者、贬斥失信者,这种"荣辱"对比本身起到良好的舆论引导作用,有利于营造守信光荣、失信可耻的商务活动氛围。

二是大众传媒要在商务领域及时进行有关诚信兴商的"议程设置"和"话题引导"。在网络时代背景下,大众传媒可以利用自身优势主动设置"诚信兴商"议程和话题,宣扬童叟无欺、守诺践约、货真价实、明码标价的经商理念,唱响诚信兴商主旋律,使诚实守信价值观深入人心。特别是当失信风气盛行,严重侵蚀人们观念时,大众传媒更应该积极介入"荣辱"争论,通过诸如设置诚信经商专题、组织经济伦理专家讨论等方式净化商务风气。

## 二、通过遏制商务"潜规则"加强失信风气治理

加强商务失信风气治理,需要遏制市场交往中的"潜规则"现象。因为在商务领域,诸如"先提价后再打折"现象、网购中"现金换好评"行为、"特价商品不'三包'"规定、克隆或模仿名牌商品行为、故意安排"托儿"的促销手段、名不副实的包装或营销行为、"用粉剂勾兑豆浆"等"潜规则"的形成,是基于商务交往实践而逐渐产生的"潜在规矩",而且经济主体从这种"潜规则"中"得到好处""尝到甜头",人们为了"搭便车"而心照不宣,进而结构化为生命力很强的不合理规则。由此而带来的一个主要后果是,夸大宣传、以假乱真、隐性提价等诚信缺失行为可能摇身一变成为"行业通行做法",成为潜在规则。商务领域这种失信潜规则势必会助长不公平竞争行为,催生道德伪善现象,损害公序良俗,妨碍商务诚信价值观的有效培育。因而,营造商务诚信价值观培育的良好氛围,净化商务交往风气,关键在于打破商务"潜规则"的运行机制,压缩其生存空间。

（一）促进商务"显规则"不断完善与有效执行

在商务交往领域，一些诚信缺失问题之所以屡禁不止，部分原因是倡导童叟无欺、诚实守信的"显规则"缺位和不足，从而致使"潜规则"盛行。这意味着，遏制商务"潜规则"，首先要完善市场经济中的公平竞争规则、诚实信用规则、平等交易规则等，规范商务经营活动参与者的经济行为。不断完善这些商务"显规则"的目的在于，让商务活动主体在交往过程中树立规则意识，通过彰显应有的诚信规则来避免"以次充好、隐性提价、夸大宣传"等"潜规则"肆意泛滥。其次，在制定和完善商务"显规则"之后，更关键的是强化执行力度。如果已然存在的商务"显规则"得不到严格执行，处于虚置空设状态，那么"潜规则"仍会畅行无阻。所以，各级工商部门、质量监督部门等要加大执法与巡查力度，真正落实市场交往和流通规则，让其晒在阳光下，成为商务经营活动者不得不遵守和践行的价值规范。同时，揭露商务失信"潜规则"的各种表现形式，指出它给企业、社会带来的危害，从而让其无处藏身。

（二）通过"扬善"与"抑恶"并举的路径治理商务失信"潜规则"

当前，商务"潜规则"难以遏制的症结在于，借助失信"潜规则"可以给商务活动参与者带来好处，与之违背者反而可能遭受惩罚。因为在商务交往中，如若人们不遵循潜规则，也可能受到众多默认"潜规则"者的排挤。这显然是一种"倒错"的逻辑，如果此种风气蔓延，势必会颠倒黑白，混淆正邪之分。因而，营造良好的商务风气，治理失信"潜规则"要从双重维度发力。一方面，给坚守诚信经营、揭露商务失信"潜规则"者以奖励。引导人们不盲从"潜规则"的关键在于，让守信者、遵守"显规则"者获得褒扬和奖励，保护、鼓励合法的商务经营行为，通过政策倾斜、形象宣传、税收优惠、资金奖励等形式让经济主体对诚信经营抱有信心和积极预期。另一方面，加大对固守"潜规则"者的惩罚力度，改变"法不责众"的观念。商务失信"潜规则"盛行有一个先决条件，即这些所谓"通行做法"

虽是个体"理性计算"的产物,它却往往刺激群体效仿,让人们形成一种"法不责众"的意识。由此来看,治理商务"潜规则"的关键是,应该破除这些"小团体""圈内人""默认者"的"不被惩罚"意识,让所谓"众人通行做法"受到应有的制裁。为此,要提高人们践行"潜规则"的风险成本,通过行政处罚、吊销执照、社会通报、贷款限制等多种方式使失信"潜规则"与"利益损失"关联起来[46],让那些敢于触碰诚信底线的商务经营活动者付出代价、处处受制。

(三)重视社会力量对遏制商务"潜规则"的作用,净化诚信经营风气

遏制商务交往活动中的"潜规则",除了依靠工商、质量监督等政府部门外,社会监督力量也不可或缺。一是发挥行业协会组织的监督和规范作用。从性质上看,尽管商贸流通企业协会组织是"非营利性的民间组织",但它是商务诚信价值观有效培育不可缺少的推手。商贸流通企业协会的建立和完善,一个重要目的是为了促进商贸流通企业能够在市场竞争中坚持童叟无欺、诚实守信的经营理念,从而保护本行业的共同利益,促进行业健康发展。在商务诚信价值观培育过程中,商贸流通企业协会之所以可以产生不可忽视的推动力,主要缘于三方面:(1)它与商贸流通企业有着紧密的内在关联,因而能够深入了解商务经营活动者的经营方式和手段,及时调查企业失信范围与程度,特别是对商务失信"潜规则"有深刻的认识。正是由于商贸流通企业协会组织具备这样的优势,使它可以针对商务诚信价值观培育中的难点、盲点、困惑点进行有效应对,根据商务失信的具体情况制定培育方案、调整培育方式、开展培育活动等,进而发挥自身的价值观培育作用。(2)虽然表面上是一个"非营利性民间组织",但它却是协调企业活动、维护企业共同利益、促进行业有序发展的重要力量。这意味着,商贸流通企业协会组织要想获得自身合法性、发挥自身功能,就必须注重对企业进行商务诚信价值观培育,倡导质量至上、诚实无欺、以

诚相待、平等交换的商务交往理念,采取切实有效的措施治理以次充好、掺杂使假、虚假承诺、夸大宣传、故意违约等商务失信问题。(3)它是商贸流通企业与商务主管部门进行有效沟通的重要桥梁,不仅能够将商贸流通企业提出的商务失信问题和培育建议反映给相关决策部门,而且也是传递商务主管部门诚信价值观培育倡议、措施的渠道,以期促进商务诚信价值观培育活动顺畅开展。因而,我们应该强化商贸流通行业协会组织的功能,通过它内部的通报、督导、协调、检查、评比、批评、教育、惩罚等运作方式引导人们对失信"潜规则"说"不",从而净化行业风气。二是加大大众传媒对商务失信"潜规则"的曝光力度。正是因为商务失信"潜规则"是一种"暗藏、隐性"的行为,所以破除这种痼疾的重要措施就是让之"见光",借助广播、电视、网络等媒体打造商务诚信监督平台,揭露、曝光各种"潜规则"现象。例如,新闻媒体的"质量万里行"、半月谈网站设置的"曝光台"等对许多失信事件的曝光就起到非常好的效果。

## 三、以企业诚信品牌文化建设凝聚商务"正气"

"品牌是企业的一种无形资产。而诚信正是企业最有生命力、也最有价值的品牌。"[47]梳理和考察不同类型的商贸流通企业品牌文化,我们不难发现,尽管它们在具体文化表现形态上各具特色,却不能忽视这样一个事实,即大凡成功、有远见的商贸流通企业都在努力建设"以诚信为基础的品牌文化"(integrity based brand cultures)。从商贸流通企业品牌文化的深层结构看,诚信是其核心价值理念,它能极大地提升企业本身的名誉和知名度。更为重要的是,企业形塑诚信品牌文化代表一种期望和信仰,这不仅可以在商务交往中影响自身的经济决策,还能够起到示范作用,带动其他企业坚持诚信经营,从而凝聚商务"正气",扭转失信风气,增强商务诚信价值观培育的效果。因此,如何推动商贸流通企业积极培育诚信品牌文化,展示企业良好风貌至关重要。

(一)商务主管部门要引导商贸流通企业将诚信作为品牌文化建设的底线和生命线

商务主管部门对企业的商务交往活动起着指导、监督作用,为后者提供相关服务和帮助。在此意义上,治理商务失信问题、提升商务经营活动者诚信品质、塑造诚信兴商风尚等关涉商务诚信价值观培育活动自然也成为其分内职责。商务主管部门要通过"顶层设计"和"伦理决策"来推进商务诚信价值观培育顺畅进行。具体而言,通过制定、发布一些政策、文件、制度、规章等推进商务诚信建设,鼓励和引导相关机构、组织开展丰富多样的商务诚信培育活动。例如,商务部指导帮助北京、上海、重庆、宁波等商务诚信建设试点城市开展教育培训活动;又如,商务部发布《电子商务企业诚信档案评价规范》,营造诚信兴商的良好氛围。这种依靠商务主管部门"顶层设计"与"伦理决策"而产生的推力作用不容忽视,它能够借助外在约束要求人们重视商务诚信价值观培育,促使相关机构、单位、组织、企业积极安排诸如"商务诚信讲堂""商务诚信图片展""商务诚信月""商务诚信体验"等活动,促使广大商务经营活动者参与诚信价值观培育过程,并由此而"辨是非、知荣辱"。

形塑企业诚信品牌文化,需要商务主管部门从三重维度进行引导:从经济收益视角来说,要让企业深刻意识到诚信品牌关乎其生死存亡。因为市场经济本质上是一种信用经济,商贸流通企业要想具有市场竞争力,就必须重视诚信品牌文化建设,以此塑造企业精神。一些"百年老店"和"著名企业"无不是将诚信视为品牌文化的基石与核心,以此增强品牌影响力。反之,像"冠生园"事件、"三鹿奶粉"事件等涉事企业恰是在品牌建设中忽视了诚信因素,以至于品牌贬值、声誉下降,从而导致收益锐减,甚至被市场直接淘汰。从社会责任视角来说,要让企业深刻认识到诚信品牌建设是对他人及社会担负责任的表现。美国学者奥利弗·谢尔顿(Oliver Sheldon)最先公开提出社会责任这一说法，他指出企业社会责任包括道德因素在内。[48]商贸流通企业在品牌建设过程中固然应该关注收益状况，但不能将利润视为唯一目标。而那些诸如毒奶粉、地沟油等涉事企业的品牌文化中显然忽视诚信建设，危害他人身体健康、赚取非法利益，是不负责任的表现。商务主管部门要引导企业将自身品牌与社会责任对接起来，这样才能获得持续发展。从风险防范视角来说，要让企业深刻认识到诚信品牌有助于增强其韧性与生命力。企业在商务交往活动过程中涉及方方面面的因素，诸如操作疏忽、技术故障、次级承包商造假等客观原因也会造成失信风险，对企业本身产生负面影响。但是，那些注重诚信品牌建设、具有良好诚信形象的企业能够在失信事件发生后，依靠已然积累的信誉迅速修复信任裂痕，度过诚信危机。相反，那些不注重诚信品牌文化建设、缺乏良好信誉的企业则会更容易在失信风险中轰然倒塌。例如，德国大众汽车DSG变速箱事件和新西兰奶粉含双氰胺事件都涉及诚信问题，虽然遭到媒体曝光，但市场对其信任没有完全消失，其背后原因就是它们的诚信品牌已经深入人心，即使存在缺点（当然不是致命的缺点），市场仍会对其有依赖性。[49]

（二）各级商务诚信价值观培育职能部门要推动和监督商贸流通企业重视诚信品牌文化建设

一方面，增强服务功能，助力企业开展诚信品牌文化建设。依托商务诚信建设试点工作，通过诸如"诚信品牌文化培训""促进企业品牌维护""知识产权保护""制定诚信品牌标准""组织企业诚信品牌评选""表彰诚信品牌公司"等措施和方式推动企业诚信品牌文化建设，倡导诚实守信的良好风气。例如，上海中药行业职能部门充分利用网站、会刊设立"品牌之路"专栏[50]，积极宣传企业诚信品牌文化建设重要性。又如，内蒙古自治区党委宣传部等14部门决定，授予"阿尔山"牌矿泉水等35个品牌为"内蒙古自治区诚信品牌"荣誉称号[51],引导企业重视诚信品牌文化建设。再如，2022 年商务部发布"诚信兴商典型案例"，充分发挥诚信典型案例示范作用。

另一方面，加大对企业品牌文化建设的监督力度。商贸流通企业诚信品牌文化建设离不开外在的监督压力，需要工商、质量监督等部门、机构通过揭露、曝光品牌建设问题来营造诚信风气。例如，"中国质量万里行促进会"为了推动企业重视品牌建设，近年来不断加大调查力度，涉及企业 1 662 家，品牌 267 个，"还总结了汽车、电商、保险等 8 个行业突出的质量诚信问题"[52]，对于企业诚信品牌文化建设起到促进作用。

（三）商贸流通企业要积极培育自身的诚信品牌文化

对于企业自身来说，打造诚信品牌文化应该着眼于诚信价值取向的构塑和诚信精神的培育。在这之中，最关键的是要将诚信价值观作为企业文化建设的核心要素，让其融入企业的发展理念、经营过程、行为准则。从更深层次看，这意味着商贸流通企业不应把诚信视为一种"外在需求型价值"，而应将其确定为企业文化不可拆分的"精神内核"。但这种企业诚信精神绝非空置的理念，它需要贯穿在实际的生产经营、营销方式、服务体系中。例如，瑞蚨祥就以"货真价实，童叟无欺"的经营理念打造品牌文化，以诚实守信精神提高产品质量、改善服务水平、规范员工言行举止，在社会上起到良好的示范作用，并将诚信转化为经济效益。海尔集团则在商务交往活动中确立"首先卖信誉，其次卖产品"的价值理念，通过不断提升自身的商德水平来培育诚信品牌文化，确立诚信经营的核心价值理念，不仅广受赞誉，而且也促进自身发展。

商贸流通企业是商务诚信价值观有效培育的最终承载者与落实者。在商务诚信价值观培育过程中，如果企业"缺席"或是缺少应有的积极性、主动性，那么培育效果也会大打折扣。试想一下，假如商贸流通企业自身不注重商务诚信品牌文化建设，对社会倡导诚信经营价值观置若罔闻、睁一只眼闭一只眼,包庇或纵容企业内部管理者、员工的失信行为,甚至有意迎合商务失信"潜规则",其结果是使得质量至上、服务周到、童叟无欺的诚信价值观浮在表面,难以得到商务经营活动者的认同和践行。事实上,当前商务诚信价值观培育效果不佳的一个重要原因,恰是由于商贸流通企业没有全力推进商务诚信建设,甚至认为企业应当以逐利为核心,培育诚实守信价值观被置放于边缘位置。这种认识瓦解了企业积极培育商务诚信价值观的动力,在某种程度上默认或纵容了商务失信现象的发生。由此可见,商贸流通企业自身是商务诚信价值观培育必不可少的推动主体。依靠它来推动诚信品牌文化建设,积极培育商务诚信价值观,加强对企业内部人员的价值引领、教育培训,从而能够使其以诚实守信的态度对待生产者、消费者、竞争者、合作者,坚持质量至上、公平交易、平等交换、以诚待人、信守承诺的要求,养成诚实守信的经营品质。实际上,我们之所以将商贸流通企业称为商务诚信价值观有效培育的最终承载者与落实者,主要体现在它对诚实守信价值观培育的推力方式上。因为企业可以借助诸如"制定诚信行为准则""开展诚信文化培训""加强商务失信惩戒"来促使内部管理者、经营者及员工认可并践行诚信价值观。由于这种推力能够直接作用于商务经营活动者,并与其切身利益关联在一起,从而使商务诚信价值观培育效果倍增。

## 注释

[1] 张宇燕:《经济学与常识》,四川文艺出版社 1996 年版,第 223 页。

[2] 冯刚:《关于大学生核心价值观培育问题的思考》,《学校党建与思想教育》2012 年第 13 期。

[3] 刘建军:《核心价值观贵在涵养》,《北京日报》2014 年 7 月 14 日。

[4] 郭建新:《道德价值认同的路径探索》,《光明日报》2008 年 6 月 3 日。

[5] 赵丽涛:《中国传统诚信文化的变迁方式及其当代转化》,《兰州学刊》

2013 年第 2 期。

　　[6] 同上。

　　[7] [美]贝尔:《资本主义文化矛盾》,严蓓雯译,江苏人民出版社 2012 年版,"前言",第 5 页。

　　[8] [奥]维特根斯坦:《文化与价值》,涂纪亮译,北京大学出版社 2012 年版,第 7 页。

　　[9] 李德顺:《走出对"什么是传统"的认知误区》,《北京日报》2015 年 6 月 1 日。

　　[10] [美]阿尔温·托夫勒:《第三次浪潮》,朱志焱等译,生活·读书·新知三联书店 1983 年版,第 43—44 页。

　　[11] 王村理:《推进商务诚信迫在眉睫》,《光明日报》2013 年 1 月 19 日。

　　[12] [英]鲍曼:《寻找政治》,洪涛等译,上海人民出版社 2006 年版,第 128 页。

　　[13] [印]阿马蒂亚·森:《伦理学与经济学》,王宇、王文玉译,商务印书馆 2000 年版,第 8 页。

　　[14] 童世骏:《关于重叠共识的重叠共识》,《中国社会科学》2008 年第 11 期。

　　[15] 陈新汉:《哲学视域中社会价值观念的共识机制》,《哲学动态》2014 年第 4 期。

　　[16] 张涛:《契约精神与现代诚信的构建分析》,《理论月刊》2005 年第 1 期。

　　[17] 社会契约论先行者格劳修斯语。

　　[18] 郑磊:《现代诚信内涵刍议》,《现代管理科学》2012 年第 9 期。

　　[19] 习近平:《青年要自觉践行社会主义核心价值观——在北京大学师生座谈会上的讲话》,《中国高等教育》2014 年第 10 期。

　　[20] [法]拉罗什福科:《道德箴言录》,何怀宏译,生活·读书·新知三联书店 1998 年版,第 1 页。

　　[21] 郭淑新:《敬畏与智慧:〈道德经〉的启示》,《哲学研究》2010 年第 4 期。

　　[22] [古希腊]亚里士多德:《尼各马可伦理学》,廖申白译,商务印书馆 2004 年版,第 36—37 页。

［23］上海市商务委员会编:《商务诚信在上海:上海市商务诚信建设试点工作实录》,上海交通大学出版社 2013 年版,第 35 页。

［24］［法］保罗·里克尔:《恶的象征》,公车译,上海世纪出版集团 2005 年版,第 27 页。

［25］［美］道格拉斯·C. 诺斯:《制度、制度变迁与经济绩效》,刘守英译,上海三联书店 1994 年版,第 34 页。

［26］沈壮海:《社会主义核心价值观培育和践行的着力点》,《思想政治工作研究》2012 年第 12 期。

［27］《邓小平文选》第二卷,人民出版社 1994 年版,第 333 页。

［28］［英］卡尔·波普尔:《开放社会及其敌人》,陆衡等译,中国社会科学出版社 1999 年版,第 237 页。

［29］经济伦理学家阿马蒂亚·森认为,"伦理考虑"(ethical consideration)可以影响人类的实际行为。参见森:《伦理学与经济学》,王宇、王文玉译,商务印书馆 2014 年版,第 2 页。

［30］杨朝清:《"罪己书"贵在呵护诚信》,《经济日报》2014 年 9 月 11 日。

［31］例如,电子商务领域的虚假"刷信誉"、现金换"好评"等。

［32］习近平:《之江新语》,浙江人民出版社 2007 年版,第 71 页。

［33］上海市商务委员会:《商务诚信建设围绕消费抓落实》,《国际商报》2013 年 8 月 19 日。

［34］章树山:《南通市以诚信建设培育和践行社会主义核心价值观》,《江苏经济报》2014 年 5 月 8 日。

［35］于秀芝:《加快建设商务诚信体系　构筑诚实守信的营商环境》,《大连日报》2014 年 10 月 10 日。

［36］关心亮:《我市建立诚信"红黑名单"奖惩制度》,《信阳日报》2015 年 10 月 14 日。

［37］《浙江余姚:全力推进"道德银行"3.0 版建设　让道德更有含金量》,余姚文明网,http://zjyy. wenming. cn/xsdwmsjzx/ddyhgljzx/202101/t20210128_3236722.shtml。

［38］杨艺:《不诚信经营将成为企业"信用污点"》,《重庆日报》2015 年 12 月 31 日。

［39］章树山:《南通市以诚信建设培育和践行社会主义核心价值观》,《江

苏经济报》2014 年 5 月 8 日。

[40] 顾阳、佘颖：《对失信企业联合惩戒动真格》，《经济日报》2015 年 11 月 11 日。

[41] 段晓军：《实施信用监管的重要抓手》，《中国工商报》2016 年 1 月 6 日。

[42] 如政府相关部门监管错位、不作为、乱作为、暗箱操作、庇护不法商人或商人行贿、进行利益输送、相互勾结等。

[43] 刘璞等：《总书记和江苏代表许下新约会》，《扬子晚报》2013 年 3 月 9 日。

[44] 黄启艳等：《限制有行贿行为者进场交易》，《中山日报》2013 年 12 月 19 日。

[45] 所谓"鸵鸟心态"是指逃避现实、不敢面对问题的心理。

[46] 赵丽涛：《我国深度转型中的社会信任困境及其出路》，《东北大学学报(社会科学版)》2015 年第 1 期。

[47] 姜增伟：《深入推进商务诚信建设》，《经济日报》2012 年 8 月 14 日。

[48] 纪良纲：《商业伦理学》，中国人民大学出版社 2011 年版，第 219 页。

[49] 龚丹韵等：《我们是否陷入了品牌迷信的怪圈》，《解放日报》2013 年 3 月 26 日。

[50] 上海市商务委员会编：《商务诚信在上海：上海市商务诚信建设试点工作实录》，上海交通大学出版社 2013 年版，第 187 页。

[51] 郝少英：《我区诚信企业诚信个人诚信品牌昨日受表彰》，《内蒙古日报》2014 年 12 月 17 日。

[52]《太平洋产、寿险获评全国质量诚信品牌优秀示范企业》，《城市晚报》2015 年 4 月 28 日。

# 结语
# 在回应时代问题中培育商务诚信价值观

　　探讨中国商务诚信价值观培育议题不是"冥思苦想"的纯理论结果，而是在反思现实过程中对重大经济伦理问题的学术关切。随着我国经济社会转型，商务领域中的"义""利"关系也在悄然发生变化，传统文化的"重义轻利"倾向越来越难以适应现代市场经济发展。然而，在纠正这种倾向过程中，利益却被一些经济主体推到"至高无上"的地位，甚至被视为一切经济活动唯一的追求目标。于是，原本内蕴于市场经济之中的诚信价值规范被剥离出来。我们可以看到，囿于制度缺失、监管滞后、教育不力、风气趋浊等因素影响，商务领域中的失信现象便凸显出来，缺斤少两、掺杂使假、以次充好、假冒伪劣、价格欺诈、夸大宣传、虚假承诺等问题也层出不穷。面对商务领域中的道德失范、诚信缺失危机，如何培育商务诚信价值观成为一项亟待研究的重大经济伦理课题。

　　诚信之所以是稀缺性资源，是因为经济活动中假冒伪劣、掺杂使假、虚假宣传、恶意毁约等问题频频发生，从而凸显了诚信经商的重要性。正是在此境况下，注重诚信交易的企业更能获得市场认可，提升自身竞争力。商务诚信作为一种价值规范，也是人们不断吁求的稀缺性道德资本。我们探讨商务诚信价值观培育，目的也就在于促使商务诚信成为市场参与主体的自觉追求，成为商务领域的基本共识。尤其在当前经济"新常态"背景下，我国社会呈现增速放缓、结构调整、观念变革特点,为适应经济"新常态",推进中国经济社会持续发展,积极培育商务诚信价值观意义重大。经济"新常态"下的改革涉及方方面面,这不仅是经济领域、政治领域的问题,也是价值观念领域无法回避的问题,所以我们要敢于"啃硬骨头""涉险滩""动真格",商务领域诚信价值观嬗变、扭曲、缺失等问题理应引起人们关注。

财富创造不单单是一种经济活动,它本身内蕴着伦理道德。如若在看待二者关系时忽视或抵制伦理道德的介入,包括财富创造在内的整个经济文化就会因"道德价值"偏离问题而陷入断裂与冲突之境。从发生学角度看,正义、诚信、公平等伦理道德为人们的经济行为提供了"确定性",有效促进了资源配置,创设公平有序的市场氛围。实际上,伦理道德融入财富创造过程中,催生出两种动力机制:一方面,伦理道德刺激了人们参与财富创造的积极性,从而为经济发展提供了强大的精神动因。因为道德作为一种价值评判尺度,肯定合理创造财富的经济行为,提供了一个稳定有序的伦理空间,从而理顺了生产关系,激发经济参与者的活力。另一方面,失信、欺骗、巧伪等牟利行为被视为"恶"予以弃绝。这样一来,就为财富创造奠定了道德根基,减少了不道德行为产生的经济风险。财富创造是经济理性与道德理性的结合,它固然需要经济理性的动力刺激,但更离不开道德理性的规制和约束。伦理道德作为一种无形资本,能够参与有形资本运行过程,进而发挥自身独特的保值与增值功能。一是伦理道德能够提高货币资本、实物资本的活动性。倡导诚实守信、公平公正、平等交易等财富创造观,可以促使人们在经济活动中重视品质、讲求信誉、担负责任,从而获得交易方以及其他经济主体的认可和赞扬。伦理道德能够依附于货币资本、实物资本、金融资本、产权资本等而发挥作用,并可以在经济活动中纠正交换动机的趋利偏失、克服交换过程中的伦理缺陷、内化交换结果的负外部效应,这无疑会激活有形资本的活动性,增加其流转速度、使用效率,进而让有形资本保值和增值,产生巨大的经济效益。二是伦理道德能够渗透和转化为财富创造者的重要素质,提高人力资本的质量。伦理道德可以增强经济主体的凝聚力,渗透和转化为财富创造者的思想、观念、素质,提高他们的责任感、正义感,从而使其以正当、合理手段参与市场竞争,并自觉对缺斤少两、掺杂使假、虚假宣传、背信弃义等现象进行揭露和抵制,维护买卖公平、童叟无欺、货真价实的市场秩序,让人们明白什么样的财富创造行为是合理正当的、什么样的财富创造行为是不可取的。三是坚守伦理道德的财富创造者积累了良好的市场信誉,赢得人们一致赞扬,进而可以获得市场的认可,带来经济效益。

然而,推进商务诚信价值观有效培育是一个较为复杂的过程,它不是自然而然就可以实现,需要我们长久不懈的努力。在商务诚信价值观培育中,有三个方面的棘手问题仍然需要我们关注:一是如何更好解决"继承传统"与"借镜西方"的问题。商务诚信价值观培育应该秉持"承前启后""继往开来"的态度,从传统商务诚信思想中汲取智慧。然而,这其中涉及如何进行"现代转化"问题,以避免宗法、等级等因素影响,并使传统思想能与现代诚信文化融为一体,这点仍需继续深入研究。在"借镜西方"问题上,由于国外商务诚信价值观培育研究较早,也积累了丰富经验,特别是契约精神、制度约束等值得我们学习和借鉴。但是,"橘生淮南则为橘,生于淮北则为枳"[1]。"拿来主义"不可取,"消化吸收"必须契合我国经济社会环境、公众文化心理等,否则就会陷入"水土不服""拼凑嫁接"的困境。二是怎样进一步解决"商务潜规则""行业性失范"问题。奥尔森曾将从"个人理性"向"集体理性"过渡视为"最为困难的逻辑"。同样地,这种困惑在商务诚信价值观培育过程中也显而易见。很多时候,一些商务活动个体可能对诚信经商有正确的价值认知,但在走向市场、参与竞争的商务交往浪潮中,又往往会迎合失信的"潜规则",甚至大多数人一起"搭便车""分一杯羹",

以缄默共同庇护失信现象,将诚信经商价值观抛之脑后,进而陷入"集体无意识"困境,营造"守信光荣、失信可耻"的商务风气必然难上加难。三是如何引导商务活动主体正确看待"利益与道德关系"问题。商务诚信价值观难以培育的一个重要原因是,有些商务活动主体将诚信从利益追求中剥离出来,"以至于谈到道德就有一种虚伪感"[2]。因而,如何采取有效措施使人们在"利"和"义"之间做出合理选择,仍是商务诚信价值观培育需要研究的课题。

还需要强调的是,积极培育商务诚信价值观不是权宜之计,而是我国社会主义市场经济发展的深层需要,要求我们下大功夫推进这项研究。如果忽视这种"需要",不重视商务诚信价值观培育的相应问题探讨,那么商务失信问题就可能成为我国经济社会发展的包袱和障碍。本书正是基于这样的问题意识和理论展开的学术探讨,试图为当代中国商务诚信价值观培育研究提供引玉之砖,积极建言献策。

最后,以马克思主义经典作家的一句话作为结束语,希冀它能激发更多人参与此项议题研究:

"问题就是公开的、无畏的、左右一切个人的时代声音。问题就是时代的口号,是它表现自己精神状态的最实际的呼声……"[3]

### 注释

[1]《晏子春秋全译》,李万寿注,贵州人民出版社 2008 年版,第 227 页。

[2] 邹建平:《诚信论》,天津人民出版社 2005 年版,第 3 页。

[3]《马克思恩格斯全集》第 40 卷,人民出版社 1982 年版,第 289—290 页。

# 参考文献

（按姓名拼音首字母排列）

## 一、经典文献类

《马克思恩格斯文集》第 1 卷，人民出版社 2009 年版。

《马克思恩格斯文集》第 2 卷，人民出版社 2009 年版。

《马克思恩格斯文集》第 5 卷，人民出版社 2009 年版。

《马克思恩格斯文集》第 9 卷，人民出版社 2009 年版。

《马克思恩格斯选集》第 1 卷，人民出版社 1995 年版。

《马克思恩格斯选集》第 2 卷，人民出版社 1995 年版。

《马克思恩格斯选集》第 3 卷，人民出版社 1995 年版。

《马克思恩格斯选集》第 4 卷，人民出版社 1995 年版。

《马克思恩格斯全集》第 25 卷，人民出版社 1974 年版。

《马克思恩格斯全集》第 40 卷，人民出版社 1982 年版。

《列宁文稿》第 4 卷，人民出版社 1978 年版。

《列宁全集》第 34 卷，人民出版社 1985 年版。

《列宁全集》第 41 卷，人民出版社 1986 年版。

《列宁全集》第 42 卷，人民出版社 1987 年版。

《列宁全集》第 43 卷，人民出版社 1985 年版。

《毛泽东文集》第 6 卷，人民出版社 1999 年版。

《毛泽东文集》第 7 卷，人民出版社 1999 年版。

《毛泽东文集》第 8 卷，人民出版社 1999 年版。

《毛泽东选集》第 6 卷,人民出版社 1991 年版。

《邓小平文选》第二卷,人民出版社 1994 年版。

《邓小平文选》第三卷,人民出版社 1993 年版。

《江泽民文选》第三卷,人民出版社 2006 年版。

《江泽民论有中国特色社会主义》(专题摘编),中央文献出版社 2002 年版。

胡锦涛:《坚定不移沿着中国特色社会主义道路前进 为全面建成小康社会而奋斗——在中国共产党第十八次全国代表大会上的报告》,人民出版社 2012 年版。

《习近平谈治国理政》,人民出版社 2014 年版。

《习近平谈治国理政》第二卷,人民出版社 2017 年版。

《习近平谈治国理政》第三卷,人民出版社 2020 年版。

《习近平谈治国理政》第四卷,人民出版社 2022 年版。

习近平:《高举中国特色社会主义伟大旗帜 为全面建设社会主义现代化国家而团结奋斗:在中国共产党第二十次全国代表大会上的报告》,人民出版社 2022 年版。

《十五大以来重要文献选编》(中),人民出版社 2001 年版。

《十六大以来重要文献选编》(上),中央文献出版社 2005 年版。

《十六大以来重要文献选编》(下),中央文献出版社 2008 年版。

《十七大以来重要文献选编》(上),中央文献出版社 2009 年版。

《十八大以来重要文献选编》(上),中央文献出版社 2014 年版。

《十八大以来重要文献选编》(中),中央文献出版社 2016 年版。

《十八大以来重要文献选编》(下),中央文献出版社 2018

年版。

## 二、中文著作类

陈钧、任放:《经济伦理与社会变迁》,武汉出版社 1996 年版。

陈平:《新中国诚信变迁:现象与思辨》,中山大学出版社 2010 年版。

陈襄民等:《五经四书全译》,中州古籍出版社 2000 年版。

陈新汉、冯溪屏:《现代化与价值冲突》,上海人民出版社 2003 年版。

陈毅:《博弈规则与合作秩序》,上海人民出版社 2010 年版。

段忠桥:《重释历史唯物主义》,江苏人民出版社 2012 年版。

费孝通:《乡土中国　生育制度》,北京大学出版社 1998 年版。

甘惜分:《新闻学原理》,中国人民大学出版社 1981 年版。

高华平:《论语集解校释》,辽海出版社 2007 年版。

高瑞泉:《在历史中发现价值》,中国大百科全书出版社 2005 年版。

高兆明:《社会失范论》,江苏人民出版社 2000 年版。

高兆明:《制度公正论:变革时期道德失范研究》,上海文艺出版社 2001 年版。

高兆明:《制度伦理研究:一种宪政正义的理解》,商务印书馆 2011 年版。

宫志刚:《社会转型与秩序重建》,中国人民公安大学出版社 2004 年版。

郭金鸣:《道德责任论》,人民出版社 2008 年版。

韩凤荣等:《市场经济条件下社会诚信与青年诚信的构建》,吉林大学出版社 2010 年版。

何怀宏:《底线伦理》,辽宁人民出版社 2004 年版。

何怀宏：《良心论》，上海三联书店 1994 年版。

何怀宏：《契约伦理与社会正义》，中国人民大学出版社 1993 年版。

贺卫：《寻租经济学》，中国发展出版社 1999 年版。

胡晓涓：《商务公共关系》，中国建材工业出版社 2003 年版。

黄来纪、李志强：《商事制度改革与企业诚信经营法制建设研究》，中国民主法制出版社 2015 年版。

黄明理：《社会主义道德信仰研究》，人民出版社 2006 年版。

纪良纲：《商业伦理学》，中国人民大学出版社 2011 年版。

江畅：《道德价值观与当代中国》，湖北人民出版社 1997 年版。

金耀基：《从传统到现代》，中国人民大学出版社 1999 年版。

《孔子家语》，王肃注，上海古籍出版社 1990 年版。

雷安定、金平：《经济发展中的伦理问题研究》，经济科学出版社 2009 年版。

黎翔凤：《管子校注》（中），中华书局 2004 年版。

李宝元：《人力资本与经济发展》，北京师范大学出版社 2000 年版。

李凤华等：《企业间信任与合作》，科学出版社 2018 年版。

李秀林等：《辩证唯物主义和历史唯物主义原理》，中国人民大学出版社 2004 年版。

林毓生：《中国传统的创造性转化究》，生活·读书·新知三联书店 2011 年版。

刘少杰：《经济社会学的新视野——理性选择与感性选择》，社会科学文献出版社 2005 年版。

刘湘丽：《企业的诚信危机》，经济管理出版社 2009 年版。

刘晓红：《电子商务中的诚信机制及风险防范》，西南交通大学出版社 2004 年版。

刘智峰：《道德中国：当代中国道德伦理的深重忧思》，中国社会科学出版社 2001 年版。

楼宇烈：《温故知新：中国哲学研究论文集》，商务印书馆 2004 年版。

卢风、肖巍：《应用伦理学导论》，当代中国出版社 2002 年版。

鲁洁：《德育社会学》，福建教育出版社 1998 年版。

陆晓禾：《危机中的资本、信用和责任：未来财富创造需要什么样的概念、制度和伦理》，上海社会科学出版社 2011 年版。

陆晓禾、金黛如：《经济伦理、公司治理与和谐社会》，上海社会科学出版社 2005 年版。

《吕氏春秋》，高诱、毕沅注校，上海古籍出版社 2014 年版。

罗国杰：《伦理学》，人民出版社 1989 年版。

马国川：《中国在历史的转折点：当代十贤访谈录》，中信出版社 2013 年版。

马俊锋：《当代中国社会信任问题研究》，北京师范大学出版社 2012 年版。

孟华兴：《企业诚信体系建设研究》，中国经济出版社 2011 年版。

《孟子》，何晓明、周春健注，河南大学出版社 2008 年版。

苗力田：《古希腊哲学》，中国人民大学出版社 1990 年版。

《墨子》，苏凤捷、程梅花注，河南大学出版社 2008 年版。

倪霞：《论现代社会中的信任》，人民出版社 2014 年版。

潘东旭、周德群：《现代企业诚信：理论与实证研究》，经济管理出版社 2006 年版。

潘维、廉思：《中国社会价值观变迁 30 年（1978—2008）》，中国社会科学出版社 2008 年版。

邱伟光：《思想政治教育学原理》，高等教育出版社 1999 年版。

商业信用中心：《2020 全国优秀诚信企业案例集》，企业管理出版社 2021 年版。

商业信用中心:《2021 全国优秀诚信企业案例集》,企业管理出版社 2022 年版。

上海市商务委员会编:《商务诚信在上海:上海市商务诚信建设试点工作实录》,上海交通大学出版社 2013 年版。

佘双好、武东升:《马克思主义理论学科研究》(第 9 辑),高等教育出版社 2004 年版。

沈善洪、王凤贤:《中国伦理学说史》,浙江人民出版社 1985 年版。

史瑞杰等:《诚信导论》,经济科学出版社 2009 年版。

司马迁:《史记》,三秦出版社 2004 年版。

唐汉卫:《中外道德教育经典案例评析》,山东人民出版社 2005 年版。

唐凯麟、陈科华:《中国古代经济伦理思想史》,人民出版社 2004 年版。

唐凯麟、张怀承:《成人与成圣——儒家伦理道德精髓》,湖南大学出版社 1999 年版。

万俊人:《道德之维——现代经济伦理导论》,广东人民出版社 2000 年版。

汪丁丁:《市场经济与道德基础》,上海人民出版社 2006 年版。

汪和建:《迈向中国的新经济社会学:交易秩序的结构研究》,中央编译出版社 1999 年版。

汪洪涛:《制度经济学》,复旦大学出版社 2003 年版。

汪育明:《社会信用管理:中国社会信用体系建设理论与实践》,中国市场出版社有限公司 2023 年版。

王弼:《老子道德经注》,楼宇烈校,中华书局 2011 年版。

王符:《潜夫论》,河南大学出版社 2008 年版。

王良:《社会诚信论》,中共中央党校出版社 2003 年版。

王世明:《孔子伦理思想发微》,齐鲁书社 2004 年版。

王书玲、郜振廷:《企业诚信经营新论》,中国经济出版社 2010 年版。

王小锡:《道德资本与经济伦理》,人民出版社 2009 年版。

王小锡:《经济伦理学——经济与道德关系之哲学分析》,人民出版社 2015 年版。

韦慧民:《组织信任关系管理:发展、违背与修复》,经济科学出版社 2012 年版。

魏英敏:《当代中国伦理与道德》,昆仑出版社 2001 年版。

吴灿新:《当代中国伦理精神——市场经济与伦理精神》,广东人民出版社 2001 年版。

吴然:《优良道德论》,人民出版社 2007 年版。

徐长福:《走向实践智慧——探寻实践哲学的新进路》,社会科学文献出版社 2008 年版。

《荀子》,杨朝明注,河南大学出版社 2008 年版。

严进:《信任与合作——决策与行动的视角》,航空工业出版社 2007 年版。

《晏子春秋全译》,李万寿注,贵州人民出版社 2008 年版。

叶飞:《现代性视域下的儒家德育》,北京师范大学出版社 2011 年版。

翟学伟:《中国人的社会信任:关系向度上的考察》,商务印书馆 2022 年版。

张岱年:《中国哲学大纲》,中国社会科学出版社 1982 年版。

张维迎:《产权、政府与信誉》,生活·读书·新知三联书店 2001 年版。

张向前:《中国诚信建设与产业竞争力研究》,经济日报出版社 2014 年版。

张宇燕:《经济学与常识》,四川文艺出版社 1996 年版。

赵汀阳:《坏世界研究》,中国人民大学出版社 2009 年版。

赵汀阳:《论可能生活》,生活·读书·新知三联书店 1994 年版。

郑也夫:《信任:合作关系的建立与破坏》,中国城市出版社 2003 年版。

郑也夫:《信任论》,中信出版社 2015 年版。

中国行为法学会公司治理研究会:《中国企业信任建设报告》,中国法制出版社 2015 年版。

周辅成:《西方伦理学名著选辑》(上卷),商务印书馆 1964 年版。

周文:《分工、信任与企业成长》,商务印书馆 2009 年版。

周中之、高惠珠:《经济伦理学》,华东师范大学出版社 2002 年版。

朱熹:《四书集注》,岳麓书社出版社 1987 年版。

朱贻庭:《中国传统伦理思想史》,华东师范大学出版社 2003 年版。

### 三、外文译著类

[美]阿尔温·托夫勒:《第三次浪潮》,朱志焱等译,生活·读书·新知三联书店 1983 年版。

[印]阿马蒂亚·森:《伦理学与经济学》,王宇等译,商务印书馆 2014 年版。

[美]埃里克·尤斯拉纳:《信任的道德基础》,张敦敏译,中国社会科学出版社 2006 年版。

[古希腊]柏拉图:《理想国》,郭斌和、张竹明译,商务印书馆 1994 年版。

[英]鲍曼:《生活在碎片之中:论后现代的道德》,郁建兴译,学林出版社 2002 年版。

[德]彼得·科斯洛夫斯基:《伦理经济学原理》,中国社会科学

出版社 1997 年版。

[英]毕培、克迪:《信任——企业和个人成功的基础》,周海琴译,经济管理出版社 2011 年版。

[英]边沁:《道德与立法原理导论》,时殷弘译,商务印书馆 2000 年版。

[英]布鲁姆:《伦理的经济学诠释》,王珏译,中国社会科学出版社 2008 年版。

[美]丹尼尔·贝尔:《资本主义文化矛盾》,严蓓雯译,江苏人民出版社 2012 年版。

[美]道格拉斯·C. 诺斯:《制度、制度变迁与经济绩效》,刘守英译,上海三联书店 1994 年版。

[美]德斯迪诺:《信任的假象:隐藏在人性中的背叛真相》,赵晓瑞译,机械工业出版社 2006 年版。

[德]恩斯特·卡西尔:《人论》,甘阳译,上海译文出版社 1985 年版。

[美]弗朗西斯·福山:《大分裂:人类本性与社会秩序的重建》,中国社会科学出版社 2002 年版。

[美]弗朗西斯·福山:《信任——社会道德与繁荣的创造》,李宛蓉译,远方出版社 1998 年版。

[美]弗里德曼:《弗里德曼文萃》,高榕译,北京经济学院出版社 1991 年版。

[美]戈夫曼:《污名——受损身份管理札记》,宋立宏译,商务印书馆 2009 年版。

[英]格罗塞:《身份认同的困境》,王鲲译,社会科学文献出版社 2010 年版。

[德]汉斯-格奥尔格·伽达默尔:《真理与方法》(上卷),洪汉鼎译,上海译文出版社 1999 年版。

[秘鲁]赫尔南多德·索托:《资本的秘密》,于海生译,华夏出

版社 2007 年版。

　　[德]黑格尔:《法哲学原理》,范扬等译,商务印书馆 1982
年版。

　　[英]吉登斯:《现代性的后果》,田禾译,译林出版社 2011
年版。

　　[德]卡尔·雅斯贝斯:《时代的精神状况》,王德峰译,上海译
文出版社 1997 年版。

　　[德]康德:《道德形而上学原理》,苗力田译,上海世纪出版集
团 2002 年版。

　　[德]柯武刚、史漫飞:《制度经济学:社会秩序与公共政策》,韩
朝华译,商务印书馆 2000 年版。

　　[匈]卢卡奇:《历史与阶级意识》,杜章智译,商务印书馆
2012 年版。

　　[法]卢梭:《论科学与艺术》,何兆武译,商务印书馆 1959
年版。

　　[美]罗伯特·C.所罗门:《伦理与卓越——商业中的合作与诚
信》,罗汉、黄悦等译,上海译文出版社 2006 年版。

　　[美]罗伯特·C.所罗门:《商道别裁——从成员正直到组织成
功》,周笑译,中国劳动社会保障出版社 2004 年版。

　　[德]马克斯·舍勒:《资本主义的未来》,罗悌伦译,生活·读
书·新知三联书店 1997 年版。

　　[德]马克斯·韦伯:《世界宗教的经济伦理:儒教与道教》,王
容芬译,中央编译出版社 2012 年版。

　　[美]迈克尔·费蒂克、戴维·C.汤普森:《信誉经济:大数据时
代的个人信息与商业变革》,王臻译,中信出版社 2016 年版。

　　[美]麦金太尔:《德性之后》,龚群等译,中国社会科学出版社
1995 年版。

　　[英]梅因:《古代法》,沈景一译,商务印书馆 1959 年版。

［英］尼尔·麦考密克,魏因贝格尔:《制度法论》,周叶谦译,中国政法大学出版社 1994 年版。

［法］佩雷菲特:《信任社会》,邱海婴译,商务印书馆 2005 年版。

［美］乔治·H.米德:《心灵、自我与社会》,赵月瑟译,上海译文出版社 2005 年版。

［美］乔治·麦卡锡:《马克思与古人:古典伦理学、社会主义和 19 世纪政治经济学》,革和、王文杨译,华东师范大学出版社 2011 年版。

［美］R.T.诺兰等:《伦理学与现实生活》,姚新中等译,华夏出版社 1988 年版。

［美］塞缪尔·亨廷顿:《变化社会中的政治秩序》,王冠华等译,上海人民出版社 2014 年版。

［美］托马斯·贝特曼、斯考特·斯奈尔:《管理学:构建竞争优势》,王学莉等译,北京大学出版社 2004 年版。

［美］W.理查德·斯科特:《制度与组织——思想观念与物质利益》,姚伟、王黎芳译,中国人民大学出版社 2010 年版。

［奥］维特根斯坦:《文化与价值》,涂纪亮译,北京大学出版社 2012 年版。

［英］休谟:《道德原则研究》,曾晓平译,商务印书馆 2006 年版。

［英］亚当·斯密:《道德情操论》,樊冰译,山西经济出版社 2010 年版。

［英］亚当·斯密:《国民财富的性质和原因的研究》(下卷),郭大力、王亚南译,商务印书馆 1974 年版。

［古希腊］亚里士多德:《尼各马可伦理学》,廖申白译,商务印书馆 2003 年版。

［古希腊］亚里士多德:《政治学》,颜一等译,中国人民大学出

版社 2003 年版。

[英]伊格尔顿:《马克思为什么是对的》,李杨等译,新星出版社 2012 年版。

[日]伊藤诚:《市场经济与社会主义》,尚晶晶译,中共中央党校出版社 1996 年版。

## 四、学术论文类(期刊和报纸)

安维复:《哲学社会科学与意识形态关系的合理化重建》,《学术月刊》2010 年第 9 期。

白明东:《明清晋商的商业诚信》,《经济问题》2017 年第 3 期。

蔡敏霞等:《推动商务诚信体系标准化建设》,《广东科技报》2019 年 9 月 20 日。

昌道励:《超 1 500 万市场主体实现诚信信息全覆盖》,《南方日报》2022 年 3 月 15 日。

陈家喜:《政商"关系"的构建模式》,《云南行政学院学报》2008 年第 2 期。

陈新汉:《哲学视域中社会价值观念的共识机制》,《哲学动态》2014 年第 4 期。

程立涛、乔荣生:《现代性与"陌生人伦理"》,《伦理学研究》2010 年第 1 期。

褚凤英、张宜美:《现实的人:思想政治教育研究的出发点》,《探索》2006 年第 3 期。

邓晓芒:《黑格尔辩证法与体验》,《学术月刊》1992 年第 7 期。

董才生、王彦力:《论社会信任制度培育的内在机制》,《长白学刊》2014 年第 4 期。

杜维明:《儒家传统的现代转化》,《浙江大学学报(人文社会科学版)》2004 年第 2 期。

段钢:《重估城市精神价值——从芒福德等西方学者的城市观

看中国城市发展》,《学术月刊》2013 年第 12 期。

高国希:《道德风气与品德建设》,《思想理论建设》2012 年第 9 期。

葛晨虹:《诚信缺失背后的社会机制缺位》,《人民论坛》2012 年第 2 期。

龚长宇:《道德社会化探析》,《伦理学研究》2009 年第 6 期。

顾阳、佘颖:《对失信企业联合惩戒动真格》,《经济日报》2015 年 11 月 11 日。

管爱华:《社会转型期的道德价值冲突及其认同危机》,《河海大学学报(哲学社会科学版)》2014 年第 3 期。

郭建新:《道德价值认同的路径探索》,《光明日报》2008 年 6 月 3 日。

郭淑新:《敬畏与智慧:〈道德经〉的启示》,《哲学研究》2010 年第 4 期。

胡彬彬:《乡贤文化与核心价值观》,《光明日报》2015 年 5 月 21 日。

胡瑞仲、聂锐:《试论企业潜规则》,《武汉大学学报(哲学社会科学版)》2006 年第 3 期。

黄蓉生:《当代大学生诚信制度建设的体系构建》,《西南大学学报(社会科学版)》2008 年第 4 期。

黄瑜:《"道德认同"的现代困境及其应对》,《河海大学学报(哲学社会科学版)》2014 年第 3 期。

黄珍:《企业诚信缺失:症结与对策》,《江西社会科学》2011 年第 7 期。

霍存福:《中国古代契约精神的内涵及其现代价值》,《吉林大学社会科学学报》2008 年第 5 期。

贾旭东:《论经济发展的文化动力》,《哲学研究》2005 年第 10 期。

江畅:《当代中国价值观的根本性质、核心内容和基本特征》,《光明日报》2014 年 6 月 18 日。

姜增伟:《深入推进商务诚信建设》,《经济日报》2012 年 8 月 14 日。

焦国成:《关于诚信的伦理学思考》,《中国人民大学学报》2002 年第 5 期。

金民卿:《诚信在社会主义核心价值观建构中的意义》,《前线》2014 年第 11 期。

经纬:《制度安排的伦理力量》,《思想战线》2002 年第 3 期。

寇冬泉:《基本范式的回归与超越》,《道德与文明》2006 年第 3 期。

李晏墅:《我国企业经营诚信的缺失与重建》,《南京师范大学学报(社会科学版)》2002 年第 4 期。

李玉琴:《论构建和谐社会视域中的商业诚信建设》,《扬州大学学报(人文社会科学版)》2009 年第 3 期。

厉以宁:《信用崩溃 没有赢家》,《国际金融报》2001 年 9 月 25 日。

梁言顺:《不断提高对市场经济规律的认识和驾驭能力》,《学习时报》2015 年 2 月 9 日。

廖小平:《论改革开放以来价值观变迁的五大机制》,《北京师范大学学报(社会科学版)》2013 年第 4 期。

刘冰:《失信行为的经济学阐释》,《学习月刊》2001 年第 11 期。

刘光明:《企业诚信缺失与重构》,《人民论坛》2012 年第 2 期。

刘建军:《核心价值观贵在涵养》,《北京日报》2014 年 7 月 14 日。

刘社欣:《论社会主义核心价值观的生成逻辑》,《哲学研究》2015 年第 1 期。

刘昕:《商务诚信建设稳步推进》,《国际商报》2018年11月2日。

龙静云:《诚信:市场经济健康发展的道德灵魂》,《哲学研究》2002年第8期。

龙静云:《道德治理:核心价值观价值实现的重要路径》,《光明日报》2013年8月10日。

龙静云、熊富彪:《现代道德嬗变略论》,《华中师范大学学报(人文社会科学版)》2010年第5期。

鲁品越:《论利益驱动与道德要求》,《江苏社会科学》1996年第6期。

吕方:《"诚信"问题的文化比较思考》,《学海》2002年第8期。

吕耀怀:《论道德图式》,《哲学动态》1994年第2期。

罗志华:《食药品黑名单制度不能成为摆设》,《现代金报》2015年1月6日。

马长山:《法治社会中法与道德关系及其实践把握》,《法学研究》1999年第1期。

彭定光:《论制度伦理的立论基础》,《哲学研究》2011年第2期。

《商务部关于"十二五"期间加强商务领域信用建设的指导意见》,《国际商报》2011年11月19日。

尚琳琳:《推进社会信任建设的三个抓手》,《人民论坛》2019年第24期。

沈杰:《西方发达国家个人诚信制度及其运行机制》,《社会科学管理与评论》2006年第2期。

沈湘平:《价值共识是否及如何可能》,《哲学研究》2007年第2期。

盛春辉:《从价值观形成的规律看价值观教育》,《求索》2003年第4期。

史晋川:《商帮文化:动力抑或阻力》,《浙江树人大学学报》2008 年第 2 期。

苏晓洲等:《警惕商业诚信的"塔西佗陷阱"》,《瞭望》2013 年第 43 期。

苏晓洲等:《社会诚信退至"贫困线"边缘》,《经济参考报》2012 年 11 月 26 日。

孙继伟:《商界悲剧迭出,凸显价值迷失》,《企业研究》2011 年第 1 期。

孙泽宇、齐堡垒:《社会信任、法律环境与企业社会责任绩效》,《北京工商大学学报(社会科学版)》2022 年第 1 期。

陶立业、刘桂芝:《责任自觉:公共管理过程中契约精神的培育机理》,《北京社会科学》2013 年第 6 期。

童世骏:《关于重叠共识的重叠共识》,《中国社会科学》2008 年第 11 期。

涂永珍:《从"人伦"到"契约":中西方信用文化的比较分析及法律调整》,《河南大学学报(社会科学报)》2004 年第 2 期。

涂争鸣:《论诚信是市场经济的内在需要》,《江汉论坛》2007 年第 6 期。

涂争鸣:《企业诚信与现代企业制度》,《经济问题探索》2007 年第 6 期。

万俊人:《论道德目的论与伦理道义论》,《学术月刊》2003 年第 1 期。

汪勇:《中国共产党经济伦理思想演进》,《道德与文明》2022 年第 3 期。

王春和、李林炫:《中小企业诚信评价体系构建》,《经济与管理》2021 年第 6 期。

王村理:《商务诚信是社会诚信之基》,《光明日报》2012 年 10 月 13 日。

王村理:《推进商务诚信迫在眉睫》,《光明日报》2013 年 1 月 19 日。

王芳:《道德认知的默会维度——基于认知结构的分析》,《学术月刊》2011 年第 7 期。

王洪波:《中国社会深度转型过程中个人与共同体间的关系研究》,《江汉论坛》2014 年第 2 期。

王林燕:《中国经济社会诚信缺失现象的文化因素分析》,《河南社会科学》2010 年第 1 期。

王书玲、马翊华:《道德对企业诚信的作用机理研究——基于中国转型经济背景下食品加工企业的实证分析》,《学术论坛》2016 年第 12 期。

王小锡、朱辉宇:《三论道德资本》,《江苏社会科学》2002 年第 6 期。

王一多:《道德建设的基本途径——兼论经济生活、道德和政治法律的关系》,《哲学研究》1997 年第 1 期。

王易、黄刚:《探求中华传统美德的创造性转化》,《思想理论教育导刊》2015 年第 5 期。

卫兴华:《市场经济与诚信缺失》,《人民日报》2006 年 3 月 24 日。

吴翠丽:《社会主义核心价值观嵌入日常生活的内在机理与实现路径》,《南京社会科学》2015 年第 2 期。

吴新慧:《数字信任与数字社会信任重构》,《学习与实践》2020 年第 10 期。

吴云才:《网络生态危机与网络文化主体的道德培育》,《人民论坛》2012 年第 9 期。

向玉乔:《中华伦理文明新形态的内涵要义和研究意义》,《伦理学研究》2023 年第 1 期。

徐霄桐、孙悦:《政府采购为什么常比私人买东西贵》,《中国青年报》2014 年 4 月 16 日。

许三飞:《价值观培育特点规律探微》,《解放军报》2009 年 5 月 5 日。

严志明:《核心价值观培育需要唤醒道德自觉》,《光明日报》 2012 年 12 月 29 日。

阎吉达:《贝克莱的伦理思想初探》,《复旦学报(社会科学版)》 1984 年第 6 期。

杨豹:《当代西方德性伦理视野中的德性教化及其启示》,《伦 理学研究》2010 年第 3 期。

杨国荣:《伦理生活与道德实践》,《学术月刊》2014 年第 3 期。

杨通进:《制度伦理视域中的道德建设及其进路》,《道德与文 明》2013 年第 3 期。

姚德年:《信用危机与道德的功利性》,《读书》2000 年第 7 期。

叶小文:《在市场经济中重建社会信任》,《人民论坛》2011 年 第 11 期。

易小明:《道德内化概念及其问题》,《伦理学研究》2011 年第 9 期。

余玉花:《道德信仰与价值共识》,《理论探讨》2015 年第 3 期。

余玉花:《以统合思路推进诚信文化建设》,《光明日报》 2013 年 10 月 7 日。

余玉花:《中国商务诚信的现状、问题与进路》,《上海师范大学 学报(哲学社会科学版)》2015 年第 3 期。

余云疆:《当前我国社会诚信缺失凸显问题及策略研究》,《云 南行政学院学报》2013 年第 1 期。

俞吾金:《"社会风气"应当如何理解》,《探索与争鸣》2012 年 第 1 期。

郁乐:《社会转型中的规范缺位与评价错位》,《伦理学研究》 2014 年第 2 期。

曾建平:《社会转型时期的诚信与道德建设》,《道德与文明》2013年第5期。

翟步庭:《商务诚信体系为企业"赋能"》,《山西经济日报》2020年8月29日。

张岱年:《中国优秀传统内容的核心》,《北京师范大学学报(社会科学版)》1994年第4期。

张康之:《"熟人"与"陌生人"的人际关系比较》,《江苏行政学院学报》2008年第2期。

张伟:《如果诚信吃亏　你怎么选择》,《中国青年报》2011年12月17日。

张秀梅:《毛泽东、邓小平若干经济伦理思想比较》,《河南社会科学》2002年第4期。

张永红:《美国高校学生的学术不诚信现象、理论解释及其对策》,《比较教育研究》2009年第2期。

张玉、李治权:《论网络公共话语空间的政策价值及其制度培育的必要性》,《天津社会科学》2011年第4期。

赵丽涛:《道德诚信:财富创造的伦理基石》,《大连理工大学学报(社会科学版)》2014年第4期。

赵丽涛:《论〈老子〉中的诚信观》,《党政研究》2014年第1期。

赵丽涛:《全球化背景下社会主义核心价值观的对外传播》,《中国特色社会主义研究》2014年第3期。

赵丽涛:《社会深度转型中的社会信任困境及其出路》,《东北大学学报(社会科学版)》2015年第1期。

赵丽涛:《中国传统诚信文化的变迁方式及其当代转化》,《兰州学刊》2013年第2期。

赵丽霞:《浅谈企业信用文化建设》,《北方经济》2006年第4期。

郑磊:《现代诚信内涵刍议》,《现代管理科学》2012年第9期。

郑也夫:《信任:溯源与定义》,《北京社会科学》1999 年第
4 期。

周秀兰、唐志强:《市场潜规则与企业营销道德博弈分析》,《商
业研究》2013 年第 12 期。

朱金瑞:《当代中国企业伦理的历史演进论纲》,《伦理学研究》
2006 年第 4 期。

朱善璐:《以社会主义核心价值观引领立德树人工作》,《人民
日报》2014 年 6 月 17 日。

朱少华:《诚信:规范、制度、人品的统一》,《光明日报》2002 年
6 月 11 日。

朱书刚:《论契约社会与契约伦理在西方的生成和在当代中国
的建构》,《马克思主义与现实》2004 年第 6 期。

朱晓刚:《构建我国现代大学课程观的理论路径探讨》,《现代
大学教育》2009 年第 1 期。

朱迅垚:《不可小觑企业诚信缺失对经济的影响》,《南方日报》
2014 年 7 月 1 日。

朱英:《中国商人诚信观的发展演变》,《贵州社会科学》
1999 年第 4 期。

邹吉忠:《探寻价值观问题的制度解答》,《教学与研究》
2004 年第 9 期。

## 五、学位论文类

蔡宏标:《企业诚信文化研究:影响因素和经济后果》,暨南大
学博士学位论文 2020 年。

丁建凤:《我国市场经济条件下诚信问题研究》,东北师范大学
博士学位论文 2009 年。

黄卓:《电子商务诚信伦理研究》,上海师范大学硕士学位论文
2014 年。

贾晓斌:《当代军校大学生核心价值观培育研究》,湖南师范大学博士学位论文 2012 年。

李玉琴:《经济诚信论》,南京师范大学博士学位论文 2004 年。

刘文花:《诚信——国有企业文化核心价值观研究》,吉林大学硕士学位论文 2005 年。

刘耀梅:《明代经济诚信思想研究》,山西师范大学硕士学位论文 2018 年。

闵凯:《伦理经济思想溯源及视角演化》,吉林大学博士学位论文 2014 年。

卿定文:《基于金融伦理的商业银行核心竞争力研究》,湖南大学博士学位论文 2014 年。

施祖军:《商业之魂——当代中国商业伦理精神及其建构》,湖南师范大学博士学位论文 2003 年。

孙苓云:《我国电子商务中诚信问题的研究》,中国海洋大学硕士学位论文 2007 年。

孙智英:《信用问题的经济学分析》,福建师范大学博士学位论文 2002 年。

向康文:《论商业营销伦理》,中南大学硕士学位论文 2002 年。

许彦华:《企业诚信文化基因研究》,哈尔滨工程大学博士学位论文 2013 年。

杨良奇:《现代商业经营者伦理研究》,湖南师范大学博士学位论文 2009 年。

姚景照:《生产型民营企业组织诚信价值观:理论与实证研究》,西南大学博士学位论文 2009 年。

姚远:《山西票号诚信观及其当代启示》,山西大学硕士学位论文 2016 年。

叶圣利:《中国诚信经济思想研究》,复旦大学博士学位论文 2004 年。

曾召国:《阿玛蒂亚·森的经济伦理思想研究》,武汉大学博士学位论文 2012 年。

赵付娟:《当代中国商务诚信建设研究》,山东师范大学硕士学位论文 2013 年。

赵鹏:《中国特色市场经济条件下诚信法制化问题研究》,西北大学博士学位论文 2015 年。

## 六、国外文献类

Baber, *The Logic and Limits of Trust*, New Brunswick, NJ: Rutgers University Press, 1983.

Gunther Teubner, "Substantive and Reflxive Elements in Modern Law", *Law and Society Review*, 1983, No.2.

K. Arrow, *The Limits of Organization*, New York: Norton, 1974.

Kenneth Barker, *The NIV Study Bible*, Grand Rapids: Zondervan Publishing House, 1995.

M. Deutsch, "Trust and Society", *Journal of Conflict Resolution*, 1958, No.2.

Niklas Luhmann, *Trust and Power*, Chichester: John Wiley and Sons, 1979.

P. Bourdieu, "The Forms of Capital", in J. Richardson, *Handbook of Theory and Research for the Sociology of Education*, Greenwood: Westport, CT, 1986.

Rosalind Hursthouse, *On Virtue Ethics*, Oxford: Oxford University Press, 1999.

Russell Hardin, *Trust and Trustworthiness*, New York: Russell Sage Foundation, 2002.

Swedberg, *The Max Weber Dictioinary: Key Words and*

*Central Concepts*, Calif: Stanford Social Sciences, 2005.

W. S. Phelps, *Designing Inclusion: Tools to Raise Low-end Pay and Employment in Private Enterprise*, Cambridge: Cambridge University Press, 2003.

Walter W. Manley, *Critical Issues in Business Conduct: Legal, Ethical, and Social Challenges for the 1990s*, Westport: Quorum Books, 1990.

# 后 记

写好书稿，才真切体味到"如人饮水，冷暖自知"这句话的深刻意涵。或许，学术研究本来就是一种令人着迷却又充满痛楚的思维活动，需要我们在不断反思、不断追问中超越自我。然而，"超越自我"不是直线式的前行，更不是一蹴而就的过程。相反，它总是迂回曲折，甚至布满荆棘。正因为如此，我们才会品出其中的甘苦与芳香。

感谢华东师范大学马克思主义学院余玉花教授在我攻读博士学位期间的悉心指导，因为得益于她的启发，我才从价值观培育视角探讨商务诚信问题。在写作过程中，从框架设计到研究思路，从资料收集到实地调研，余老师都给予了莫大帮助。书稿写作既需要严密论证，也离不开信念支撑，其展开过程往往会遇到很多意想不到的困难。每当写不动或是想不通时，就会找余老师聊天。让人感动的是，余老师每次都是主动打电话给我，而且通常会探讨数小时，不仅帮我寻求破题思路，而且还给予精神鼓励。准确地说，无论是在学习上还是在生活上，余老师都对学生关爱有加，让我们收获了知识，也感受到温暖。

感谢邱伟光教授、宋进教授、王建新教授、杜玉华教授、王贤卿教授、解超教授、蒋锦洪教授、姚晓娜副教授提出的宝贵意见，给我很多启发。感谢上海财经大学徐大建教授、上海社会科学院陆晓禾研究员的指导帮助！

感谢华东政法大学何益忠教授、赵庆寺教授、阮博副教授、李松博士、周嘉楠老师、张刘英老师以及研究生于露远在书稿写作和出版过程中给予的帮助！

特别感谢上海人民出版社领导给予的指导以及本书责编的细致工作！

父母、姐姐的理解让我感受到无私的爱，内心之情无以言表！更幸运的是，妻子对于家庭生活的付出，女儿开心的笑容，都给予我莫大的支持。

学习和生活中还有很多事情不尽如人意，需要我不忘初心，继续前行……

**图书在版编目(CIP)数据**

当代中国商务诚信价值观培育研究/赵丽涛著.—
上海:上海人民出版社,2024
ISBN 978-7-208-18770-2

Ⅰ.①当… Ⅱ.①赵… Ⅲ.①商业企业-企业信用-
建设-研究-中国 Ⅳ.①F72

中国国家版本馆 CIP 数据核字(2024)第 050150 号

**责任编辑** 史美林
**封面设计** 夏 芳

**当代中国商务诚信价值观培育研究**
赵丽涛 著

出 版 上海人民出版社
    (201101 上海市闵行区号景路 159 弄 C 座)
发 行 上海人民出版社发行中心
印 刷 苏州市古得堡数码印刷有限公司
开 本 635×965 1/16
印 张 18
插 页 2
字 数 222,000
版 次 2024 年 4 月第 1 版
印 次 2024 年 4 月第 1 次印刷
ISBN 978-7-208-18770-2/F·2864
定 价 78.00 元